JN324882

観光通訳ガイドの訪日ツアー見聞録

ドイツ人ご一行さまのディスカバー・ジャパン

亀井尚文
Kamei Shoubun

交通新聞社新書 041

はじめに

Yôkoso! JAPAN――東日本大震災から1年を迎えて

２０１０年の「観光白書」。当時の前原誠司国交相の前文によると、日本は現在、本格的な人口減少、高齢化社会の到来、ＧＤＰの１・８倍の長期債務を抱える財政難のなかにあるが、これを解決するための有力な施策のひとつが「観光立国」とされている。地域経済の活性化・雇用促進と国際相互理解に資するとして、インバウンド、つまり訪日外国人を将来的には３０００万人とすることが目標とされた。ＪＮＴＯ（国際観光振興機構）の資料にも、観光が21世紀の国づくりに資する新成長戦略の柱のひとつであると閣議決定され、訪日外国人３０００万人プログラムに向かってスタートし、インバウンドが成長産業として期待され注目を集める、と記されている。２０１０年の実績８６１万人からの大変な努力目標といえるが、私は、決して不可能な数字ではないと思う。

私はハーフ・リタイア後、ドイツでの海外駐在のいささかの経験をベースにプロの観光通訳ガイドを始めて10年が経過した。ドイツ、オーストリア、スイスなどのドイツ語圏を中心に、英語でオランダ、フランス、イタリア、ときどき東南アジアからの訪日観光客の観光通訳ガイドを担当しているが、お会いしたお客さまは１０００人を超えているだろうか。この地域を中心とする欧州からの訪日外国人は全世界からのほぼ１割の約80万人。もちろん、ここ２～３年の円高とユーロ・ドル安、世界同時不況の影響による急速な訪日外国人の減少があって、全体の見通しが不透明になってきているが、欧州に普及してきた日本文化と観光への関心は根強いことから、少なくともこのエリアからのインバウンドは増えることはあっても減ることはないとみてよいのではないだろうか。とくにドイツは、社会保障制度、とりわけ年金制度の充実と海外旅行ブームによって海外旅行者送り出し大国となっており、しかも経済状況も良好とあって、ＥＵ内でもひとり勝ち状態であることも強みだ。

私のおもな担当はドイツ語圏、すなわちドイツ、スイス、オーストリア、ルクセンブルクだが、じつはフランスとイタリアにもドイツ語を母国語とする地域がある。人口的には、フランスで１４０万人、イタリア北東部に30万人と聞く。全体ではほぼ１億人と、日本語のそれに匹敵する。旅行市場としては、かなりの規模なのである。さらに、ときどき依頼されるオランダとかイタリア、スペイン、シンガポール、タイ、マレーシア、ベトナムなどのお客さまとの英語でのツアー

ドイツ・ハンブルクからのご一行さま（宮島・厳島神社にて）

も含め、近年はツアーの内容が専門化しているのが特徴だ。たとえば剣道や柔道の観戦、流鏑馬《やぶさめ》、鎌倉の銭洗弁天《ぜにあらいべんてん》、早朝の新宿・歌舞伎町など……。浅草の人力車乗車などのご指定もあった。

ほとんどの欧州からの訪日観光客にとって、日本はとても遠い国、滅多に来ることができない憧れのデスティネーション、目的地であり、それでも惹きつけられる魅力は、独特な自然景観や、欧州のそれとは明らかに異なる文化だろう。しかし、その奥深さと素晴らしさを、私たち日本人がどれほど理解しているのだろうか。翻って、国内旅行の主役は、時間的にも経済的にも比較的余裕がある、団塊世代も加わった60代・70代の人たちだ。じつは欧州からのツアーのお客さまも、まさにそのものずばり、リタイア組で夫婦同伴が中心。お迎えする日本側のガイドも、その趨勢に対応せざるをえないというか、とうにエルダーの仲間入りをした私には大変フィットする傾向だ。余裕のあるスケジュール、温泉と日本料理を堪能、歴史的建造物の見学や伝統芸能の鑑賞。このようなニーズを考慮してツアーの段取りをしたうえで、ご一緒に旅行しての話題といえば、それらについての突っ込んだ質問はもとより、健康や年金、家族、社会全般にまで及ぶ。それは、単なる観光ガイドの領域をいささか超えて、海外の親しい友人を日本にご招待するような、心のこもったおもてなしが重要となってきている。

ところで気になるのは、なんといっても２０１１年３月11日に発生した東日本大震災と、それによって発生した原発事故である。未曾有の災害に立ち向かう姿は世界中に報道され、称賛の声や支援が寄せられているが、実態面からいえば、震災直後から訪日観光客が激減したことは、観光業界に広く、甚大な影響を及ぼしている。２０１２年２月の新聞報道によると、観光庁は、インバウンドを２０２０年に２５００万人とする目標は変えないものの、中期目標とした２０１６年の２０００万人を１８００万人に下方修正。さらに２０１１年の実績は６２２万人と、対前年比27・8パーセント減という厳しい数字が出た。

私自身の仕事でいえば、大震災以降の3カ月ほどはキャンセルの嵐。一時はガイドビジネスの将来に大変な不安を覚えたものだが、夏にかけて動きが出た。久しぶりにアテンドしたのは7月、ドイツからのご家族連れと、スペインの製薬会社のＶＩＰを、それぞれ都内観光にご案内した。9月には、欧州各国から来日する、バイクの国際グランプリレース参加のドライバー一行を、成田空港でお出迎えする仕事も依頼された。さらに11月には、オーストリアからのご夫妻と、都内、鎌倉、富士・箱根、諏訪《すわ》・松本、飛騨《ひだ》高山をめぐった。ただし、これらはいずれもＦＩＴ(Foreign Independent Tour)、いわゆる個人旅行で、団体旅行のツアー客ではない。旅行会社に聞いても、団体客の落ち込みがとくに大きいという。それでも、訪日観光客が戻りつつあることが実感できたのも事実だ。

２０１２年になって、欧州からの団体旅行にも明るい兆しが見えてきた。2月には恒例となった東京マラソン参加ツアー、3月にはクルーズ船による周遊ツアーのガイドの依頼が入ったからだ。クルーズのお客さまのアテンドは初めてのことで、寄港地となる南西諸島の石垣島・竹富島へ下見に行く必要もある（これは自費）。東日本大震災からもうすぐ1年。このような時期に日本に来てくださる方々に、日本の真の姿、素晴らしさをお伝えすることで、訪日観光客増加の一助になればと思う。

本書は、ドイツを中心とした国々からのお客さまを日本各地にお連れしたときの経験をもとにしている。欧州からの訪日観光客の方々が、実際に肌で感じた日本の素晴らしさや魅力、あるいはカルチャーギャップの現実。それはまた、同行した私にとってもニッポン再発見の旅でもあった。来日される方々の本当の姿と日本の本当の美しさを、本書から感じ取っていただければ望外の幸せである。

2012年2月　亀井尚文

観光通訳ガイドの訪日ツアー見聞録――目次

第3章　訪日観光客と日本のイメージ

第4章　日本の象徴とその美しさ

第5章　カルチャーギャップ

第6章　海外からのツアーあれこれ

第7章　観光通訳ガイドまだまだ勉強中

第1章　訪日観光ツアーの新しい流れ

●震災後初の本格ツアー

２０１１年３月11日に発生した東日本大震災以降、しばらく途絶えていた観光ガイドの依頼が再開したのは7月だった。ドイツからのご家族連れの都内観光で、明治神宮、原宿・竹下通り、浅草と秋葉原をご案内した。好天に恵まれ、なごやかな小旅行だったが、日本の蒸し暑さに閉口されて、予定を2時間も繰り上げてホテルへ戻られた。日本観光のピークは春の桜と秋の紅葉で、冬と真夏にはあまり来られないのが例年のパターン。そのなかで7月に仕事があるのは大変嬉しいことなのだが、日本人ですら閉口する近年の真夏はやはり無理なのだろうか。

11月になってようやく本格的なツアーの依頼がきた。お客さまはオーストリア・ウィーンからのシニアのご夫妻。時間に余裕があったスケジュールで、普段できない経験をした。まずは皇居前広場。快晴。通常は、楠木正成の像前の駐車場から徒歩で二重橋前までを30分ほどで往復し、浅草寺とか銀座へ向かうのだが、このときは皇居前広場全体を隅から隅まで散歩したいとのご希望で、写真の腕前がプロ級のご主人の撮影におつきあいした。左に二重橋濠を見て坂下門まで、折から秋の叙勲者の一行がバスで宮内庁へ入っていくのを眺め、天皇の国事行為の概略をご説明。さらに蛤濠《はまぐりぼり》を巽櫓《たつみやぐら》まで歩き、13ある皇居の濠が４００年前の17世紀初頭から変わっていないオリジナルであることを説明し、約1時間の散策となった。ご夫妻は、数年前にこの広場を駆け足で案内され、再訪の折はぜひじっくり歩きたいと念願されていたという。私も、いつもゆっくりご案内していたつもりだが、やはり、この雰囲気のなかでもっと十分に時間を取りたいお客さまもおられるのだと再認識した。

内堀通りからタクシーを利用して銀座4丁目に向かう。目的は「銀座三越」のデパ地下と「鳩《きゅう》居堂《きょどう》」、それと「銀座コア」内の「銀座 香十《こうじゅう》」。現代のトレンドと、書道と香道の雰囲気の江戸時代のご案内。広大な食品売場はやはり奥さまが大いに興味をもたれ、ほぼ倍増された地下食品フロアを歩きまわる。とくに興味を持たれたのが松阪牛や神戸牛の売場。小一時間ほど歩いたあとで、瀟洒な「デンマーク・ザ・ロイヤルカフェ」で休憩。ホイップで描かれたカフェラッテの模様に大歓声。銀座は都内観光の超目玉。常にアップツーデートな知識、季節感を事前にリサーチしておくことが肝要だ。

翌日は鎌倉から箱根を通って河口湖へ。和風旅館体験のつもりが、卒業旅行とやらの中学生の一団と遭遇。聞くと東日本大震災の影響で関東周辺の宿泊施設に団体客が集中して、どこの旅館もてんやわんやの状態らしい。旅館全体が騒々しいし、大浴場は満員で待たされるなど、不本意な滞在になって平謝り。翌朝、屋上露天風呂に誰もいなかったので再度ご案内しようとしたのだが、「Nein danke（ナイン・ダンケ）」結構ですと言われて、残念な結果になってしまった。

3日目は富士山5合目訪問から一路、中央道を茅野《ちの》インター経由で長野県の白樺湖へ。県内各地で体験できるそば打ちだが、今回は白樺湖のほとり。「ホープロッヂ」のオーナーご家族のご指導できわめて友好的なひとときだったが、そば打ちは奥さまひとりが奮闘、私がこねるのを少しお手伝いしただけで、ご主人はカメラに夢中。あとで奥さまに聞いたところでは、オーストリアでも「男子厨房に入らず」は意外に多いらしい。

この日のメインは諏訪大社参拝。わが国最古の神社のひとつといわれ、創建は7〜8世紀に遡る由緒ある神社。7年ごとの御柱祭《おんばしらさい》で知られる。珍しいのは社が上社本宮《かみしゃほんみや》・前宮《まえみや》、下社春宮《しもしゃはるみや》・秋《あき》宮《みや》の4宮に分かれ、それぞれ本殿を持たず、ご神体も違うこと。参拝したのは上社本宮でご神体は背後の原生林の守屋山《もりやさん》。平日の午後で参拝客は少なく日暮れも迫ってきていた。この雰囲気が逆に撮影にはもってこいらしく、盛んにシャッターを切っておられた。

この諏訪大社、個人的には1〜2度参拝しているが、ガイド歴10年近い私にとっても初めてのご案内。神社の概要や、この独特な雰囲気をどのようにご説明しようかと準備していたのだが、ほとんどおふたりで歩き回られ拍子抜けの体だった。その日は松本泊。翌日は安房《あぼう》峠を抜けて飛騨高山と、計5日間のご案内だったが、新しい体験がたくさんあった。白樺湖畔のそば打ち体験、高山・上三之町《かみさんのまち》の逍遥、上高地から平湯《ひらゆ》温泉に向かう途中の梓《あずさ》川とダムの写真撮影。夜の松本では男性用の和服を探し回った。ご主人はどうも浴衣をイメージされているらしく季節外れ、ようやく呉服の老舗「いけだや」にたどり着き、ご希望の浴衣とさらに冬物の和服も購入することができた。若主人ご夫妻の気配りでご要望にお応えできてありがたかった。さまざまな体験ができたのは、貸切りリムジンでの移動とホテルの適切なアドバイス、さらに余裕をもったスケジュールのおかげと深謝している。残念だったのは、ご主人が望んでいた豚の小さな置物が探しえなかったこと。招き猫のミニチュアはたくさんあるのだが……。

浅草のシンボル・雷門の前で

●東京のゴールデンルートに異変あり

２０１１年最初の観光ガイドは、ドイツからのインセンティブツアー、招待旅行のお客さま13名だった。都内観光の定番は、都庁展望台～明治神宮～皇居前広場～東京タワー～浅草～銀座というルート。これに秋葉原や渋谷のハチ公前交差点が入ることもある。今回は、新宿のホテルを出発後、朝の新宿・歌舞伎町、明治神宮、原宿の竹下通り・表参道・オリエンタルバザール、六本木ヒルズの展望台・東京シティビュー、浅草寺、隅田川の水上バス、浜離宮恩賜庭園と都内一円を地下鉄・タクシー・観光船・人力車を利用して駆けめぐった。皆さん好感の持てる方々ばかりで、気軽に観光を楽しんでおられたが、思わぬ質問もでた。

「道路が左側通行になった理由は？」
「神道になぜ創始者がいないのか？」

まあ常識的なお答えをしたつもりだが、年の初めからいきなりガイドの知性と教養のテストを受けた気持ちだ。神道の疑問はともかく、左側通行には諸説ある。私の説明としては「江戸時代の武士が左腰に差している刀が触れあうのを避けてそうなった」というものだが、実際は明治政府がイギリスの制度を導入したのがベースだと思う。蛇足だが、海外に行って戸惑うのが、この左右通行で、私が駐在したドイツは右側通行。2回駐在したので、そのつど運転の左右変更に慣れるのに時間がかかった記憶がある。欧州ではイギリス以外はすべて右側。南北アメリカ大陸も右側。中近東や中国も右側で、全体ではおおよそ3対1の比率で右側が圧倒している。カナダは、英領植民地当時は左側だったが、１９２０年代に陸つづきのアメリカと同じ右側に変更された。そういえば、日本でも１９７２年の沖縄返還時、左右変更の際の混乱は記憶に新しい。

●日本人の宗教観と対米心理とは

2月末から3月初めにかけては、東京マラソン参加ツアーを担当した。ドイツ、スイス、オーストリア、それにスウェーデンの方々計27名。このツアーは今回で3度目、いわゆるリピーターでガイドとしては大変ありがたいが、それだけに力が入る。観光案内すなわちガイディングが繰り返し、従来と同じというわけにはいかないからだ。いろいろと工夫をして準備する。

皇居前広場、東京タワーから明治神宮、浅草寺、それに銀座の都内観光。ついで富士山、箱根の温泉旅館なのだが、フリーの日が１日あった。運悪く雨の日になったが、そこを演出するのがガイドの力量と割り切って、小田原城と、強羅《ごうら》にある「箱根彫刻の森美術館」をじっくりご案内する。小田原は鎌倉と箱根の間にあって通過することが多いのだが、前日が箱根湯本の宿泊だったので、事前準備のうえでお城に案内する。天守は１９６０年の再建だが、館内の展示物はオリジナル。刀剣や後北条家の歴史に、その重要性を認識する。６００年前に築城され、徳川以前の関八州を治め、強大な勢力を誇った。見応え充分。

箱根彫刻の森美術館は、１９６９年に開館した国内初の野外美術館。面積７ヘクタールの広大な庭園にロダンやヘンリー・ムーアなどの作品が１００点以上展示されている。前年も欧州からのお客さまをお連れして好評。今回は驟雨まがいの雨だったにもかかわらず、むしろ幻想的な雰囲気での彫像鑑賞で満足されていた。

箱根湯本の旅館に着いたとき、お客さまのひとりが腹痛を訴え、小田原の救急病院へお連れする。聞けばドイツの医療機器メーカーのグループ６名ほどが参加していて、そのおひとり。専門用語の独訳は難しいが、なんとかクリア。虫垂炎の疑いはなくなったが、鈍痛がつづくというのでCTとレントゲンを撮り、翌朝に再訪する。幸い痛みも少し治まってきて、翌々日に無事、帰国されたが、ひとつ勉強をした。レントゲン写真を持ち帰りたいとの要望で、治療費3万円のほかに数千円かかると言われ（結局、CD-ROM1枚2000円ほどで済んだが）、このあたりの知識も重要と認識した。ツアー中の病気は数回経験したが、異国の地での病気は大変不安なこと。これもガイドの重要なポイントとして誠心誠意尽くしていきたい。

湯本の高級旅館では温泉や和食を堪能していただいたが、お互い気心が知れてくるとシビアな質問もでてくる。

「神道は創始者なし、八百万《やおよろず》の神がいるという。仏教はお釈迦さまただひとり、経典は何百とある。その双方を信じるのはどうしてか。またなぜキリスト教徒が少ないのか」

「日本は第二次世界大戦でアメリカに負け、大変な数の犠牲者をだしながら、今もっとも信頼している外国がアメリカというのはどういう精神構造をしているのか」

「ドイツ国民はアウシュビッツなどの後遺症で、いまだにその迫害と敗戦の歴史を引きずっているのだが、同じ敗戦国の日本人はそういった類の話をあまり聞かないが？」

外国の方、とくに欧州の人と宗教とか戦争を話題にするのはあまり勧められないが、質問にはお答えしなければならない。日本人の宗教観はむしろ道徳・文化であり、生活のための位置づけ、ファジーであることから説明を始めることにしている。お互いに学者ではないし、とことん突き詰めることでもないので、礼を失しない範囲で軽くお答えすることにしているが、最近は質問が専門化してきているので、ガイドも民間外交官の端くれとしても種々準備、勉強しておきたい。

●Suicaとベジタリアン

２０１０年の11月に担当した北ドイツから来日の医師ご夫妻、アフリカやアメリカなどには何回となく行かれているが、日本は初めて。事前にご希望をお聞きしたところ、庭園や柔道、それに都内の海辺などを挙げられたほか、ＪＲ東日本のＩＣカード・Ｓｕｉｃａを使って移動したいとのことで、正直、仰天した。団体の場合、都内の移動は観光バスが通常だが、個人のお客さまにはＪＲや地下鉄、都バスなどが自由に乗れる「東京フリーきっぷ」をお勧めしている。ところが、ぜひＳｕｉｃａを使ってみたいとのこと。３日間でひとり４０００円ほどかかったが、その便利さに改めて脱帽させられた。改札ゲートにこのカードをかざすだけの利便性と、チャージのイージーさ。それから、私も知らなかったのだが、使用履歴が印字できるのにはびっくりした。

その１カ月前の10月、汐留のホテルから依頼があった、ドイツ南部からのご夫妻。40歳少し前

北ドイツから来日の医師ご夫妻（箱根の旧街道杉並木にて）

のご主人は長身で企業経営者、奥さまはまだ28歳の美人、かわいい4カ月の赤ちゃんを連れたご一家で、わずか1日の都内案内だったが、中身の濃いアテンドになった。まずはベビーカーでの地下鉄や山手線の移動だが、これが意外と大変。もちろんこういったことに慣れていない私の経験不足もあるが、ホームから改札へのエレベーターを見つけるのがひと苦労。それも長いホームに、あっても1～2カ所だけ。エスカレーターに乗せていただくか、階段を運んでいただいた。子どもさんがまだ小さく、それほど重くないのでなんとかなったが、これが車椅子ならば難儀する。以前、ルクセンブルクからの代表団におひとりおられて、随分と気を使ったことを思い出させられた。

　このときもＳｕｉｃａを利用したのだが、ベビーカーは改札ゲートを通れないとみて、初めは駅員がいる改札口にわざわざ行って、じゃあＳｕｉｃａをどうすればよいか迷ったのだが、サイズ的にベビーカーが改札ゲートを通れることを発見？ して、あとはスムーズになった。タッチパネルにかざす角度などを説明して悦に入る。あとでチャージの仕方をご教示する。

次に困ったのは食事面。奥さまは何でも食せるが、偉丈夫なご主人が大変なアレルギーの持ち主で肉と魚が不可とか。汁に入っているであろうそれらの成分まではどうにもならなかったが、明治神宮ではもりそばを食べていただいた。問題は浅草の夕食だった。奥さまが興味をもっていた回転寿司は店内をのぞきこんだだけ。ついで釜飯の有名店にご案内したが、山菜の釜飯もカツオの成分がご飯を炊くときのだし汁として使用されていてアウト。お店の方の迷惑そうな顔つきもあって、ほかを探す。その後、これまた有名な天ぷらの「大黒家」で四苦八苦。奥さまは名物の海老天丼で大満足。店のご主人に頼み込んで、アレルギーのご主人にはご飯と漬物とナスの揚げ物を召しあがっていただき、おふたりとも美味と絶讃されたので事なきを得た。

もうひとつの話題は、このご一家、日本は初めてだが、なんとタイに別荘をお持ちとか。ドイツからの距離にそれほどの差はないのだが、物価が安いのと気候が温暖なのでよく行かれるとのこと。インドネシアの大地震によるタイ・プーケットの大津波でのドイツ人の死者が日本人のそれのおよそ10倍だったと思うが、それほどドイツ人が訪れているがゆえの悲劇を思い出した。今回の訪日は1週間ほどだったが、ぜひ日本に好印象を持っていただきたいと縷々ご説明申し上げたが、効果のほどはいかがだったろうか。

●剣道の試合を観戦

外国人に神道と仏教の違いなどを説明して納得していただいたつもりが、明治神宮で「ここは何宗か」と質問されたり、「卍は神道か」などと本気で聞かれるのだが、同じことはイスラム教への日本人の理解にも言える。以前、あるツアーのご案内でビックリしたのがメッカへ向かっての礼拝で、箱根のレストランの片隅での祈りはよいとしても、銀座8丁目の「博品館」でバスを停めていた際に、そのバスのすぐ後ろの道路で毛布を敷いたのには驚いた。日の出から夜まで5回の礼拝が務め。ではどうしてメッカの方向が分かるのか。磁石を持ち歩くのだそうだ。全世界のイスラム教徒が同じだとすると想像に絶する。メッカの巡礼に３００万人も集うことと、断食・ラマダンの苦しみをお聞きする。東南アジアではインドネシアとマレーシアが最大の回教国。私の担当するドイツ語圏には少ないが、ときどき依頼されるアジアの方のアテンドにも準備が必要になるようだ。

ところで最近の傾向として、日本文化についての関心がより深まっている。1日だけお世話をしたドイツの食品メーカー大手のVIP3人は、まず剣道の大会を指定してきた。都内の選抜試合ではあったが、急遽、段取りをして対応した。試合を周囲から見学するだけだと思っていたが、なんと貴賓席に招待され、君が代斉唱・大会会長挨拶・模範演技から試合までを目の前で観戦できて大感激だった。じつはガイドにとっては前夜が勝負、試合のルールから精神論、防具などの用語すべての意味を理解したうえでドイツ語に翻訳しておかないといけない。和独辞書とインターネットに首っ引きで格闘した。

その日の午後は日本橋室町の「三井記念美術館」で江戸時代中期の京都画壇の逸材・円山応挙の展示会を見る。秋のシーズン真っ最中とあって、多くの博物館や美術館で西洋がテーマの特別展を開催しているが、もちろん日本文化というテーマでここを選ばれたようだ。これまたにわか学習・準備、ほとんど徹夜。なんとかやっつけで、無事、適宜説明したのだが、勢いあまって「会場内はお静かに」とたしなめられる始末。ああしんど！

●ビールとワインの支払いについて

ある年の春にご案内したツアーは、珍しく釜山から高速船ジェットフォイルで日本入り。福岡で1泊ののち、私の担当は広島からスタート。スイスの北朝鮮・韓国友好協会関連のグループ11名、現役の国会議員もおられると聞き、新幹線のホームで少し緊張気味にお出迎えする。グリーン車で到着されたのは4組のご夫妻と、都合でひとり参加の2名とリーダーで、皆さんお年を召している。勉強不足だったが、スイスと北朝鮮の関係は友好的で従来から支援が続いているとのこと。

今回の食事はいつもと変わって、すべて予約済みのホテルのレストランのビュッフェ料理。和洋中のミックスで伊勢エビとか黒毛和牛なども入る豪華版で私もお相伴に預かる。ビュッフェのよいところは実物を見ながら自分で取り分けるのでご不満がまったくないのと、それぞれの情報交換でおいしそうなものを選べること。通常、食事の同席は料理の内容から箸の使い方までガイドは質問攻めでてんてこ舞いになって、おちおち食事をエンジョイできないが、その点いわば楽なスタイルと言えようか。

問題はアルコール類の支払いで、必ずワインかビールを所望されるが、すべて各人払い。日本では一括して払うとか先輩や年長者が奢るのが通例で、レストラン側にとって外国人のルールは重荷が本音。事前に依頼しないと嫌な顔をされる。さらに戸惑ったのがビールの生か瓶かの選択で、必ず容量を聞かれたことで、500ミリとかご説明しなければならなかった。ボトルワイン

新幹線は訪日観光客にも大人気（東海道新幹線京都駅にて）

の場合は誰に請求すればよいのかお聞きする必要があり、「必ず払うから誰でもいいじゃないか」と反論されて、いささか困惑したことがある。

●新幹線のグリーン車

このツアーはＶＩＰ扱いで、広島〜京都〜東京〜宇都宮〜東京〜京都の新幹線はすべてグリーン車。通常ガイドは普通車で、降車の直前にグリーン車へ戻ってご案内する不便さと、そのつど車掌というかパーサー（大抵は女性だが）に誰何されて煩しいのだが、今回はありがたいことに私も同席、おかげで適切な対応ができた。乗車した列車はほとんどが「のぞみ」で、その運行頻度が10分おきというのも大変な驚きのようで、しかも一本の列車に約1300人が乗れると知って、日本の鉄道の正確さと高度の技術に感心されていた。

京都発9時16分の上り「のぞみ」に乗車するため、9時少し前にコンコースで待ち合わせ。発車表示板には、8時56分、8時59分、9時02分、9時05分、9時09分、9時16分と、わずか20分の間に6本。10分間隔どころか都心のラッシュアワー並みの3分少々！「ひかり」1本、「こだま」1本のほかはすべて「のぞみ」。今さらながら新幹線の巨大さを日本人としても認識、いわんや外国人においてをやというところ。女性パーサーの改札と親切な対応、おしぼりサービスや途中のゴミ収集にも感嘆の声。北朝鮮との比較もあるだろうが、そのギャップを体感されたということではないか。

このツアーは、広島・宮島の厳島《いつくしま》神社や京都、奈良はおおむね曇り一時晴れでまあよかったのだが、日光と都内は異常な寒さで往生した。皮肉なことに日光ではまだ桜も咲いていた。少し北の郡山では雪が降ったと聞いて異常気象にびっくりされていた。行程上、大型の荷物を2日先のホテルへ別送するため、雨の予報とか日光の寒さなどに留意し、適宜、厚着の用意などをご案内して喜ばれた。本当に近年の天候には苦労する。ツアーの成否が旅行会社の段取りとガイドの能力と、そしてこれが一番重要なのだが、天候にかかっているわけで、とくにしんどいことである。世間では、異常気象によって野菜が値上がりしたとか、冬物衣料が売れないアパレル・流通業界の悲鳴もあるなか、苦労としてはまだましなほうかもしれないが。

●難しすぎるドイツ語の方言

私はドイツ語で仕事をしているわけだが、そのドイツ語を母国語とする人と積極的に学んでいる人の数が約1億２０００万人で、日本語のそれとほぼ同じ。ドイツが８２００万、オーストリア８１０万、スイスでは人口７２０万の約3分の2がそう。同じドイツでも北部と南部とでは方言が違うし、むしろ南部のほうはスイスやオーストリアの方言に近い。今回のスイスの方々は、私が戸惑っていると標準的なドイツ語に変えてくれるのだが、スイスの方同士で話す言葉は、私には難しすぎる。

この仕事を長年やっていると、さまざまな場面に出くわすもので、意外にもイタリアのドイツ語地域（30万人といわれるが）の方とかフランスに近いルクセンブルクの訪日客をアテンドしたこともある。イタリアのグループは食後に必ず別のコーヒーショップでエスプレッソを所望されていたし、ルクセンブルクの方の出迎えのときは国旗で苦労したことも今はよき思い出だ。ちなみにフランスの東部、ドイツと接しているエリアでは、１４０万人がドイツ語を母国語としていると聞く。歴史上、国境がライン河を挟んで7回も変わったとか。島国日本では想像もできない話ではある。逆にこういったガイドの仕事に携わっているからこそ体験できたことと感謝している。もっと皆さんに満足していただけるよう研鑽を積まなくてはとの思いしきりである。

第2章　観光通訳ガイドの仕事

●旅行会社からのアサイン

さて、私のようなフリーの観光通訳ガイドがご案内する訪日観光客のツアーとはどのようなものなのか、2010年でもっとも印象に残った1週間のツアーを例に、具体的にご紹介したいと思う。

このツアーは、イギリス系の旅行会社からの初めての仕事依頼で、普段、仕事をしている日本の旅行会社とはいささか様子が違った。まずアサイン、つまり発注だが、私の属するガイドの協会のほか、業界の他の団体を含めて3〜4人が推薦されたらしく、ドイツ人ネイティブの国際電話によるテストがあった。自分自身のこのツアーへのアイデアを聞かれたが、要は語学力と表現力の選抜だったようで、幸い私が選ばれたのだが、通常は旅行会社があらかじめガイドを決めてからのアサインなので、これには驚いた。

参加者は、ドレスデンを中心とした地域の方々9名と、同行のドイツ人女性ガイドの計10名。訪問地と日数は、東京、鎌倉、富士・箱根、京都、広島・宮島の6泊7日間、全体の行程は台湾と韓国を入れて18日間となっていた。台風一過の晴天続きで順調な滑り出し。旅行行程表に載っていなかった原宿・竹下通りや新しく開通した東京メトロ副都心線の乗車、さらには京都・錦小路のぶらぶら歩きや宮島の大聖院《だいしょういん》など、好評を頂戴して終了。幸いにも２０１１年秋のツアーリピートに結びついた。

●打ち合わせと下見

ツアー実施の2カ月ほど前に旅行会社を訪問して打ち合わせをした。それぞれの会社で、ツアーマネジメントの手法が違うので、新たな対応が必要だったからだ。ＪＲのチケット、クーポン券の受け渡し方法、預かり金つまりFundの金額、精算方法、報告書式などを打ち合わせる。最近

六義園

では高速道路のＥＴＣカードまで貸与するケースもある。

次は下見だが、私の場合は北海道と東北以外の日本全国を案内しているので、このルートは下見の必要がない。ただ、指定があった六義園《りくぎえん》だけは別。都内の庭園といえば通常、浜離宮恩賜庭園、皇居東御苑か小石川後楽園が定番。六義園は、川越藩主の柳沢吉保《よしやす》が１７０２年に駒込の下屋敷に造営した回遊式築山《つきやま》泉水庭園で、江戸時代から名園のひとつに数えられている。最近のツアーは結構、テーマが特化してきており、こだわりの要望がくる。このツアーもそうだった。あちこちへ行っているとしても、２年ほど訪問していない観光地だと知識が風化するので再訪するようにしている。都内や近郊はともかく京都とか九州となると大変で、このコストが意外にかかる。頂戴するガイド料の1~2割はみておかないといけないが、遠い国から高いお金を払って来日されるお客さまに、プロとして曖昧さは許されない。必要経費と割り切る。

直前の打ち合わせで詳細をチェックする。独・英・和のそれぞれのパンフレット上の観光箇所の確認も重要で、出発地つまりドイツでの集客の際のパンフレットなどはえてして、営業上、誇大な表現もあるし、まれにだが行程や曜日的に無理な訪問地もある。このツアーでは当初、皇居東御苑が入っていたが、折悪しく月曜日で休園。鎌倉は長谷《はせ》の大仏で知られる高徳院だけのはずが鶴岡《つるがおか》八幡宮《はちまんぐう》も入っていたり、富士山5合目と忍野《おしの》八海《はっかい》双方の訪問が時間的に難しいなどの事例があった。これらは事前に整理しておかないと契約不履行のおそれもあり、留意が必要だ。

このような準備を整えて、いよいよツアー本番を迎えることになる。

●1日目。チェックイン後は池袋の繁華街へ

成田空港の出迎えは自宅出発前から始まる。空港の案内センターへ電話をして、到着便の予定をチェックするのだが、欧州からのフライトは、たとえば冬などは偏西風の影響で早めに着くことがある。それと空港までのアクセスでＪＲと京成《けいせい》電鉄のいずれかが遅延しても大丈夫なように、

余裕をみて出発する。私は原則、到着予定の30分前には待機するよう心がけている。

いよいよ到着のアナウンスのあと、入国審査が厳しくなっているのでゲートから出てくるまで1時間はみておく必要がある。用意したウェルカムボードをかざして出迎える。この10年間で、到着便の変更情報が旅行会社に届いていなかったため、成田で3時間待ちぼうけを食ったこと以外、行き違いやミスミートはなかった。

このグループは出迎えが午後1時。欧州からの便の到着は通常、早朝なのだが、今回は韓国からの入国。お客さまと、同行のドイツ人女性ガイドと挨拶を交わし、両替の後にリムジンバスで都内へ。1時間10分で到着したホテルは池袋の超高層、30階からの眺望に満足され、1時間ほど休息して、時差ぼけ解消も兼ねて近くの繁華街へ繰り出す。トヨタのショールーム「アムラックス東京」や「東急ハンズ」「ドン・キホーテ」をグルッと回ったが、大変な人込みで疲れたのか、早めにホテルへ引き揚げた。聞いてみると、成田空港到着時の指紋の採取と証明写真の撮影にも驚いていた。このツアー、台湾と韓国を回ってから日本へ来たのだが、この厳しいチェックは日本だけだったとか。規律正しさと正確性の表れとして、むしろ好意的なコメントだった。

明治神宮の手水舎の前でガイドする筆者（中央）

●２日目。都内観光。庭園と神社と寺めぐり

朝一番の訪問地は、見事な快晴の六義園。ガイドブックには「元禄に生まれた社交と饗宴のテーマパーク」「和歌の心息づく雅な大名庭園」とある。秋晴れの下、それがぴったりの雰囲気で吹上の松、藤代《ふじしろ》峠、渡月橋《とげつきょう》と、中の島を常に右に見て園内をそぞろ歩く。和歌や元禄についてはバスの中で説明してあるが、すぐにはご理解できないとしても雰囲気をエンジョイしていただく。吹上茶屋で和菓子とお茶を賞味。開園直後でほとんど貸切り状態なのもありがたかった。

　次は明治神宮参拝。奉納されている酒樽とブルゴーニュのワイン樽、日本随一の第二鳥居の説明から主参道の真ん中は神の道として通らないようにと参拝のヒントを伝授。実際には何も知らない日本人の団体が真ん中を歩いているのだが。手水舎《ちょうずしゃ》で手と口を清め、第三鳥居前で拝礼していただく。祈願絵馬の説明と拝殿前で二礼二拍手一礼。詳細はともかく、これで日本の神道の雰囲気を感じていただけたとみた。

この日の昼食は赤坂の江戸時代風料理屋。釜飯と天ぷらを掘り炬燵形式の席で食べたが、炬燵のなかで足を投げ出して座ることと、トイレのスリッパが別なことに驚いていた。グループの帰国後の現地からの報告書には、これらがカルチャーショックだったと記されていた。

午後は浅草寺、銀座、都庁展望台と回り、ここでバスを降りて徒歩。新宿三丁目駅から新しい東京メトロ副都心線に乗車し、東京の地下鉄の乗車体験をする。道中、東京の歴史、神道と仏教の違い、年金・年収、日本の自動車産業、街路樹などを縷々説明した。

●3日目。箱根のホテルで温泉と浴衣に大喜び

鎌倉での観光後、箱根へは西湘《せいしょう》バイパスを通る。2時間弱の道々、湘南海岸の美しさのほか、日本の教育制度、干支、食料自給率、日本人のメンタリティーなどをガイドする。「箱根彫刻の森美術館」や芦ノ湖の海賊船を楽しんだのち、湖畔のホテルへ。この高級ホテルは芦ノ湖の眺望や露天風呂が有名で、温泉の入り方、浴衣の着方など詳細を説明し、男性の方々とは一緒に風呂に

入った。男女とも浴衣が大変珍しかったようで、集合写真に納まった際に日本文化に触れたと大喜びをされたのにはこちらがびっくりした。

このツアーで温泉はここだけだったが、本格的な旅館と温泉を組み合わせるともっと好評なのではと感じた。そこで思うのが日光。世界遺産の社寺や華厳滝《けごんのたき》などで知られるこれほどの観光地が、ほとんど東京からの日帰りである現状。せっかくの鬼怒川《きぬがわ》温泉をセットにして、なぜ1泊の目的地にできないのか、ガイドとしてはいつも不思議に思っている。温泉と日本料理を観光日本の新しい「売り」にできないものだろうか。

●4日目。富士山そして新幹線で京都へ

富士山は曇り。5合目ではなんと気温5度の寒さだったが、この富士山が日本観光の中心ということもあってか、写真を撮りまくる一方で質問攻めにあう。なんでこのようにきれいな円錐型なのかとか、富士登山は何回経験したかとか。実は私は一度も登っていないのだが、登ったことのないバカ、二度登る大バカの話をして、話題をそらす。三島駅から新幹線に乗って京都へ。京都駅到着後、御池《おいけ》のホテルまで市営地下鉄に乗車、皆さん興味津々だった。

平安神宮の神苑でゆったりとしたひととき

●5日目。京都観光。錦秋の平安神宮庭園に感激

京都観光は龍安寺《りょうあんじ》からスタート。天候晴れ。金閣寺、錦小路、ユーロの両替、昼食ビュッフェののち、平安神宮の庭園で寛ぐ。これが、このツアーの最高のスポットになったと、あとでお聞きした。正式には神苑《しんえん》と称する3万3000平方メートルの池泉《ちせん》回遊式庭園で、南・西・中・東と4つに分かれるが、グルッと一周したのち、東神苑の栖鳳池《せいほういけ》にかかる泰平閣《たいへいかく》（橋殿）でひと休み。周囲の紅葉を存分に楽しみつつのひと休みがよかったのではないだろうか。

平安神宮の次は、「京都ハンディクラフトセンター」でおみやげ購入タイム。まあ買うは買うは、それまでのおっとりした行動と一変、時間をオーバーしてまで買い込む。夕刻は祇園《ぎおん》へ。花見小路と白川南通りを散策する。舞妓さんの出勤時間にはまだ早かったが、そのたたずまいを堪能された。

●６日目。時速３００キロで宮島往復

京都駅から広島駅までの新幹線は時速３００キロに一驚。宮島の厳島神社に参拝する。海に浮かぶ朱色の大鳥居は、宮島口でフェリーに乗るとすぐ右前方に遠望され、雰囲気が盛り上がる。奇想天外な海中の神社に霊気を感じ、長い回廊をめぐる印象が日本観光のハイライトであることは間違いないのだが、所要時間はおよそ1時間。このあとはいつも時間が余るので、必ず大聖院にご案内し、その後に表参道商店街でおみやげタイムをとることにしている。大聖院は西の御室《おむろ》とも呼ばれ、京都の仁和寺《にんなじ》と並ぶ真言宗の古刹で、仁王門、観音堂、勅願堂、摩尼殿《まにでん》をはじめ、さまざまな堂宇が並んでおり、厳島神社と瀬戸内海を俯瞰する景色も素晴らしい。お客さまは大師堂の地下の遍照窟《へんしょうくつ》などに数多くある仏像と階段横の五百羅漢にとても感激されていたが、本命は観音堂にある色砂で描かれた砂曼荼羅《すなまんだら》。しかし、拝観するのに靴を脱ぐため敬遠された方もいて、残念。靴を脱ぐことへの抵抗感は信仰心や好奇心を上回るようだ。

再び新幹線で京都へ戻って、今回のツアーのお別れパーティー。これもカルチャーギャップの

ひとつなのだろうが、レストランの一隅の貸切りはよいとして、ムード盛り上げのためにロウソクやキャンドルがぜひ、欲しいという。小さなものはともかく大きなロウソクはホテルにも置いてないし、コンビニにも売ってない。さりとて、この期に及んで別の会場の手配は難しい。では、小さなスタンド照明が人数分ないか。豪勢な宴会場でもないかぎり、これも難しい。なんとか2つほど調達して間に合わせることができた。レストラン側も協力してくれて、冷酒をサービスしていただき、雰囲気が盛り上がったが、決められた予算のなかで旅行会社がやりくりしていることから、即応が難しい面もある。

　ところで、このツアーでは京都に3泊したが、夕食が自由の日が2晩あり、おばんざいとか京料理の店を詳しく調べておいたのだが、なんと全員がコンビニで買物をし、部屋で夕食を済まされたのは想定外だった。朝食はホテルのバイキングでリッチに食べられるし、昼食もツアーにセットされていることが多いので、夕食にあまり重きを置かないという一面と、コンビニがドイツでは目新しいということではないかと考えた。もっともＪＲの駅のキヨスクも、その元は欧州のKiosk。私もドイツ駐在時、週末は店が閉まって往生したときには、駅前のそれで飢えをしのいだ記憶がある。パンと牛乳やソーセージ、チョコレートくらいしかなかったし、当時はユーゴやトルコからの出稼ぎ労働者も多くいて、いささか暗い雰囲気だったが、単身赴任には重宝した。

それに比べ、日本のコンビニはさまざまな食品が明るい店内に陳列され、しかも飲み物から食品、日用品まですべて揃っている便利さ。ホテル周辺だけでも２〜３店舗あったので、使い勝手のよいことこのうえなしといったところか。

このツアー、台湾と韓国を回って最後が日本で都合３週間弱、参加費用なんと70万円もの高級ツアーだからケチっているのではなく、ドイツ民族特有の合理性と好奇心の発露とでもいえるのだろうか。付け加えると、セブン‐イレブンの店内にあるセブン銀行で国際カードのキャッシングができることがある。カードでの買物ができない観光地などでは、近くに外為銀行がない場合に緊急避難的に使用できる。

また、このツアーの初めに日本のおみやげランキングなどを参考までに説明していたが、皆さん明治神宮や浅草寺、箱根、宮島などあちらこちらで、小物、たとえば漢字のロゴがあるＴシャツや箸セット、あるいは和紙製品などを買い込まれていたが、それでも足りなかったようで、京都の大型みやげ店でも時間一杯、買いまくっていた。旅行の最後におみやげで悩むのは日本人だけではないようだ。

●7日目。関西空港から帰国の途に

最終日の朝、関西空港から台北経由で帰国の途に就かれる皆さんを見送って帰京。新幹線の車中で皆さんの礼儀正しさを思い出していた。ドイツは1990年に統一されているが、実態は西ドイツによる東の救済、いまだにその影響を引きずっている面もある。ドイツからのお客さまは、大半が旧西ドイツからだが、旧東ドイツからもときどきみえる。今回もドレスデンを中心にした地域の方々だが、謙遜というか、礼儀正しさに驚かされる。本国内ならともかく、日本に来てまでそれを意識しているのでもないだろうが、国民性として謙虚さが尊重される日本人としても心地よい。皆さんとても協力的で和気藹々の7日間。お客さまはもちろんのこと、女性ガイドの方も日本が初めて。ガイトの要所は丁寧に説明して、次の機会にも役立ててもらえるように配慮した。移動時の人数確認、バスに乗るときの注意、忘れ物、モーニングコール、天気の確認など、観光案内以外のツアーマネジメント時にも、必ず声をかけるよう留意した。

●ツアーのあとで

ツアー終了後の報告も重要な業務だ。日報、報告書、経費の精算などが観光通訳ガイドの評価と信頼性に結びつき、リピートにも関係してくるので決しておろそかにはできない。旅行会社が熾烈な競合を勝ち抜いて取ってきたツアーの成果が、ガイドの仕事に左右される事実を重く受け止めなければならない。メールでの報告、会社を訪問しての挨拶を済ませてアサイン完了となる。つまり、1週間のツアーは1週間の準備と段取り、それに1週間のあとフォローが肝要といえるだろう。

後日談だが、2011年のツアーの事前ご挨拶に品川のこの会社を訪問していたときに東日本大震災が発生し、ビル自体がまさに大揺れした。一緒に机の下に入り込んだりして揺れが収まるのを待ったのだが、地下鉄が停まりJRも私鉄も不通で、自宅のある世田谷の端っこまでの15キロを、一部バス、そのほかはほとんど歩きで8時間を要したものだった。今では外出時、無数の余震を覚悟してスニーカーや水、チョコレートなどを携帯して常在戦場のつもりだが、お客さまの病気もさることながら、ツアー途中の突発事故とか天災への対応力も、ガイドのノウハウのひとつなのだと考えることにした。

第3章　訪日観光客と日本のイメージ

●訪日目的の最近の傾向

平和産業と呼ばれ、旅行業、運輸業、宿泊業、飲食業、その他付帯産業など裾野の広い「観光」。最近では日本の世界遺産も注目されはじめ、体験型・交流型などのエコツーリズムや医療ツアーなど、質の高い観光を提供しようとする動きが盛り上がっている。もちろん、基本的な観光要素としての自然景観、伝統的建築、温泉、日本食にポップカルチャーなどもますます注目されてきていることも心強い。

ＪＮＴＯの２０１０年11月報道発表によると、訪日観光客の旅行目的とおみやげなどの買物事情が変わってきているようだ。まず旅行目的だが、同年のランキングは、1位・伝統的建築様式、2位・日本料理を食べる、3位・伝統的日本庭園、4位・旅館滞在、5位・温泉、6位・買物、7位・ハイキング・登山・サイクリング、8位・ポップカルチャー、9位・美術館・博物館、10位・魚市場見学となっている。２００９年に比べてランクを上げたのは伝統的建築様式とハイキング・登山・サイクリングだった。10位以内には入っていないが、日本文化全般と、日本人との交流・日本についての関心なども増えていた。

私のつたない経験から番外編として付け加えたいのが、盆栽観賞、ラッシュアワー体験、デパートの開店シーン見学。以前、ドイツ人グループの全国ツアーで、なぜか長崎でデパートの開店風景を見るというのがスケジュールにあった。念のため事前に問い合わせていたせいか、支店長まで入口で待機されており、大いに恐縮したことを覚えている。欧州のデパートでは、「ハロッズ」など一部の例外を除いてスーパーに近い形態で、高級品部門は専門店化している。そのせいか開店時の一斉ご挨拶などありえない。訪日観光客は、そんなところにも日本独特の文化や風習を感じているのかもしれない。長崎では、別の所から出て、もう一度入ってきた方がおられた。聞くと「店員のリアクションを確かめたかった」とのこと。物好きな方はどこの国にもいるものだ。

●人気のおみやげは

ついで日本滞在中の買物動向、つまりおみやげを中心とした購入品目では、1位・日本茶、2位・着物・浴衣、3位・洋服、4位・日本の菓子、5位・陶磁器、6位・カメラ・デジカメ、7位・日本酒、8位・人形・刀など、9位・玩具・キャラクターグッズ、10位・文具の順となっている。

2009年比でランクを上げたのは着物・浴衣と陶磁器、それになぜか文具。そういえば、前述のドイツ人グループは、銀座滞在3時間のなかで天ぷら店のほかに「伊東屋」、それに「博品館」がご指名だった。日本茶は日本食ブームと健康志向、それに持ち運びが便利なためだろうし、着物・浴衣は旅館滞在時の着用がきっかけと推測される。

おみやげに関していえば、どこの国の方でも、義務？として、結構なプレッシャーらしく、どんなにフリータイムをとってもたらないほど。あるツアーでは、最終日の夕刻の浅草・仲見世であらゆるおみやげ品を買いあさっていたし、京都が最後のツアーでは、旅程に入っていなかったのだが、訪日観光客向けのショッピングセンター「京都ハンディクラフトセンター」にご案内したら、予定時間ではたらないほどの買物をされ、びっくりしたことがあった。

●人気の観光地は?

ところで、訪日外国人に人気の観光地はどこだろうか。

さまざまな統計調査やランキングが発表されているが、世界最大級の旅行クチコミサイトのトリップアドバイザーの最近の発表では、広島・宮島の厳島神社がトップとされた。とくに欧州からの観光客のお気に入り観光スポットは、1位・厳島神社、2位・平和記念資料館と原爆ドーム（広島）、3位・金閣寺（京都）、4位・浅草寺（東京）、5位・姫路城（兵庫）、6位・富士山（静岡・山梨）、7位・清水寺（京都）、8位・国宝松本城（長野）、9位・都庁展望台（東京）、10位・築地市場（東京）となる。なぜか日光や鎌倉、箱根がベスト10に入っていない。11位以下では、東京ディズニーリゾート（千葉）、兼六園《けんろくえん》（石川）、明治神宮（東京）、六本木ヒルズ（同）、東大寺（奈良）、海遊館《かいゆうかん》（大阪）、美《ちゅ》ら海《うみ》水族館（沖縄）などが挙げられている。

●日本のイメージとはなんだろう

私の過去数年の経験からだが、欧州とくに北ヨーロッパの方々は、まず「富士山をはじめとする美しい景観」と「豊かな伝統文化」、それと「ハイテクなどの先進的イメージ」を期待し、これに惹かれて日本に来られるようだ。

さらに、彼の地の旅行ガイドブックや雑誌を繰って調べたところでは、表紙の写真には圧倒的に茶畑と富士山、神社、次いで温泉、寿司、竹林、なんとラブホテルもあるのだが、さすがにこれは表ではなく裏表紙に載っていた。最新版のドイツの日本ガイドブックの表紙には「伝統と先進技術の国日本へ」とあった。

本文なり序文の文章となると、「西洋世界の印象と古い伝統と熱狂的な!?将来がごちゃまぜの国」の説明に始まり、「矛盾に満ちた日本」から相撲部屋、マンガ、お茶席の正座の苦労と温泉の楽しさに関する記述が多い。さらに英語を中心とした外国語の影響が強く、日本語の10パーセントは英語だと決めつけている。まあこれは、若者向けの先進的な雑誌のカタカナの比率が3分の1を占めるという、最近のデータからは頷けることではあるが。

ついでに「３０００の島々の世界」という特集記事では、会社での朝の集団体操、原宿の若者のパフォーマンス、焼酎の飲み屋風景、再びマンガ、歌舞伎・狂言、ゴジラ、野球・相撲と続いていた。

別の日本のポートレート的な記事では、「ソニーのアイボとホンダのアシモ、つまり人造ロボット」「本当のヨーロッパとは違うヨーロッパ的な雰囲気」「他の国にない独特のアジアの要素」。いうなればどっちつかずというべきか中途半端と理解すべきか。

ほかにも桜前線とか単一民族、食堂の料理サンプルなど縷々あるが、これらからも、欧州の人たちが抱く日本に対するおおよそのイメージが想像できるというものだ。

●日本観光のキャッチフレーズ

気になって、訪日観光客が持参する旅程表を頂戴してタイトルを比べてみたところ、かなり変化してきていることに気づいた。以前は「東京格安ツアー」とか「桜の日本を見に行こう」と月並みだったのが、最近のそれは、「寿司と酒を訪ねて」とか「寿司・新幹線。高野山つき」、さらには「見知らぬ日本の庭園旅行」といった、かなりマニアックなものさえある。たしかに、一般的な観光から、目的を絞ってスケジュールを組むツアーが増えてきているようだ。

2010年の年初の新聞記事によると、外国人の目に映る日本の印象は、「物価が高い」が残念ながら1位、ついで「優れた工業技術」と「親切で礼儀正しい」が2位で並び、続いて「経済大国」「地下鉄などの整ったインフラ」が挙げられている。

一方、関心があるのは、「寿司や天ぷらなどの日本食」が1位で「富士山や上高地などの自然」が2位、これに「皇居と東京タワー」「車や電化製品など」が続く。

逆に不満点を挙げるとすれば、「英語の情報が不足、あるいはパンフレットなどの誤訳の多さ」

「外国語とりわけ英語の通じにくさ」「クレジットカードの普及度の低さ」とともに「ゴミ箱やベンチの不足」もあるが、これは清潔性とテロ対策と説明すれば納得される。

日本観光へ誘う最近のキャッチフレーズの好例を紹介したいと思う。これは、２０１１年春に予定されていた12日間の桜ツアー（3月の東日本大震災で中止となった）参加者への最終案内文から拾ったものだ。それによると「いよいよ待ちにまった旅行が3月31日にスタート」で始まり、旅行のテーマは「日本――ハイテクと伝統の旅」。以下、1日目・躍動的な大都会東京。新都心新宿の超高層ホテル、きちっとした服装のビジネスマンが行き交う街、夜はカラオケで息抜き。2日目・日光の景観と寺社観光で都会の疲れを癒す。3日目・都内観光は静かな明治神宮と人込みの中の浅草参拝。その間に一流ホテルでの鉄板焼きをエンジョイする。目の前でグリルした牛肉・魚そして野菜。ソースも素晴らしい。その後の銀座のデパート訪問も楽しい。4日目・箱根・芦ノ湖と富士山観光。お泊まりは日本旅館、畳の上で寝る経験も。その前に露天風呂としゃぶしゃぶの夕食を。5日目・新幹線で志摩《しま》の真珠島へ。リアス式海岸と高級リゾートのたたずまい。6・7日目・京都観光と奈良周遊。清水寺と東大寺は信仰と目の保養。8・9日目・広島と宮島観光。有名な朱の鳥居が海に浮かぶ。世界遺産の原爆ドームと姫路城も圧倒的。10日目・商業と工業の中心大阪で残念ながらツアーが最終章となる。日程は、ざっとこんな具合だ。

さらに、この季節、日本全体が桜の中、「花見」パーティーはいわば国民的行事、会社で家族でピクニックとカラオケで楽しむ、と解説が入り、最後に「日本を書き尽くす、描き切るいかなる試みも失敗する。日本は自分で体感しなければならない」と結ぶ。海外における日本に対する誤った先入観や偏見が指摘されて久しいが、欧州に限っていえば、日本に対するイメージは、かなりまともになってきたのではないだろうか。このように、日本を熟知している現地ツアー責任者もいるのだから。

第4章　日本の象徴とその美しさ

その1　富士山

●富士山はいつも綿帽子

ある年の冬のこと、ドイツからの観光客を1週間ほど都内、日光、箱根、さらに京都までご案内した。最大の関心事は富士山。1日目の都庁展望台からは曇りで見られず、鎌倉で晴れて次の箱根に期待したのだが、雪まじりの悪天候で大涌谷《おおわくだに》の展望ポイントでも姿は見えずじまい。その後、さすが京都往復での新幹線で2回チャンスがあると思っていたが、晴天なのに、富士の頂上は雲の中。結局、一度もその眉目秀麗な全体像を拝めずに帰国され、私も辛い思いをした。

皮肉なものだが、たった1日の東京滞在でその素晴らしい姿を見られたグループもあれば、箱根までは曇りで、東富士五湖道路では頂上のみ雲がかかっていたが、「富士急ハイランド」のレストランに着いた途端に雲が切れ、その全容をエンジョイされた団体もあったりと、千差万別。それが、せっかくのガイドの成果を左右するものだから、困ったものだ。

こんなこともあった。新幹線で東京から大阪経由で九州に行く途中、新横浜を過ぎ小田原周辺だったと思うが富士山がクッキリ見えてきた。全山雪に覆われている。さて熱海を過ぎて三島、新富士と富士山をあらためて眺めたものだが、その霊気というか、厳かな雰囲気についお客さまの存在を忘れ、なぜかこれからの自身の生き方に思いを馳せたものである。その好天も関ヶ原あたりで雪に変わり、徐行運転。5年ほど住んで私の第3の故郷になった彦根や琵琶湖の景色も雪の中に沈んでいた。それはそうと、訪日の第1目標の富士山が見えるか否かがツアーの、ひいてはガイドの印象を極端に左右するのもまた事実だ。

●日本人の富岳信仰

中央高速河口湖ＩＣ付近にあり、富士山周辺の天候がよくないときにたびたび利用させていただく「山梨県立富士ビジターセンター」。同センター発行の富士山ガイドによると、富士山は、世界で2番目に高い独立峰と推定されているとのこと。欧州のアルプスをはじめ、世界中には富士山を凌ぐ高峰はいくらでもあるが、孤高であるがゆえの美しさは、高峰を見慣れている欧州の人にとっても別格なのであろう。その重さは１０００億トンで東京ドーム１１０万個分とか。なるほど存在感があるのも納得だ。

さて、日本人の富岳信仰だが、江戸時代における富岳信仰は大変なものだった。富士講が組織され、盛大な富士登山が始まったのはたしか18世紀。自由国民社の『富士登山ハンドブック』によると、江戸には富士塚や富士見坂が無数にあり、富士講は最盛期には江戸城内だけで８０８講といわれた。幕府は7回も禁止令をだしたが、一向に効き目がなかったという。現在でも、東京都内には40近い富士塚が存在するそうだ。当時の民衆にとって富士登山はルートとしての相模国《さがみのくに》（現在の神奈川県）の大山《おおやま》参りを含め全行程8日間かかる大イベントで、実現は大変難しかったが、富士塚に登れば富士山に登ったのと同じご利益が得られるとして人気が高かったらしい。

本家の富士山以外にも、日本全国に「富士」はあまねく存在する。著名なものと、私自身が住んだ、あるいは赴任したエリアはとくに印象が強いので、これらを含めて列記すると、利尻《りしり》富士（利尻山）、蝦夷《えぞ》富士（羊蹄山《ようていざん》）、津軽《つがる》富士（岩木山）、出羽《でわ》富士（鳥海山《ちょうかいさん》）、榛名《はるな》富士（榛名山）、八丈《はちじょう》富士（西山）、近江《おうみ》富士（三上山《みかみやま》）、伯耆《ほうき》富士（大山《だいせん》）、讃岐《さぬき》富士（飯野山《いいのやま》）、薩摩《さつま》富士（開聞岳《かいもんだけ》）などであるが、５年ほど住んだ滋賀県つまり近江国の三上山は身近に感じたものだ。琵琶湖の東、古くは東海道・中山道を行き来する旅人が必ず目にしたであろう姿、今では新幹線の車窓から見える、標高たかだか４２８メートルの山だが、多くの伝説が語り継がれている。ちなみにこの地は近江米と近江牛、それに銅鐸でも知られている。

●富士山とはこんな山

富士山は日本列島のほぼ中央にあり、南のマリアナ諸島まで続く火山帯の中心である。

単独峰で円錐火山（コニーデ）、なんであんなに奇麗なのかというと、溶岩の粘性に起因し、流動性が高ければ平らになってしまうし、それが低ければもっこり型で、例としては北海道の有珠《うす》山《ざん》となる。富士山はシリカ含有率50パーセントがモノをいっているとのことだが、地質学は難しい。統計によると21の都県から目視でき、福島県、石川県、奈良県、三重県からも望めるそうだ。直線距離２８０キロ。

なお、富士山の標高は３７７６メートル、フィートに換算すると約１万２３６５。つまり、12カ月３６５日でアメリカ人のいうone year feet mountainである。

富士山とシンガポールからの仲よしグループ

また、富士山が日本で抜きん出て高い理由は3つの火山の合体の所為といわれる。小《こ》御《み》岳《だけ》（現在の河口湖ルート5合目）が横にあり、現在の富士山の下には古富士火山が隠れている。その上に乗っかっているから高くなったという説で分かりやすい。生い立ちは70万年前、何回かの噴火ののち、5000年前の噴火で現在のフォルムが形成されたという。

ちなみに植生としては低地から高地に進むにつれてアカマツ、シラカンバ、カラマツ、シラビソ、低木林となっていく。動物はムササビ、各種のネズミ、タヌキ、イタチのほか、まれにツキノワグマが目撃され、個体数30ほど。ついでながら富士五湖の淡水魚はヒメマス、アユ、ワカサギ、コイ、フナなどだが、外来種ブラックバスに侵略されつつあるという。

●外国人の見た富士山

公私とも富士山はよく訪れるのだが、大抵は日帰り。かなり以前に、奮発して家族で泊まった河口湖畔の「富士ビューホテル」。天皇も来訪されたとかで、ゴージャスな雰囲気。以前ご案内したドイツのお客さまたちは周辺の湖畔や庭園を早朝からジョギングをして楽しんでおられた。ガイドの仕事でときどき利用するのが、「富士急ハイランドホテル」や富士山と山中湖を望む「ホテルマウント富士」。和風旅館では河口湖畔の「湖山亭うぶや」に泊まり、翌日、ゴルフを楽しんだ記憶もある。

ここで、外国人のみた富士山について少し触れたいと思う。矢野恵二著『富士山と日本人』に有史以来の外国人について述べられているが、大陸からの帰化人、あるいは来訪者が、都があった京都・奈良・飛鳥《あすか》地方はともかく、富士山がある東国まであまり来たことはないのではないかと推測している。一方『富士山―聖と美の山』で上垣外憲一氏は、秦の始皇帝の命を受けて船出した徐福が探し求めた蓬萊《ほうらい》（仙人の住む山）はこの富士山、という説もあると紹介しているが、そうなれば紀元前3世紀に来ていることになる。

時代が下って19世紀後半、徳川幕府がペリー提督に威嚇されて開国を余儀なくされたのち、その総領事ハリスの書記ヒュースケンが初めて見た富士山を「この美しさに匹敵するものが世の中にあろうとは思えない。一生忘れることはあるまい」と述べている。当時の箱根八里の厳しい行程と江戸幕府参府時の苦労の反動と開放感だけのコメントではないだろう。同じペリー艦隊が伊豆の石《い》廊崎《ろうざき》沖で富士を遠望し、その美しさに驚嘆した。浦賀沖では高さを測り1万フィート（約３０００メートル）としている。

20世紀中頃日本に来たドイツの建築家ブルーノ・タウトは「富士山はいつ見ても脅威だ。極度に醇化され日本文化の象徴だ。ここに日本・神道およびその文化の起源がある」とまで褒めそやしている。

外国人として初めて富士登山を決行したイギリス初代駐日公使ラザフォード・オールコックは標高４３２１メートルと推定した。そのとき「詩人はことばを見いだしえないし、画家もその山にふさわしいと考えるとおりに再現するに充分な技術や色彩を見出しえない」と述べている。

別のツアーで、そこまで富士山に徹底するかというＶＩＰご夫妻がおられた。京都と飛騨高山を訪れたのちに箱根に入り、富士山と箱根、それに東京をご案内したのだが、箱根外輪山北麓の「乙女茶屋」から写真撮影したのを皮切りに、「富士ビジターセンター」、忍野八海、東富士五湖道

乙女峠からの富士山に歓声

路などでそのつどハイヤーに停車願い、撮影を敢行。夕焼けの富士は大涌谷、さらに芦ノ湖の周辺の富士分譲地からの逆さ富士・赤富士までも希望されたのでびっくりした。翌日は都内の超高層のホテルに宿泊されたが、その窓からも富士山を120パーセント堪能されたと聞いた。初めて日本に来られた方が、そこまで富士山にこだわるものなのかと驚嘆した。

ところで、富士山の高さを実感するには、じつは海辺から望むのが最高で、とりわけ富士市とか駿河湾からが素晴らしいという。これは地元のタクシー運転手の方に聞いた話だからリアリティーがあるが、さすが私の経験では、そこまでお客さまに依頼されたことはない。それにしてもガイド泣かせの富士山が、もう少しご機嫌よくお姿を見せてほしいものだ。

その２　新幹線

●48年目の新幹線

観光通訳ガイドの仕事と新幹線は切っても切り離せない。オーバーかもしれないが、訪日観光客のお目あては、富士山・桜（または紅葉）それに新幹線の３点セットといっても過言ではない。

新幹線の開業は１９６４年10月１日、東京オリンピック開会式の10日前。欧州の鉄道界では、それまで時速百数十キロが精々の日本でできるはずがないと、冷ややかな目で見られていたなかでのスタートだったという。その３年前に社会に出た私は、入った総合商社の本社が大阪にあった関係で、入社式の際、東海道本線の特急に飛び乗って大阪に向かった。当時の特急はすべて指定席。あわてて乗ったのでほとんど立ったままのうえ、車内が蒸し暑く汗をかいて風邪をひき、それをこじらせて肺炎で２週間ほど休んだ記憶がある。社会人としての苦い思い出が、新幹線と重なる。今、最速のN７００系「のぞみ」は２時間25分で東京〜新大阪間を結ぶ。

ところで、海外からの訪日観光客にとって、新幹線の車窓から富士山を眺めることが、大きな楽しみのひとつになっている。新幹線のスピードが速くなるのは結構なことなのだが、車窓から富士山が眺められる時間も減ったような気がする。ちゃんと計ったわけではないが、小田原〜静岡間を中心に20分ほどではないか。

●悩みの種は座席配置

それに関して重要なのが、東海道新幹線の座席配置だ。海側か山側か、つまり富士山がよく見える側か否か。普通車なら山側はDE席なので、この席が指定されていれば問題ないが、なかなかそううまくはいかない。

　お客さまの新幹線への期待は大きく、席順をうまく段取りしないとよいガイドとは思われない。座席の予約はコンピューターで管理されており、旅行会社でもあまり自由がきかないようだ。同じグループの中で3人掛けのABC席と2人掛けのDE席の割り振りをどうするか。ご夫婦連れやペアの方はもちろん、旅行中に親しくなってきた人たちも隣同士を希望するが、ひとり参加の方がA席やE席に座ってしまうこともある。それに身体が大きな方が多く、周辺に空いている席があれば、勝手に移ってしまう。車掌も外国人には言いづらいのか、日本人の顔をしている（当たり前だが）ガイドに言ってくる。基本的にグループの端にいるが、離れた席に座っているときなどは事情がつかめずあせってしまうこともある。

●禁煙車とトイレ

新幹線も最近は禁煙車が主流になって、吸わない人が多いドイツのお客さまには好評だが、東海道新幹線の場合、700系の「ひかり」「こだま」では16両編成のうち10・15・16号車の3両が喫煙車（N700系は全車両禁煙）なので、不運にも喫煙車の隣の禁煙車にあたった場合、副流煙というのか、ドアが開いたときに流れ込む煙草の匂いが気になることがある。

欧州でも、喫煙者は肩身の狭い思いをしているようだ。新幹線の話ではないが、旅行会社から全員吸わないのでホテルは禁煙室と指定があっても、部屋の割り振り（ルーミングという）の際に、大抵ひとりやふたり、こっそり部屋替えの希望が出てくる。あまり知られたくはないが、日本人のガイドなら平気で頼めると思っている節がある。全国ツアーの終わり頃、ひとり参加の女性の方同士の相部屋で（もちろん禁煙だが）、相手の若い女性がタバコをトイレや浴室で吸っていたり、外出先からまだタバコの匂いをさせて帰ってくるのでパートナーを代えてほしいとの要望が出て、対応に苦慮したことがある。結局、最後の2晩だったので、スモーカーの女性がエクストラ料金を払って別の部屋に泊まることになったのだが、本音と建前はいずこにもあるのだと認識した。

次にトイレ。新幹線は循環式汚物処理装置つきで清潔・無臭、しかも１両おきに設置されているので、キャパと清潔性の面でもクレームがない。いつもトイレに気を配らなければならないガイドにとってありがたいことだ。

●新幹線とＩＣＥ

欧州の専門家が新幹線の実力を信じなかったことはさきに述べたが、フランスのＴＧＶが開業したのは１９８１年、ドイツのＩＣＥはさらに10年後の１９９１年に運転を開始している。現在、最高スピードこそ後塵を拝しているが（ＴＧＶは３２０キロ、新幹線は「のぞみ」「はやぶさ」などが３００キロ）、本来の商業運転という経済性からすると、新幹線の優位性は動かないのではないか。列車あたりの輸送力は、東海道新幹線がすべて16両編成で定員は１３００人、ＴＧＶやＩＣＥなど欧州の高速列車はおおむね４００～５００人。運行頻度に至っては、ＩＣＥで１時間に２本程度だ。

営業距離は、東北新幹線の新青森までの延長と九州新幹線鹿児島ルートの全通で約２６００キロに達したのに対し（山形・秋田新幹線を除く）、ＴＧＶは約１８００キロ、ＩＣＥは約２０００キロ。もっとも、専用線しか走行できない新幹線に対し、線路幅が同じで一般の路線にも自由に乗り入れるＴＧＶ・ＩＣＥを同列で比較はできないが。

ドイツからのお客さまはＩＣＥとの比較から新幹線を絶賛される。私も「安定した高速走行性」と、開業以来、乗客の死亡事故がゼロという「安全な大量輸送機関」であることを強調する。新幹線に関心をもっていただくのはよいのだが、皆さん、ホームに入ってくる列車をこぞって撮影し、ときには、ホームの端のほうで撮影する方もいる。危険なので駅員に注意されるのだが、ついでにガイドも日本人でいながらなぜ諌めないのか的な視線を浴びて往生する。もちろん事故があっては大変なので、事前に注意を促すことを徹底したいと思う。

●「のぞみ」と「ひかり」

最近の訪日観光客は多様化していて、「ジャパンレールパス」利用の団体も結構ある。インバウンドのガイドとしてはこのパスは要注意。ハイシーズンはとくに留意しなければならない。ＪＲ全線の新幹線・特急が自由に乗れるこのパスは大変に便利で有利だが、すべて日本に着いてからの発券・座席の予約となる。成田空港でもどこでもそうだが、直行便であれば、ヨーロッパ便の到着は早朝に集中する。入国して、荷物を受け取ってからのＪＲへの手配となるが、パスポートも必要。団体の場合、こちらが代行するが、窓口が混雑しているときはお手上げだ。予定しているリムジンバスや列車に乗り遅れたら大変で、そのあとの国内を回る全行程、新幹線や特急の予約が絡んでくるからおおごとだ。この不安は大きい。いきなりのガイド能力のテストじゃないかと思うくらい。

以前、福岡空港着の団体が深夜近くに到着、ＪＲの窓口はとっくに閉まっている。幸い、前もってＪＲに訳を話してプレ予約を頼んでおいたので、翌朝、時間のロスなしでチケットが入手できホッとしたが、随分とハラハラさせられた。

もっと大きな問題は、このパスで「のぞみ」に乗れないことだ。最近は時刻改正のたびに「ひかり」が少なくなり、「のぞみ」先行になっていて（東京駅発東海道新幹線の8時台を見ると、臨時列車も含め「のぞみ」9・「ひかり」2・「こだま」2）、本数が少ない「ひかり」の団体予約はなかなか難しいのが現状だ。ＪＲにもそれなりの事情があるのだろうが、ビジット・ジャパン・キャンペーンの趣旨からはずれているのではないだろうか（旅行会社からたびたびＪＲに要望しているとは聞いてはいるが）。

それで京都での出来事を思い出した。京都観光を終え、東京への「ひかり」を待っていたときのこと。充分に余裕をもって駅に着き、コンコースで買物をしていただいてから、ホームに早めにご案内した。皆さん新幹線には興味があるので、写真撮影などホームで時間をとっていただくつもり、よかれと思って15分ほど前に乗車位置近くにご案内したのが逆効果、その間になんと2本の「のぞみ」が同じホームの反対側から発車していった。そのたびに「列車が違います」と声をかけるが、お客さまのなかには皮肉な質問をしてくる人もでてくる。

「旅行会社が料金の安い『ひかり』を指定したの？」ときた。

実際「のぞみ」と「ひかり」の料金はほとんど差がないことと、「団体の予約の関係で『ひかり』になる」ことを説明し、「それよりじっくり新幹線の入ってくる姿を撮影してください」などと奇妙な返答をして、その場を済ませたのだが、本音、大した差がないのなら、「のぞみ」にしていただきたいものだ（このときはパス利用ではなかったが）。

この１００年に一度の大震災と不況のなかで提案してみたいのだが、「のぞみ」を訪日観光客向けのパスと日本のお年寄り（私も入るが）向けの「ジパング倶楽部」に開放してみたらどうだろうか（「ジパング倶楽部」は、運賃部分は割引、料金部分は無割引で「のぞみ」に乗車できるが）。今どきの表現で言えば潮目が変わってきたというなかでの変革を望みたい。蟷螂《とうろう》の斧かもしれないが。

●「のぞみ」は何年？

以前、三島駅のホームで「ひかり」を待っていたときのこと。「のぞみ」が通過していくのを見ていたお客さまから、「のぞみ」は何年前から走っているのと尋ねられた。10年ほどかと答えたが、自信はない。日本人にとって日常風景に見えることも、多くの外国人にとっては疑問になる好例だろうと、まず駅員に聞いてみたが、分からないというか、あまりない質問らしい。乗車後、検札に来た女性車掌さんにもお聞きしたが、やはり10年くらいでしょうかと自信なさそうな返事だった。それでは持参のノートパソコンで調べようかと考えていたら、その車掌さんがわざわざ来て、問い合わせたところ15年前では、とのお返事。職業柄、こちらもさまざまな質問攻めにあうなかで、分からないことはあとで調べてお答えし、決して無視はしないと決めているので、この車掌さんの気配りがとても嬉しかった。

改めて調べてみたら、「のぞみ」は１９９２年3月に営業運転を開始。初めは東京〜新大阪間でわずか一日2往復の運転だったという。そんな蘊蓄を教えてさしあげたいのだが、あれ以来、同じ質問をする方が現れないのが残念だ。

●「グリーン」車

ときどき聞かれる質問に、「グリーン車って何?」がある。何か地球環境に関係があるのではないかというニュアンスで尋ねてくるようだ。だから「1等車ですよ」と答えると、「あれっ」とか

「へえー」となる。次の質問は必ず値段は倍かとなるのだが、大体40パーセント増しと答えると納得される。グリーンは最近のドイツのいわばファッションカラーだ。現在のドイツは、キリスト教民主同盟（ＣＤＵ）と社会民主党（ＳＰＤ）の大連立が4年続いたあとのＣＤＵと自由民主党（ＦＤＰ）の小連立だが、その前は赤色がシンボルカラーのＳＰＤと緑の党（Gruene Partei）との小連立で環境政策を極めて重視していた。原発の新規着工不可の流れもその政策だったし、今でもそれは変わっていない。だから、グリーンは環境保護のシンボルカラーなのだ。

建前はともかく、やはりグリーン車をご案内すると大変満足されるのは、ドイツ人も日本人も変わりはない。新幹線のグリーン車のほかにも、ときどきＪＲ在来線の湘南新宿ラインや横須賀線のグリーン車で移動するが、必ず、べた褒めとなる。しかし、同行するガイドが乗れるわけでもないので、乗車してすぐ普通車に退散し、到着前にお客さまの席に戻るのも楽ではないのが本音。早めにグリーン車に戻ると、車掌さんにやんわり咎められるのが辛いところではある。

その3　桜

●日本列島の桜

日本人にとっても草花や樹木の名前は、なかなか覚えづらいものだと思うが、観光通訳ガイドの仕事上、折々の季節の花や街路樹などの名前が分かっていないと大変だ。日本の花が桜、東京都の木が銀杏はまだよいとしても、到着する成田からしばらく走る千葉県の木がなんであるか。イヌマキと知って、かつblack pineと記憶しなければならない（じつはドイツ名がようやく分かった。どうもSchirmtanne・シルムタンネが適切らしい）。

ところで、ひと口に桜と言っても、ヤマザクラやオオシマザクラをはじめとする自生種や、ソメイヨシノに代表される数々の園芸品種がある。東京の名所としては上野公園、千鳥ヶ淵、新宿御苑などが有名だが、江戸時代に諸国の大名が競って自国の桜を集めた関係で、江戸・東京にはかなりの種類の桜があるという。桜の開花は、1月の沖縄のカンヒザクラ（寒緋桜）で始まり、カンザクラやヤマザクラと続き、3月中～下旬にはソメイヨシノが咲き始める。その桜前線が北上して北海道に達するのは5月から6月にかけて。その気になれば半年近く、桜の開花が楽しめるというわけだ。とはいえ、華やかに咲いて潔く散ってゆくその儚さが、日本人の美学というか、心情に寄り添うものがあるのだろう。このへんの機微は、どんなに外国の方にご説明しても、なかなか理解しがたいものだと思う。夜桜の幽玄の美しさも、訪日観光客には必ずしも好評とはならないようだ（まだまだ肌寒いせいもあるが）。

ちなみに、ガイドとしての私の三大桜は、まず岐阜県・白川郷《しらかわごう》近くの御母衣《みぼろ》ダムに移植された

円山公園の祇園枝垂れ桜

樹齢４５０年の2本のアズマヒガンザクラ。その華麗さはもちろんのこと、国内屈指のロックヒルダムとの競演が見事。ついで京都・円山《まるやま》公園のヒガンザクラ、通称「祇園枝垂れ桜」。現在は2代目だが、永遠の都の真ん中でライトアップされた姿には気品が漂う。もうひとつが飛騨一之宮の臥龍《がりゅう》桜。樹齢１１００年に及ぶ日本を代表するエドヒガンザクラで、高山本線の車窓からもよく見える。ただ、高山到着直前か高山発車直後の慌ただしいときなのでじっくり眺めている余裕がなく、いつも残念に思っている。

●サクランボ考

こういった日本人の桜を愛でる独特の心情は、外国人の方には理解しがたいようで、京都・平安神宮の左近《さこん》の桜を見て、「サクランボはなるのですか」と真顔で聞いてくる。じつは最近まで間違った説明をしていて反省しているのだが、平安神宮の社務所で確かめたところ、この桜はヤマザクラで、大抵は鳥についばまれてしまうもののサクランボはできるそうだ。蛇足ながら、平安遷都のときに紫宸殿《ししんでん》（御所）に植えられたのは梅だったが、その後、桜に植え替えられたという。それで平安神宮も御所と同じ桜なのだそうだ。

一方、欧州で桜といえば、一般的には食用のセイヨウミザクラであり、日本でいう桜桃《おうとう》・サクランボである。そういえばドイツ駐在時代、ハンブルクのエルベ河周辺にも桜の大群落があった。あれもセイヨウミザクラだったのだろうか。だから、「サクランボはなるのですか」という質問も、彼らからすれば当然の疑問であり、桜を観賞用とみるか食用とみるかの文化の相違でもある。もちろん日本の桜も、木に咲く花なのだから実はなる。したがって、左近の桜に桜の実であるサクランボがなる、というのも正しい答えなのだが、あの大きくて甘いサクランボがなるとは、日本人なら誰も思わないだろう。彼らにその違いをご理解いただけたかは、はなはだ疑問ではある。

●訪日観光客と桜

京都・哲学の道の桜は、並行する疏水の流れとマッチして素晴らしいし、姫路城の桜は堂々た

二条城の八重枝垂れ桜の下で記念撮影

る城郭をバックに映える。もちろん、新幹線の車窓から眺める富士山と満開の桜の組み合わせは、日本のイメージそのものだ。

春を待ちわびたかのように咲いたのに、わずか1～2週間で散ってしまう桜は、日本人の美意識に共鳴する一方、満開の桜の下で宴会を繰り広げるのもまた、日本ならではの風物詩だろう。この飲めや歌えの一大イベントを、訪日観光客にご理解願うのは難しい。彼らがイメージしている（期待している）桜の風景とは相容れない、異質のものであることを理解しなければならない。

以前、広島の平和記念公園を夕刻にご案内した際、桜の木の下にビニールシートが敷かれ、ぼんぼりも点され、すでに宴会を始めているグループがあった。お客さまも興味津々の体で、私も声をかけたりして水を向けたのだが、同時に異様な雰囲気も感じたらしく、足早に行きすぎたことを思い出す。一方、京都の二条城では、清流園から土蔵へ抜ける手前の八重枝垂れ桜に興味をもたれ、記念撮影に大はしゃぎのひと幕もあった。要は、まだまだ夜になると肌寒いこの季節に、屋外で酒を飲むという行為に違和感があるのだろう。

桜の季節に東京をご案内する場合、ツアーコースの都合もあって、必ずしも一般的な桜の名所とは限らない。千鳥ヶ淵、上野公園、靖国神社、新宿御苑などへ行くよりも、それほど桜は多くないが、浜離宮恩賜庭園、皇居前広場、芝公園などへ行くことが多い。その浜離宮で苦い思い出がある。正門から入って一周するコースをとったから問題ないと思っていたが、桜が満開、絶好の行楽日和で、ドイツ側のリーダーの方までが写真撮影に夢中で（私もそうだが、ガイドとしてはお客さまと同じレベルで楽しむことは慎むべきで、写真撮影はあまりしないのが礼儀というかルール）、時間を決めた自由行動だったが、おひとりが帰ってこられない。その方の奥さんも探しに向かい、言うなれば二重遭難。結果30分の遅れがでて、あとの行程に支障をきたしたことがある。はぐれた場合、その地点から離れるなというルールがあったとあとで聞いたが、本当の原因は、ほかの仲間を見失うほどの桜の美しさにあったのかもしれない。

その4　銀座と箱根

●銀座4丁目の歩き方

都内観光のハイライトのひとつはやはり銀座。ご案内するときはなぜかいつも心楽しい。通い慣れたところからくる安心感と、人にしろ街並みにしろ、日本の最先端をお見せできる自信からくるものだろうが、約1時間から1時間半の限られたスケジュールのなかでいかに凝縮してガイドするかが肝要だ。

バスで来ることはあまりないから（大型バスの駐車場がない。しいていえば時間を決めてバスに回遊してもらい、三原橋あたりに迎えに来ていただく）、丸ノ内線か銀座線の銀座駅で下車する。何はともあれ4丁目交差点へ。ざっと付近の概略を説明したのち、「銀座三越」の館内をひととおり見ていただき、最後に地下の食品フロアにご案内する。10分ほど説明したら、20分ほどの自由時間を設けることにしている。

弁当、惣菜、寿司、おにぎり、あらゆるデリカテッセン（原語はDelikatesseでドイツ語。本来はハム・ソーセージなどの調理済み食品のことだが、高級食料品を意味する）や漬物などなど、ドイツ人にとっても興味津々。試食もしながら楽しめるので、時間がたらないとみえて集合時間に遅れてしまう方が結構多い。とくに興味を引いたのか、菜の花の惣菜の調理方法を聞いてきた男性の方がいた。元ＶＩＰらしく70歳は超えているようにお見受けしたが、ひとり住まいで料理も自前なのかと推測した次第。デパ地下人気の秘密は、アクセスがよい、地下鉄の駅から直接入れて全天候型、営業時間が長い、いつもお祭りの雰囲気、イートインもあって、なにしろ人間の原点「食」のすべてがあるからだろうか。

　で、「和光」の前で再集合し、「鳩居堂」や「銀座香十」へご案内し、時間があれば数寄屋橋《すきやばし》の「ソニービル」をひと回りする。鳩居堂の創業は１６６３年、江戸時代初期だが、家系は鎌倉幕府・源頼朝の信頼が厚かった熊谷直実にまで遡るという。扱い品目は香からはじまって、書画、筆・墨・硯《すずり》・紙の文房四宝《ぶんぼうしほう》、便箋・封筒・のし紙・和紙工芸品、絵葉書、扇子・うちわまで揃っている。皆さん結構ここでおみやげを求めていく。

　香十もよくお連れするが、仕事が休みの日に同店を訪問し、店の由来や外国人向けの売れ筋商品などをうかがってみた。こちらもなんと江戸時代初期の創業。城中ご用達のほか天皇家にも出入りしていたらしい。匂い袋・香木・練香・線香・室内香など手頃な値段の数々。頂戴したパンフレットにも香りがついていて、とてもシックに感じた。

　新幹線も数寄屋橋上にときどき望見し、現代から４００年前の歴史まであって、来訪客の印象もよくなるという次第。角の「三愛ビル」の中のコーヒーショップの2階に上がってみたら、4丁目の交差点が見下ろせて迫力があることを発見。渋谷でいえばハチ公前の交差点を見下ろす外資系のコーヒーショップを思い出した。いつだったか、銀座三越のやはり2階の喫茶店でコーヒーをご馳走になったことがある。奢ってくれたドイツの方がびっくりする値段だったが、とても美味なうえ、4丁目交差点の素晴らしい俯瞰に大満足と言っていた。

●芦ノ湖の観光船と温泉黒卵

箱根を紹介するときは、日本随一の観光地で東京の奥座敷と説明するが、年間1900万人の観光客にとっての魅力とは何だろうか。温泉、旧街道、美術館、ゴルフ場をはじめとするリゾート施設など、バラエティーに富んでいるが、欧州からの訪日観光客にとっては芦ノ湖の観光船と駒ヶ岳や箱根ロープウェイなどからの雄大な眺めではないかと思う。滞在日数が限られるなか、箱根でまるまる1日のツアーはあまりない。横浜なり鎌倉を観光したのち、半日くらい箱根にいるスケジュールでは、まず観光船、その前後に駒ヶ岳なり桃源台《とうげんだい》からのロープウェイか大涌谷の噴煙と温泉黒卵を楽しむかということになる。

芦ノ湖の観光船は西武系の伊豆箱根鉄道と小田急系の箱根観光船の2社が双胴船と海賊船を運

航しているが、朝の9時頃から始まり午後5時前に終了になる。霧とか雪による運航中止も結構ある。冬はもっと早く終わってしまうので、鎌倉あたりでモタモタしていると大変だ。一度、芦ノ湖の天気もよいと聞いていて、のんびり構えていたら、直前に雪に変わり、途中の山越えも当然ながら難儀し、最終便に辛うじてセーフ。わずか15分間、箱根園から湖尻《こじり》まで乗船できて、まさにお茶を濁さざるを得なかったのだが、じつにハラハラした経験がある。

双胴船は300トン前後、長さ30メートル、速度10ノット、定員700名ほど。海賊船も同様だが、こちらは特別船室と普通船室があり、ツアーには入れにくいのが本音。天気のよい日の湖上遊覧はまさに天国の気分、司馬遼太郎が「箱根権現の神の衣の色」と讃えた湖面の色、周辺の山々の移り変わり、富士山の姿もさることながら、360度の開放感が素晴らしい。快晴ならば船室に誰もいなくなり、デッキで写真を撮りまくっている。

大涌谷もその火山性蒸気の迫力と富士山のビューポイントとしては最高だと思うが、名物は温泉黒卵。一個で7年長生きするとバスの中で説明しておく。硫黄の匂いのなか、周りに釣られて恐るおそる手をだされる。6個で1パック、皆さんで食べ合うのだが、知人のガイドから聞いた話では、ある欧州からの家族連れのおばあさんが2個目に手をだしたら、お嬢さんらしき人が真顔で止めたそうだ。あと14年も生き延びられたら大変と、つい本音がでたようだ。

２００９年末、ＶＩＰの方のガイドで箱根に珍しく2泊した。小田急の「箱根フリーパス」で海賊船、箱根ロープウェイ、箱根登山ケーブルカー、登山電車をフルに活用し、路線バスも利用した。冬晴れで風が強く、ロープウェイが運行停止のおそれもあったくらいだったが、その寒さは半端ではなく、早めにホテルへ戻った。幸い富士山もきれいに遠望できたし、ホテル併設のゴルフ場の夕景も堪能できたことにご満足いただいたようだ。

その5　日本観光のハイライト

●哲学の道と錦市場

京都は日本観光の聖地、あまりにも観光箇所が多すぎて1週間あってもたりないほどだが、大多数のツアーが、観光バスで金閣寺、銀閣寺、平安神宮、二条城、清水寺を1日か2日で見て回るコースになる。このほか三十三間堂、京都国立博物館、東寺、宇治の平等院を見ようとすればあと1日は必要だ。全国区のガイドをしていると、年に3～4回は京都・奈良や大阪、伊勢などを回るが、シリーズもののツアーを２０１０年秋から２０１１年の春にかけて4～5回担当し、都内、日光、鎌倉、箱根ののち、京都まで足を延ばすことになった。毎回10人ほどの少人数のため、「京都観光乗車券」（2日用２０００円）を使用しての慌しいツアーだった。京都の地下鉄は南北・東西の2路線だけ、あとは路線バスで移動することになるが、慣れるまでは大変、まして雨でも降ると大混雑で往生した。それが市民の生活に密着している印象で意外に好評をいただき、びっくりしている。

そういったなかで、もっとも好評だったのが銀閣寺からの哲学の道散歩で、次が錦市場といえようか。哲学の道とは随分、風情のあるネーミングだが、そんなに古い由緒があるわけではない。明治初期、京都の近代化を一挙に推し進めるために巨費をかけて（当時の国家土木予算に匹敵する）掘削した琵琶湖疏水のルートの一部。この疏水、交通・水運のほかに上下水道と水力発電までを含む一大プロジェクトで、これにより日本初の路面電車も京都で走ることになった。哲学の道の名は京都大学の哲学者・西田幾多郎らが思案にふけりながら若王子橋《にゃくおうじばし》から銀閣寺周辺までの約2キロをよく歩いたことに由来する。春は400本の桜が咲き誇り、5月にはホタルが飛び交う。若王子神社や大豊《おおとよ》神社を参拝するのもよいが、疏水の両側にある、「叶匠寿庵《かのうしょうじゅあん》」の喫茶やイタリアふうのコーヒー店でひと休みするのも楽しい。

ドイツの旅行ガイドブックにも詳細が載っており、「Philosophenweg（フィロゾーフェンヴェーク）」哲学の道とある。道は石畳で、それも所々で途切れていて、うっかりすると疏水に落ちてしまう恐れがありそうだが、そこは散歩とワンダーフォーゲルがお得意なお国柄、通常なら15分ほどの道のりを30分もかけて楽しみながら歩いてゆく。紅葉や桜のシーズンに行くことが多いので、大好評になることは間違いない。とまれ哲学者は、ヘーゲル、ニーチェ、カントを輩出したドイツが大先輩ではあるが。

錦市場は、四条通の北側に並行して延びる狭い通りだが、長さ３９０メートル、幅なんと３メートル少々の両側に魚屋、八百屋、総菜屋、雑穀屋など１３０の店が軒を連ねていて、見ていてじつに楽しい。ドイツのお客さまも味見をしたり、声をかけたりエンジョイする。午前は料理屋向けだが、午後からは一般消費者向けの顔になる。しかし４時くらいでピークをすぎて活気がなくなってくるようだ。都内でいえば御《お》徒町《かちまち》のアメ横、金沢の近江町市場をもっと親しみやすくしたものといえよう。

●飛騨高山の魅力とは

「高山を見ずして日本の文化は語れない」

こう語ったのはスウェーデンかフランスからの訪日観光客と聞くが、ドイツ人にも飛騨高山の評判はすこぶるよい。口コミで広まったらしいが、いささかオーバーに感じてしまうほど。確かに上三之町の街並みや朝市、飛騨国分寺などの社寺、「高山祭屋台会館」「桜山日光館」「日下部《くさかべ》民藝館」などの資料館・美術館と、多くの見所があり、日本を代表する観光地のひとつだ。東京から新幹線と高山本線の特急「ひだ」を乗り継いで4時間あまり。往復すると1日半の行程になってしまう。ツアーではバスで行くケースが多く、木曽路の妻籠《つまご》あたりから舞台峠を越えて行くか、松本から上高地をかすめて安房トンネル経由で入る。

春と秋の高山祭がひとつのピークとなり、この極めて精緻でカラフルな屋台の引き回しと、その上で演じられるカラクリ人形の素晴らしさが大人気。16世紀後半の世界に引き込まれるというわけだ。この時期は、旅館・ホテルはもちろん満杯で、ツアーはこれを1～2日ずらして組まれるが、春は桜、秋は紅葉で雰囲気としては最高ではないか。

私が気に入っているのは、宮川の朝市（陣屋前にもあるが）。夏は6時頃から、冬でも7時頃からで無休。宮川沿いの露店をのぞいてそぞろ歩く。野菜、果物、漬物、人形、工芸品などが所狭しと並べられている。どの露店も、近在の農家のおばさんが笑顔で商いしている。ここを小一時間ほどひやかして歩くのだが、素朴で楽しい。この雰囲気を外国人は喜ぶのだろう。ガイドにとっては土地の野菜や食べ物を聞かれるたびに説明するのだが、これが意外に大変。たとえばフキノトウとかホオズキはまだよいとしても、ナツメなどになるとお手上げ。独和辞典にも電子辞書にも載っていない。

もうひとつの魅力は上三之町のたたずまい。城下町のなかの商人街。大きな屋根に深い軒と紅殻格子の窓、軒先に置いてある赤い和傘の演出、造り酒屋の杉玉も床しい。飛騨の地酒も有名、グループで予約して利き酒をさせていただく。ここから高山陣屋も近い。16～17世紀は外様大名、その後は天領として栄え、郡代も25代を数えて明治維新となった。

食べ物も有名で、まずは朴葉味噌。炭火の上にホオノキの葉を敷き、味噌、ネギ、シイタケなどを載せて焼きながら食べる味は格別。ついで飛騨牛のおいしさだろうか。２０１１年秋のツアーで高山へご案内したオーストリアからのご夫妻はステーキをご所望だったので、有名店の「京や」にご案内し、飛騨牛の炭火焼きを召し上がっていただく。「こんなにおいしいものはない」と、3人前をぺろりと平らげた。味もさることながら、店の雰囲気と大女将のウイットあふれる対応もご馳走になったようだ。

飛騨は建築・木工の匠の里で7世紀から歴史に登場する。税を免除する代わりに大工・家具職人を都の建築に従事させた。伝説では法隆寺金堂の釈迦三尊像や飛鳥寺の仏像を残している止利《とり》仏師《ぶっし》が飛騨の出自とある。江戸幕府直轄領と京都の両文化を巧みに混合させているのが、この飛騨高山の魅力なのであろう。そこまでは外国人には分からなくても、歴史の古さと素朴さを日本のよさと見てはるばるやってこられる。日本で一番とまでは言えないまでも、飛び切りの観光地であることは間違いない。

●瀬戸内海とエーゲ海

全国ツアーを担当すると、広島・宮島、長崎・熊本のいずれかと、四国観光が入ることが多い。最近では、岡山から瀬戸大橋を通って高松を往復したし、以前には、阿蘇火口経由別府、さらに臼杵《うすき》の磨崖仏《まがいぶつ》から佐賀関《さがのせき》・佐田岬《さだみさき》を経由して四国へ入ったこともある。広島・尾道《おのみち》から愛媛・今《いま》治《ばり》へ至る本州四国連絡道路の「しまなみ海道《かいどう》」も脚光を浴びている。愛媛には内子《うちこ》という古い町並み（和紙と木蝋《もくろう》で栄えた）が残っていて、とくにドイツ人に人気があるようだ。

どちらにしても瀬戸内海を渡るのだが、この瀬戸内海、ギリシャのエーゲ海に似ているためか評判がよい。日本の歴史を左右した水路と海の民、いわば海賊、なかでも村上水軍の故郷。江戸時代、朝鮮通信使は十数回ここを通っているし、近代には欧米からの来日客が絶賛している。西田正憲の著書『瀬戸内海の発見』によれば、ドイツ人・シーボルトはオランダ商館の医師として19世紀初頭に長崎・出島に滞在し、瀬戸内海を多島海とし「船が向きを変えるたびに島々が現れ、日本で最も美しい景色、落日の光に輝く眺めを楽しんだ」という。

また、イギリス人のトーマス・クックは世界旅行業界の草分けだが、１８７2年に日本へ立ち

船上から眺めるしまなみ海道・多々羅（たたら）大橋

寄り、瀬戸内海を通過した際、「イングランド・スコットランド・スイス・イタリアのどれよりも美しく、全部を集めてひとつにしたようだ」と極端にオーバーなコメントを残している。

今治から神戸までの大型客船による瀬戸内海クルーズにご一緒したドイツ人の観光客は、その行程7時間の間、デジカメを手にほとんどデッキに出ずっぱりで、移りゆく風景を楽しんでいた。

ドイツ駐在時、ギリシャにも3回ほど観光や出張の機会があったが、有名なエーゲ海クルーズを経験できなかったことを悔やんでいる。欧州人には、そのエーゲ海とノルウェーのフィヨルド、さらにはトルコのボスポラス海峡を彷彿させるらしい。ついでながらギリシャはエーゲ海のクレタ島を中心に発達し、紀元前20世紀に歴史に登場している。ミケーネ・デルフィ・マラトンの戦争などが有名だが、ヨーロッパ史の大源流への憧れ、そんなエーゲ海に似ている瀬戸内海をもっと見直したいものだ。

本州と四国を結ぶ本四連絡橋、瀬戸大橋が１９８８年、明石海峡大橋が１９９８年、最後のしまなみ海道は１９９９年に開通している。３兆円を超える巨費を費やした国家事業。まさに歴史と近代技術のコラボレーション。

以前、ドイツからの団体ツアーの下見に高速特急バス「しまなみライナー」で、６つの島と10の橋を通ってみた。因島《いんのしま》、大三島《おおみしま》、伯方島《はかたじま》から来島《くるしま》海峡を経て四国の今治にたどり着く60キロの多島海美の世界。途中の観光ポイントとトイレと写真撮影箇所のチェックをしつつ大三島ＩＣでバスを降りる。１時間ほどで次の路線バスをつかまえるつもりだったが、降りてびっくり。レストランはおろかトイレすらない単なるバスの停留所。日はまだ高く切迫感はないが、瀬戸内海の小島で立ち往生とは困ったものだとあたりを見回すと、道の駅の看板がある。歩いて２００メートルほど、観光案内所もあってひと安心。

このルートを走る高速バスには広島県側と愛媛県側で2社ずつあり、相手のエリアでの途中下車ができない仕組みになっているらしい。では、今治に行くにはどうしたらよいのか。不安になって案内所で尋ねると、四国側のバスが別の停留所から出るとのこと。しばらく時間に余裕があるようなので、近くの大山祇《おおやまづみ》神社の宝物殿を拝見することにした。日本の武具国宝の80パーセントが納められている。樹齢２６００年の楠の大木群も見て、路線バスで今治へ抜ける。

しまなみ海道は村上水軍の歴史が豊富なことから、次の機会には因島水軍城、水軍資料館へも足を延ばしたいものだ。その昔、海上交通の要衝であるゆえに海賊が跋扈し、それを手なずけて覇権を握ったのが平家。時は移り、伊予水軍の力を借りた源氏に滅ぼされ、毛利元就の西国平定につながる歴史の流れはロマンを感じる。むろん温暖な気候から果物や花が豊富、これらも見逃せない。結果オーライ、地獄で仏の案内所の若いお嬢さん、おふたりにひそかに感謝する次第。

本四架橋のなかでも、とくに明石海峡大橋の下を通過するときの迫力は凄い。海面上47メートルを３・９キロもつづくこの巨大な建造物を見上げると、怖くなってくるほど。世界最大の吊り橋、主塔の高さ２８２メートル。これを橋の上から見るとどうなるか。ツアーでは、姫路城の帰りにＪＲの舞子駅前でバスを降り、舞子海上プロムナードで明石海峡大橋空中散歩を組み入れているが、ブリッジの通路にシースルーで海面を見下ろすところでは足がすくむ。いずれにせよ、ドイツ人の訪日観光客には瀬戸内海コースは大好評だ。

第5章　カルチャーギャップ

●トイレ

2010年もいくつかのツアーを担当したが、そのうちのひとつ、6日間のツアー。都内近郊から京都まで、季節外れの雨の日が2日あったりと天気にはあまり恵まれなかったが、皆さん好感の持てる方ばかりで、心楽しいご案内だった。訪日観光の成否は、旅行会社の旅の組み方、どことどこをどのようなルートでどの交通手段で回るかということも大事だが、同じように重要なのが天気。毎朝、ネットの天気予報チェックが必須事項となる。日本観光のパブリシティーには歴史・文化・経済力などあるわけだが、なんといっても富士山の知名度・憧れの度合いは段違い。このときも成田空港着陸時に上空からチラッと望見できたらしいが、都庁の展望台でも箱根・芦ノ湖でも見えずじまい。さらには京都往復の新幹線の車窓ですら見ることができず残念だった。「富士山は恥ずかしがり屋さんなので」とか、「もう一度来てくださいということですよ」とかのフォローもいささかむなしく響く。

さてじつは、そのふたつよりももっと大切なのは、私たちガイドの能力、外国語の習熟度、日本の文化・地理、生活全般の知識や気配りだろう。

その気配りだが、まずはトイレ事情について少し触れてみたい。自分たちでもそうだが、外国に行って体調を崩すこともあるだろうし、そのたびに人に聞くのも恥ずかしいだろうと思い、私がいつもしていることは、ジョークを交えて、気を楽に持っていただくことである。

バスや列車に乗る前には、1時間乗るとか2時間かかるから早めにWCを済ませていただくようにくどく申し上げ、ときには自分でもトイレへ行ってみせる。観光地を回るときもトイレの場所をさりげなく伝え、トイレタイムを設定しておく。明治神宮や日光東照宮などでは、神のトイレつまり「heilige Toilette（ハイリゲ・トイレット）だから行くとご利益がある」と説明すると、笑いながら皆さんが行かれる。日本のトイレは外国に比べて奇麗だと聞くが、観光地によってはそうでない所もあるようだ。それと男性用は問題ないが、女性用が清潔か否かはどうも聞きかねる。まずければクレームがあるだろうがどうなのか、いささか気がかりではある（女性のガイドさんにお聞きしたら、最近の女性トイレも清潔になって安心とか）。

このときの京都では、金閣寺、龍安寺、二条城、平安神宮、銀閣寺などを回った。おまけとして駅ビルと錦市場をご案内して好評だったが、この錦市場で参加者のお子さんがトイレということで、急遽、ある店に頼み込んだのだが、どうもその店の自宅のそれを使わしていただいたようだ。通りに面しているのは店舗だが、その奥は自宅になっている。これから錦市場へ行くときは、必ず事前にトイレを済ませていただくようにお願いしなければなるまい。京都については毎回が勉強だ。

その前の20人のツアーでも、都内、鎌倉と京都にご一緒した。このとき一様に言われたのが、街の清潔さとゴミ箱のなさ、それとトイレの多さだった。ゴミ箱のないことはテロ対策と説明すれば、欧州もアメリカ同様、テロに対して敏感だからすぐにご理解いただけるが、トイレについては驚きの連続らしい。世界で日本がもっとも観光地にトイレが多い国と皮肉られるほどだ。

私が担当するツアーは多少高額で、いきおい高齢の方が多いせいか、30分おきくらいに「トイレはどこか」と聞かれるが、ある程度清潔な所がほとんどだから、こちらも安心してお勧めできるのはありがたい。国民性というとオーバーかもしれないが、日本人はトイレについてあまりとやかく言うものではないと思っている人が多い。その点、欧州の人は平気で聞いてくる。狩猟民族の末裔だから神経も異なるだろうし、別に隠すようなことではない、ということか。

　あまり頻繁にトイレの案内をするものだから、「観光通訳・添乗業務のほかにトイレ担当ですね」などと冗談半分で皮肉られる。そこまで打ち解けていただくとご案内もスムーズにいくのだが、ここでも関心事はその日の天気。雨の日や寒い日はどうしてもトイレが近くなるので、「トイレ担当」としても天候の変化には気が抜けない。

　話題がそれるが、欧米人は温水洗浄便座にあまりありがたみを感じていないのではないかとみている。今ではホテルはもちろん、秘湯といわれるような温泉宿にも温水洗浄便座があったりする。ときどき「いかがですか」と聞いてみたりするが、はっきりとした返事が返ってこない。約30年前に初めて発売された温水洗浄便座は、たしかＴＯＴＯの「ウォシュレット」だったと思うが、そのＴＯＴＯが２０１０年1月までの30年間で売った台数はなんと３０００万台。ＩＮＡＸやパナソニックなどとの競合もあって、一般家庭の普及率は業界全体で約70パーセントまで拡大しているそうだ。

　初めは病院やゴルフ場で設置され、一般家庭への普及は１９８２年の戸川純のユニークなコマーシャル「おしりだって洗ってほしい」からだと言われるが、最近はふたの自動開閉、便座を離れたあとの自動水流のほか、音楽が聞こえたり、香りが循環する機能やシャンプーを混ぜた湯で洗う機能まで備えてきた。オフィスビルのトイレでも温水洗浄便座とそうでないトイレは使用頻度が断然違うという。トイレットペーパーの使用状況からの推測だが、一般的な実感もそのようだ（乾燥機能はほとんど使われていない）。

トイレの話になるとネタが尽きないが、日本語でトイレを意味する単語は雪隠《せっちん》、厠《かわや》、はばかりから始まって１００をくだらないとか。欧州でもさまざまな言い方がある。イギリスなら「Necessary room」（なくてはならない必要な部屋）とか、軍隊用語の「Shangri-la」（シャングリ・ラ＝桃源郷）。フランスでは「Escargo」（エスカルゴ＝カタツムリ）と言うらしい。公衆トイレにグルグル回って入るからか。でドイツは「○」（ゼロを意味するヌル）あるいは「○○」（ヌルヌル!?）と表す。通常は女性用が「Damen」で、男性が「Herren」。言い古された冗談ではあるが、日本人がドイツへ行き、用をたそうとしたら「だーめ」で、横へ回ったら「へーれん」と書いてあって困ったそうだ。

●お風呂のはなし

外国のお客さまがとくに興味をもつことのひとつに温泉があるが、大浴場に案内するときは要注意。まずシャワーでざっと身体を洗ってから湯船に入ること、タオルは湯のなかに入れずに、頭の上に載せておくこと、そのあとの本格的な洗いの際のシャワーをあたりに撒き散らさないことなど、実際に一緒に入ってご教示しないと周りの方の迷惑となる。裸のつきあいにもルールがあると説明する。第一、私たちでもカランのシステムが千差万別で戸惑ったりするくらいだから、ましてや外国のお客さまには丁寧に説明しないといけない。

一度、「なぜタオルを頭の上に載せるのか」と聞かれたことがあった。血圧が上がるのを防ぐためと、天井から冷たくなった湯気が頭に落ちてくるのを防ぐためと説明しておいたが、まあ、置き場所がほかにないからが正解ではないだろうか。それからいつも強調するのが、日本人の風呂コミュニケーションと裸のつきあい方だが、本当にご理解いただけているか心許ない。

ときどき思い出すのだが、四国・松山の「道後温泉本館」にドイツ人男性数人をご案内したときは、皆さん頭にタオルを載せてはしゃいでいたことがなつかしい。道後温泉本館はいわば歴史的な銭湯なのだが、せっかく長野・上諏訪温泉や大分・別府温泉などの旅館に宿泊しても（夜2回、朝1回入ると効能がありますよと説明するのだが）、話の種に一度入るのがいいところで、あとは部屋のバスを使用されている。何かの本に、日本人が温泉旅館に宿泊した際の入浴回数は3回から5回と書かれていたが、外国人には無理なようだ。

もうひとつ、瀬戸内海を半日かけて今治から神戸まで航行する豪華フェリーの旅も3～4回経験したが、皆さん瀬戸大橋や明石海峡大橋の真下を通るときとか、文字どおりの多島海として無数の島々を眺めながら進むときの感激に比べ（どうもギリシャのエーゲ海クルーズを彷彿させるらしい）、その船にあるリッチなお風呂については、ご案内してもあまり関心をもたれない。私は少なくとも2回は入浴することにしていたが、ゆったりと移動する船のなかから、遠ざかる島影をじっくり眺めながらの入浴は格別なものがあった。

ついでながら、日本人にお風呂を愛好する習慣を植え付けたのは仏教伝来による寺院の浴室だったそうだ。江夏弘の著書『お風呂考現学』によると、それは東大寺の大湯屋で、寺で修行する学僧をはじめ僧侶の心身を清浄化するための浴室だったという。もちろん、日本には古来より、自噴する温泉を御神湯と崇めたり、熊や鹿などが傷を癒しているのを見て人間さまも浸かるようになった温泉などが無数にあり、熊の湯・鹿の湯などの名称もあちこちに存在する。伊豆の地名はユ・イズルから、湯河原は周辺一帯から湯が出る河原の意味と言われる。

●パチンコとラブホテルそれにカラオケ

訪日観光客と日本全国を2～3週間ほど旅すると、いやでも目についてくるのが、パチンコ店と郊外のラブホテル、それに宿泊するホテルの近くにあるカラオケ店。興味はあるのだが、あまり聞いてはいけない類のものだと彼らも察しているようで、質問するのを遠慮しているようだ。だから、こちらから水を向けると堰を切ったように話に乗ってくる。

パチンコ店はあちらこちらにあるうえ、外観も音も派手なので気になってくる。球戯のひとつと考えれば、カジノなどにあるスロットマシーンにも似ているし、カジノなら欧州の主要なリゾート地にもある。しかし、日本人の私でさえパチンコ店には入りづらいのだから、外国人が店に入ってプレイを楽しむのは至難の業だろう。でも、興味は津々というところ。「勝つのはひと握りでほとんどの人はお金を失いますよ」と説明すると、それで終わりになるのが通例。

次はラブホテル。あまり触れたくないテーマなので私のガイド項目にはないのだが、第7章でもご登場願う、日本をバカにすることで受けを狙うドイツ人の女性ガイドには格好の話題らしい。日本人のスケベさの説明があって、住まいの狭さで子どもに遠慮して、いい年の夫婦までが利用すると続く。なにも日本人だけがスケベなわけではないのだが、嬉々として女性ガイドまでが説明するのはいただけない。同行している私にも同意を求められ、まったく違うと否定するわけにもいかず、「あなたのお国でも別の形であるんじゃない？」と言いたいところだが、苦笑しながら無視することにしている。

以前、建設業界の著名な方と会った折、興味深い話を聞いた。バブル真っ盛りのころから、この種のホテルは高速道路のインターチェンジ近くに数多く建てられたそうだ。その多くが市街化調整区域で非居住用として地価が安いのと、営業許可が下りやすい一方、人目をはばかるカップルには高速経由で即到着できる立地条件がブームに結びついたと分析されていた。ツアーでは高速道路を利用する機会が多いだけに、否が応でも遭遇する。ウイットに富んだ受け答えができないか思案中だ。

もうひとつのカラオケだが、この10年間でお客さまと一緒にカラオケを歌ったのは3回くらい。一度はグループ全員の集まったところがカラオケバーで、何曲か歌わされた。もちろん英語バージョンの曲もあるので、お客さまも声を張りあげていた。日本をよく研究してきており、持ち歌も用意してきているから手慣れたもの。また、芦ノ湖を眼下に見てのドライブ中、ドイツ人のガイドから突然、カラオケを歌ってほしいと振られて、困ったことがあった。とはいえこちらもサラリーマン経験四十数年、飲み屋とかカラオケバーには人並みに通っていたので受けて立ったが、しらふでの演歌はちょっと辛かったことを思い出す。下手なカラオケが意外と好評だったのが救いではあるが。

カラオケもラブホもパチンコも、日本独自の文化のひとつであることは間違いないのだが、説明のしかたでは好印象にも悪いそれにもなる。今後のガイディングをいかにスムーズにもってゆくか要検討と思っている。

●靴を脱ぐことへの違和感

カルチャーギャップの話その4。靴を脱ぐという行為に対する彼我の差は大きい。マンガなのかもしれないが、欧米では靴を履いたままのセックスもあるようで、下着以上に重要らしい。観光地でも靴を脱いで上がる所が多いので、ご案内中でも結構、苦労する。たとえば日光なら、東照宮の本殿と薬師堂、輪王寺《りんのうじ》大猷院《たいゆういん》と都合3回、京都ではルートにもよるが、龍安寺、大徳寺大仙院、二条城などがそうだ（金閣寺、清水寺、銀閣寺などでは建物内に入らないことが多い）。紐付き靴を履いている人が多くて時間がかかるうえ、畳に上がってから脱ぐ人、わざわざ上履きを用意して悠長に履き替える人などさまざま。履き替えのソックスを持参している人もいるし、素足で歩く人もいる。誰が履いたか分からないスリッパを履くことへの抵抗感も強いようだ。以前に京都で、何回靴を脱ぐのかとある老婦人に聞かれ、二条城で1回ですと返答したが、三十三間堂が追加され、いざ靴を脱ぐ段になってなぜ2回も脱ぐのかとクレームを言われたことがある。

この話はガイド仲間の会合とか情報交換会でも話題になるのだが、アメリカからのお客さまも靴脱ぎは2回が限度で、あるガイドは3回目のとき、「torture（ドイツ語ではFolterqual・フォルタークヴァール）」つまり拷問じゃないかと詰め寄られたそうだ。

●ベジタリアン

ベジタリアンの話をしたいと思う。ドイツ・ルール地方のドルスデン市からのご夫妻、浅草観光で遅い昼食となった。「あなたの食べたいものでいい」とおっしゃるのでそば屋にお連れしたら、じつはベジタリアンで肉と魚が食べられないと知って慌てるはめになった。私は好物の玉子丼を注文し、おふたりには温かい山菜そばをお勧めした。おいしそうに召し上がっていたが、途中でふと気がついた。カツオ節をだしに使っているのではないかと。どんなベジタリアンなのか聞いても手遅れなので、あまりつゆは飲まないようにと申しあげて事なきを得た次第。

その後、富士・箱根観光を終えて汐留のホテルに帰る際、ドイツのガイドブックにも載っている銀座8丁目の野菜ダイニングの場所を知りたいと言われ、時間の余裕があったので、夕刻の銀座を車で通ってみた。夜の蝶たちの出勤時で道路も混雑してきたので、私だけ車を降り、歩いて探しあてたのはいいがその夜は予約で満席。明日以降にということになった。

ベジタリアンの方にはそれ以来、あまり多くはお会いしていないが、そのご案内のノウハウもないのでネットで調べてみたら、まさに不勉強。本来は「精神的・肉体的に健康で生きいきとして力強い人」を意味し、菜食主義者の意味はむしろ付随的らしい。その分類も食品によるものと文化圏によるものとがあり、欧米のウェスタン・ベジタリアンでも牛乳・乳製品・卵がＯＫのグループと、それも駄目なストリクト・ベジタリアンに分類されるらしい。その趣旨は、動物保護・健康・宗教。最近は環境保護も入る。

あるドイツの雑誌で「ベジタリアンは高等民族？」という記事を読んだことがある。かの地でもダイオキシンは大問題であり、それに関する記事だったが、食のモラルを取り戻そう、家畜の大量飼育が地球温暖化の一因だとか、考えさせる内容だった。著名人が列挙されていて、クリントン元アメリカ大統領、トルストイ、アカデミー賞女優のナタリー・ポートマン、ブラッド・ピットから始まってレオナルド・ダ・ビンチ、お釈迦さままで登場する。なんとなく納得する。

ところでわが国では、伝統的な和食は精進料理の流れを汲んでいるのだから、ベジタリアン料理としてもいただける。ノウハウは、まさに身近にあったということだ。

●昼食と昼の休憩

ある日光観光のときに昼食の案内をしていたら、いつも細かいことにこだわる若い参加者にMittagessen（ミッタークエッセン）かMittagpause（ミッタークパウゼ）か、つまり食事か昼食休憩かと聞かれた。要は食事代がツアー代金に入っているか自己負担なのかを聞いてきたわけだが、言外にオプショナルツアーがすこし高いから昼食込みが当然との皮肉を言ったのか、単純に聞かれたのか判別が難しかった。

通常のツアーでは、募集時の表面上の価格を抑える意味もあって、朝食以外は付いていないことが多い。夕食はそれぞれ希望があるのと、せっかくだからお仕着せではなく、そのつど自分で選んで食べたいということもあるし、昼食は、朝食のバイキングをたらふく食べているので軽く済ませられる。意外な質問だったのでいささか面食らったが、ここでもドイツ人ならではの几帳面さとケチさ加減が出てきたというわけだ。

●盆栽は植物いじめ？

皇居前広場を歩いているときに年配の女性に言われて困ったことがある。２０００本あるという松がきれいに刈り込まれていたことからの連想だろうが、枝を切ったり、幹をしばったりする盆栽は自然に反すると言うのだ。植物いじめじゃないかと。欧州でも最近は盆栽が知られてきているようで、お客さまのなかにも自宅で盆栽のまねごとをしているという方が結構おられるので、耳を疑ったのだが、執拗に主張されていた。

この方は日本の洗濯方法にも興味をもっていて、私に家ではどうしているかと聞く。家事はまったく不得手で奥さんにまかせっきりだと答えると、それはよくないと言う。さらに洗濯するときの水温は何度かと尋ねてくる。たしかKochwaesche（コッホヴェッシェ）といって70度ほどで煮ながら洗濯する方法があったなあと思いつつ生返事をしたら、翌日、奥さんに聞いたかとまあしつこいこと。

ガイドはなんでも知っていると思い込む典型例なのだろうが、日本人と同じくらい雑多な考え方の人がいるドイツ系の方々の突飛な質問にも対処が必要で、雑学の大家にならなければと、いささかグロッキーな状態だ。

●ドイツ人も几帳面！

日光観光は2通りに大別される。東照宮エリアをじっくり見て回るコースと、中禅寺湖《ちゅうぜんじこ》、華厳滝まで上るコースだが、おなじ東照宮エリアでも輪王寺と二荒山《ふたらさん》神社の二社一寺を含むか、家康廟のある奥社を含む東照宮だけかの区別がある。ツアーではコストの関係もあり、大抵は二社一寺を回る。東照宮だけだと少し割高感があるが、眠猫と家康廟まで拝観できる。家康廟がある奥社の参道は長くて石段が２０７段ある。ある年の東京マラソン参加ツアーはこの奥社まで回るコースだったが、フルマラソンを走った翌日ながら、皆さん元気よく上られたのには驚いた。さらに下りてきて驚かされたのは、この石段が２００しかないと言う人が3人もいたことだ。しっかり数えていたということ。日本人ならまず数えないし（知り合いの日光のガイドさんは実際にお客さまと一緒に数えて間違いなく２０７段あると確認されている）、ほかの外国人も数えたりしないのではないか。ドイツ人はホントに几帳面というか、些細なことにこだわるというか。

それで思い出したのが明治神宮で反応が明確に分かれるジョーク。第二鳥居から手水舎に至る主参道の曲がり角は直角90度ではなく、末広がりの八八すなわち88度なのだが、それを疑ったドイツから明治神宮へ来ていた研修生が実際に測ったところ、まさしく88度だったという話。ドイツ人だけの団体では当然のこととして受けないのだが、オーストリアやスイスまたは周辺の欧州のお客さまだと「そうそうまさしくドイツ人」と皮肉っぽい反応がでて興味深い。

●定時運行

定時運行、ドイツ語でPuenktlichkeit（ピュンクトリッヒカイト）。10年間のツアー経験で、遅れたのは3年ほど前の台風襲来時の新幹線が記憶に残るだけで、今さらながら日本の交通機関の正確さには驚くほかない。欧州では交通機関、とくに鉄道はあまり定時運行されないというか、国民性で大きな問題にはなっていないと聞いている。

定時運行は、几帳面な日本人の「特技」かもしれないが、その顕著な例が江戸時代の参勤交代ではないだろうか。それに関して石川県の地方紙「北国《ほっこく》新聞」で、興味深い記事を読んだことがある。それによると、加賀百万石の行列は４０００人近くなり、これを江戸表まで定期的に送り届けるための裏方の苦労は大変なものだったようで、「参勤交代里程表」なる参勤交代ダイヤには河川の氾濫、寺院参詣者による混雑、他の大名行列との遭遇を回避するための工夫がなされていて、さらには沿道の宿駅には葬式を見合わせたり、火事を出さないために煮炊きを禁じるなどの徹底した指示がなされていたという。この里程表は平均11泊かかる旅程を守り、遅れによる多大な出費を抑制するための施策でもあった。

こういった日本人特有の緻密さに加え、定時運行しなければならない事情もある。旺盛な輸送需要に対応すべく高頻度の運行が求められるわが国の鉄道は、どうしても分刻み・秒刻みのダイヤを組まざるをえないからだ。英国の新聞で「定時運行・安全・従業員の質・技術すべてが英国では想像不可能な高いレベルを保っている」とまで絶賛されているのだが、一方、アメリカの新聞では「運行間隔調整で30秒停止しただけでお詫びの車内放送が流れるし、ほんの数分の遅れが出るだけで激しく怒る国民性というか過度な定時運行への慣れが問題」とも言われる。

ではドイツはというと、主要都市を結ぶインターシティーなどはよく平気で遅れるし、お詫びの放送もない。同じ几帳面同士の国民性なのに、Puenktlichkeitについては異なるのはどうしてなのだろうか。

●日本人の親切心

いつもニコニコしていて、何か問い合わせると丁寧に答えてくれる。礼儀を知っている。こんなに親切な国はほかに知らないと、手放しに近い称賛をされて戸惑うことが多い。訪日観光客、とくに欧州の観光客が訪問する所で出会う日本人は、観光業・宿泊業・飲食業などに従事している人がほとんどなわけで、これでは日本人の真の姿は見えてこない。しかし、箱根や日光などで、彼らに積極的に話しかけてくる中・高校生の物怖じしない態度に接すると、随分と国際化したなあと、古い私などから見ると眩しいほどだ。

ドイツ語ではFreundlichkeit（フロイントリッヒカイト）、親切・親しみということだが、日本からすれば、根底には明治時代からの文明の輸入先・先生の国ということと、1万キロ離れていて直接の脅威になりにくいという地勢上の特性もあるのではないか。一方、ドイツにとって大きな意味を持つのは日清・日露戦争で日本が勝ったという歴史的事実、経済力で世界有数の大国になったということが、日本重視というか実力を認めることになる。第二次世界大戦を一緒に戦ったからというのは私たち世代までの話だが、ドイツを含む欧州への憧憬にも似た親近感は、私たちに共通した心情ではないか。30年も前の話になるが、私が在籍した総合商社や産業界では、欧米先進国の駐在、とくニューヨーク・ロサンゼルス・ロンドン・デュッセルドルフなどが一流（私が駐在したハンブルクも入るか？）、これに他の欧米諸国、中近東、東南アジアと続き、今をときめく中国は、まだずっと後方だった。時は流れ、貿易相手国として中国が最大になり、中国駐在と中国語の重大性が増してきたが、本音、未だ根底には欧米重視は変わっていないと思う。

ドイツ人は、日本人をアジアの片隅にある西洋の国民と見ているが、ほかの欧米人をどう見ているかについて極めて明快な見方をしている本を見つけた。『ドイツ人のまっかなホント』で、マクミランランゲージハウスという外国系の出版社のシリーズ本だが、まさにわが意を得たりの内容だった。いわく「イギリス人を敬愛しているが、これはルーツ的なものとイギリスの王がしばしばドイツから行ったことも影響している」「アメリカ人の能天気な明るさと先進性を校長先生的に見ている」「歴史的に共通点があるイタリア人とは理解しあっているが、しかし少し弟分」「フランスは垢抜けた国だが、7回も戦争敵国、仲よくしておくに越したことはない」となる。

フランスからの見方はいささか違い、「ビールがぶ飲みで環境問題に煩しすぎる」と、お互いの気持ちがすれ違う。それでも最近、ノルマンディ上陸の60周年のイベントにドイツ軍が招かれたことが象徴的だ。お互いに努力しているということだろう。

●立体マスク

冬になるとマスクが大流行する。最近は鳥のくちばしもどきの立体マスクが主流だ。息も楽だし、耳も痛くない。花粉症用と風邪ウイルスガード用の2つの用途があり、サイズもさまざま。最初は奇異にも感じたが、多くの人がつけていると目が順応してしまい、当たり前に思えてくるから不思議だ。

しかし、ドイツ人からすれば、街なかで見かける人の多くがマスクをしているのは大変なことで、必ずどうしてかと聞かれる。当たり障りなく、風邪をひいているとか、花粉症じゃないかとか答えると、これまでは納得していたのが、最近では肺結核患者が街に出ているのではと疑ってくる。風邪を他人にうつさないのと自身でも防御していると説明しても、上っ面に聞こえてしまうようだ。これればかりは大変なカルチャーショックなのだろう。

欧州ではたしか14世紀、ペストが大流行して、全人口のおよそ3分の1が死んだことがあるが、その際に、この立体マスクもどきのマスクが流行したと、ある訪日客が話していた。中世の記憶からくる嫌悪感、ペストが空気感染するからだろうか。

2009年5月に新型インフルエンザが日本でも流行しはじめて、神戸や大阪はマスクのオンパレードだったらしいが、不安過剰社会になった感もある。毒性もさほど強くなく、すでに終息傾向にあるなかでも、京都などでは修学旅行を中心に宿泊のキャンセルが続いていた。旅館などの資金繰りの悪化に対応する緊急融資すら検討された。

今後はどのように説明すればいいのか、ツアーでの対応を準備しておくべきか思案している。

●O脚とハイヒール

話が少し変わるが、よくツアー中に聞かれるのが若い女性のいわゆるO脚について。日本の女性は美しいが、歩き方がどうもおかしい。内側へ曲がって歩いている。足が悪いのではないか。意識してそうしているのかという疑問だ。最近まで日本女性は着物を着ていて内股歩きが普通だったから、と説明しているのだが、ガイド仲間に聞いたところ、さまざまな意見がでてきた。幼い頃に駆け回って遊ぶことが少なくなったので、脚の筋肉が未発達で外側と内側のバランスが悪く、内側のスジに引っ張られて内股歩きになるという説や、女性はがに股歩きより内股歩きのほうが魅力的だと思っているのではないかという説も。後者はいうなれば媚態のひとつ。実際、テレビ番組の通行人インタビューの際に、若い子が、かわいらしく見えるようにわざとああいう歩き方をしている、と答えたそうだ。

O脚だけでなく、ミュールサンダル、外反母趾、膝を曲げて歩くことととんび座り、大根足などへの質問もあり、皆さん、日本人女性の足には関心がおありのようだ。まあ質問した方々はドイツ系の男性のお客さまがほとんどで、傍らには足が太く筋肉隆々?たる奥さま方がおられたわけだが、小さい頃からがっしりした靴を履く文化の中で生きてきて、内股どころかがに股歩きが中心の社会から見ると、日本人女性、とりわけ若い人たちのO脚が非常に気になるのは納得のいくところではある。

これと似た話だが、あるドイツ人夫妻は南ドイツの開業医で、1週間の滞在中にいろいろなお話をした。中国や宗教など微妙な話題もあったが、かなり興味をもたれていたのが、若い女性たちが履いているハイヒールというのか上げ底サンダル靴。日本では近い将来、整形外科が大繁盛するのではないかとのご託宣だった。ほとんど裸のファッションもさることながら（来日されたのが盛夏だった）、なぜ高い踵の靴で危なっかしく歩くのか不思議でならないという。O脚への疑問はよく聞くが、さすが開業医の先生は目のつけどころが違うと感心した次第。

●治安のよさ

日本人の親切さ。国全体の清潔さ。時間の正確さ。いずれも訪日観光客にアピールできる日本のよい点だが、もっと大事なことがある。治安のよさだ。その象徴が24時間営業のコンビニやファストフード店、自動販売機。夜中でも安心して歩ける国という印象が強い。海外では当たり前のように起きる路上強盗やひったくり、すり、置引きもほとんどない。私自身も、ガイド中に犯罪行為でお客さまが被害を受けたという経験はないし、新幹線やホテルの部屋などに忘れ物をしても、大抵は出てくるという安心感がある。

そして、忘れてはならないのが交番の存在。すでに「KOBAN」として国際的に認知されているが、ドイツ語ではPolizeistelle（ポリツァイ・シュテレ）警察官のいる所と言う。全国で約6400カ所、駐在所7200を含めると1万4000カ所もの監視地点があることになる。警察OBなどを活用して不在交番がなくなるのもいいことだ。日本全体の安全性をもっとアピールすることが、訪日観光客増加の切り札ではないだろうか。

●渋滞さまざま

高速道路の渋滞はかなり緩和され、成田空港から都心に向かうときなどは90分の予定が1時間たらずで到着してしまい、もともと余裕をみていた到着がさらに早くなり、チェックインまでホテルのロビーや近くのコーヒーショップで時間つぶしが必要になってきたほど。箱根から都心に帰るときの東名などの混雑は相変わらずだが、箱根からは富士山方面へ進むようにして、渋滞を極力、避けるようにしている。

日光へ東武電車で行くときは、浅草駅までラッシュ時間帯のJRや地下鉄銀座線を利用することが多い。このときはガイドとして相当な覚悟と段取りが必要となる。まずプラットホームへの誘導の仕方、乗り方（大勢が1カ所のドアでは乗り遅れるといくら言っても、ガイドがいないと不安なのか無理してでも同じドアから乗り込む）、降りる駅がいくつ目でどっち側のドアが開くか、下車してから階段への誘導など、少しのミスも許されない。東京在住40年近い私でも、事前に綿密なリハーサルをしてから臨む。

日光といえばいろは坂の大渋滞。ガイド駆け出しの頃の10月末、東京から大型バスでの日光日帰りツアー。絶好の紅葉シーズンで心配していたが、予想以上の大渋滞で、大変な綱渡りになってしまった。昼食時に、日光交通の営業所でいろは坂のモニターを見て往路2時間半・帰路1時間半の合計4時間と予想していたので、リーダーと相談、思い切って上ることにした。結果は大渋滞で、上りに3時間半かかり、中禅寺湖を諦め、華厳滝を急ぎ観光、いろは坂の下りに向かった。ところが下りは逆に流れがスムーズで40分、駅でも買物の時間がとれて、とりあえずご満足いただけたのではないか（華厳滝の直前で夕日に映える中禅寺湖が垣間見え、全員で思わず大拍手。これでなんとかなったと感じた）。紅葉期の週末はよほど時間的に余裕をみなければ、が教訓。

この冷や汗ものの上りの間、日本全体についての質問攻めに遭った。必死にご説明したが、観光通訳ガイドとして、幅広い知識がいかに大切かを認識させられた。そのときのテーマは、重いものでは年金、医療改革、失業率、犯罪、寿命、出生率、自殺者の数と傾向、医師の数、死因、ホームレス、宗教、政党、アイヌ……。ほかにも、年収と税金の率、警察官と自衛官の数と年間予算、住宅数、坪単価と住宅価格、高速道路の総延長などなど。そんなことまで聞きたいのかと思いつつもなんとかお答えしたが、もっと渋滞したらお手上げだったかも。

第6章　海外からのツアーあれこれ

その1　流鏑馬とハードロックカフェ

●高速渋滞とトイレ

秋のシルバーウィーク。祝日に関する法律の改正によるハプニングで5連休となったことがあり、高速料金の割引の影響もあって、道路の渋滞がすごかった。新聞には「秋の街SWわくわく」とか「5連休敬老企画続々」といった見出しが躍る。そんなわけで皆さんにとっては「もう一回夏休みが来たような感じ」で、老いも若きも街や行楽地に繰り出したということだが、仕事で出

鶴岡八幡宮の流鏑馬に感激

かける者にとっては迷惑な話。観光業界は特需期待だろうが、同じ業界でも訪日観光客相手のガイドの仕事にとって、日本の休日は避けたいのが本音だ。

　まずは秋晴れの鎌倉・鶴岡八幡宮の流鏑馬。最近は海外でも評判になっていて、それを見るためだけの1日ツアー。オーストリアからの医師9名の団体さん。この日は連休前で途中での渋滞はさすがになかったが、代わりに好天もあって、会場が大混雑した。春と違って秋の大祭の行事のひとつで神社主催。したがって関係者というか、崇敬会らしき人々には椅子席の割り当てがあるが、一般席に予約席はなく、早い者勝ち。事前の調査で大体の事情がつかめたので、皆さんを説得して、流鏑馬が始まる4時間前に東京を出発、3時間前

ミシュランガイド3つ星の高尾山山頂にて

には段ボールで場所を確保、交代で席の番、1時間前には全員がそこで待機した。このグループはＶＩＰで半数以上が60歳代、初秋の炎天下に無理を申し上げたのだが、射手《いて》の鎌倉時代からの狩装束とか的を射る迫力が目の前で見られて大好評。こういった、日本人でもなかなか経験できない伝統行事が、海外に知れわたっていくことに観光の意義を感じている。

同じグループの高尾山ご案内の日、シルバーウィーク2日目。前日、富士山直行の予定を中央高速30キロの渋滞を避けて箱根に先行、ことなきを得て、スムーズな一日になったのだが、どっこいこの日は違った。少し油断をして、8時30分出発予定を30分繰り下げて出たところ、同じ中央高速がすでに45キロの大渋滞。途中、高井戸ＩＣまでは走れたが、甲州街道に変更しても渋滞、再度、国立府中ＩＣから高速に入って八王子ＩＣを出たのが12時30分、そこからの甲州街道も動かず、ハラハラのしどおしだったが、なんとか14時30分到着、幸いケーブルカーの待ち時間は15分で、15時少し前から山頂を目指して出発、薬王院も山頂もすごい人出だったが、皆さん嬉々として散歩・ハイキング（ドイツ語でWanderung＝ご存知ワンダーフォーゲル）を楽しまれた。途中で足の悪い、リーダーの奥さまを薬王院の車に乗せていただくハプニングも。

　それにしても、50キロを5時間半には参ってしまった。よくお客さまが我慢してくれたと思う。その渋滞のさなかに70歳近いと思われるドクターがつぶやいたひと言が印象的だった。「Unser Leben im Autobahnstau（ウンザー・レーベン・イム・アウトバーンシュタウ）」、高速渋滞のなかでの我らが人生だ！

　この渋滞のなかでの驚きがもうひとつあった。いつものツアーだと1時間なり1時間半おきくらいにトイレをご案内するのだが、さすが医師と薬剤師の一行なので自己コントロールができているのか、出発後3時間の八王子ＩＣ近く、トイレ休憩で石川ＰＡへの進入待ちをしていたら、「運転手さんに法律で適宜トイレ休憩が義務づけられているのか」と真顔で尋ねてきた。走行車線が少しずつ流れ出しているから、無駄を省いて走ってくれというご要望で本当にびっくりさせられた。私はそろそろ限界だったが、言い出しかねて、結局、4時間後の甲州街道沿いのガソリンスタンドで済ませるハメになった。5時間も平気で我慢できるその体力とタンクのキャパに脱帽した。

●撮影禁止

都内、日光、箱根にご案内したオーストリアからのご夫妻は、ご主人80歳、奥さま69歳、香港経由で来日し、3週間ほどすごしたのちに韓国へ行き、さらにタイとベトナムを旅して、じつに71日後にオーストリア・ウィーンに戻るという。そのタフさにびっくりしていたら、日光でもその元気さに仰天させられた。快晴、暑くもなく寒くもなく、最高の気候。東照宮も大いに気に入っていただいたが、ご主人が撮影に熱中して、神厩舎《しんきゅうしゃ》や輪蔵《りんぞう》の裏手にまで回っておられハラハラさせられた。

極めつきは神橋《しんきょう》で、東照宮のあとに寄って欲しいとのご要望。さらには大谷《だいや》川の河原からの撮影を希望され、不可能と思いつつ神橋の社務所に相談したところ、「日光金谷ホテル」の庭から河原に下りられるのではとのこと。さっそくホテルのレセプションに無理をお願いして河原まで下りることができたが、岩場の先まで行かれるので傍らでサポート。無事に撮影を終えて上がった

大谷川の河原に下りたオーストリア人のご主人

ところ、カメラの部品を忘れたらしく、再びふたりで河原まで往復した。このトラブルで1時間押してしまったので、華厳滝はカット（滝は全世界で見ているので不要、パスと言われた）。あとで聞いたところ、河原に女性がいることに気づいたので行きたくなったとのこと。80歳でその脚力とあくなき好奇心、ここでも脱帽させられた。

　写真撮影については、シビアな所も多く、京都のある寺院ではカメラを預かったり、フィルムを没収するほか、案内するガイドや旅行会社に厳重な注意がある。じつはこういった撮影禁止は結構、難しい問題だ。「東京国立博物館」には国宝・重文が多数あり、館内の展示によってＯＫ・不可・フラッシュ不可などの区別があるが、夢中で撮影するお客さまが故意か無意識か、禁止の箇所で撮影してしまうことがままある。さっそく係の人が飛んで来るが、本人には言わず、付き添っているガイドに言ってくる。引率者という意味もあろうが、要は外国の方には言いづらいから日本人に注意するとみている。それはそれで構わないが、こちらが止めても聞き流す人もおり、ほかの外国人が平気で撮影していると、ますます気まずくなる。

明治神宮の本殿もそうだ。外国の方はまず平気でカメラを構える。本殿内は当然ながら撮影禁止。しかし本殿と拝殿はつながっていて内と外の区別も難しい。ほかの参拝客の様子を横目で見ながら、時に応じて注意することにしているが、一度、それを申し上げたら、近くの別の参拝客が撮っていたではないかと返されて困惑したことがある。

なんで実物を見ないでカメラを構えてしまうのか、理解できないのが私の本音。撮った写真をあとでいくら大きくプリントしても実物の迫力にはかなわないし、撮りまくった写真の整理も大変だろうと、要らぬ心配もしたくなる。もっとも、日本人観光客のケータイ写真も然り。もっと実物をご自身の目で楽しんでほしい。

先ほどのお客さま、どうも現役時代は某メディア企業のえらいさん。テレビなどのメディアの常として、どこでも撮影の許可が出るものと信じきっているようで、この大谷川の一件もその類、どうりで博物館でも平気で臆することなくカメラを構えていたわけだ。我慢とか遠慮、気配りを知らない人がいるのは、世の東西も同じなのだと思う。

●オタクなドイツ人

8月末の成田空港、7時50分着のフライトは冬と違って偏西風による早着はなく、おおむね時間どおりの到着。しかし、出てくるまで優に1時間はかかる。南ドイツからのお客さまで7日間の仕事、秋のツアーのスタートである。晴れ、気温は30度を超えてくる予想。街でもらったうちわを用意しておく。

歓迎のご挨拶のあと、まずお聞きすることはトイレと両替、それに喫煙場所のご案内が必要か否か。嫌煙運動は欧米のほうがすすんでおり、ノン・スモーカーとの事前連絡が入ることが多いが、何人かにひとり、空港内のどこで吸えるのかと聞かれることがある。10時間以上我慢しているから気持ちは分かるが、本音と建前の違いはどこでも同じ。

ところがこのときは、予想もしていなかった要望がいきなり寄せられた。空港内のハードロックカフェに案内してくれというのだ。六本木のそれは知っているが、成田空港にあるという話は聞いたことがない。念のために案内カウンターで確かめたら、成田市内のショッピングセンターにあることが分かった。リムジンバスは予約済みだし、一瞬ためらったが、お客さまは真剣なご様子なので、往復40～50分はかかると申し上げると、カードが使えるタクシーがあればぜひ行きたいとのこと。

さすがに空港のタクシーは慣れたものでカードＯＫ、トランクに荷物を載せて出発、10分ほどでめざすハードロックカフェの看板を見つけ、ホッとしたのもつかの間、入口のドアが開かない。10時開店で今は9時半、どうするか。聞くと旅行のときは必ずハードロックカフェのショップに寄って、その店のオリジナルＴシャツなどを購入することにしていて、日本の店も調査済みとか。しかし、30分も待てないので空港へ引き返す。9時40分から10時40分、再び9時40分へとリムジンを変えてもらい、なんとか六本木のホテルへ向かう。ガイドの業務にはいろいろあるが、突然の予定変更への対処能力もそのひとつ。時間管理いわゆるツアーマネジメントが重要だが、お客さまのご意向であれば、予算と時間の範囲内で調整してみて、どこかで妥協点を見つけなければならない。

今回はＦＩＴ、つまり団体ではなくご夫妻だけのツアーで、都内到着後にホテルのアーリーチェックインができなければ、荷物を預けて時差ぼけ調整も兼ねて都内観光へ出ることになっているし、リムジンバスは満席にならない限り対応はしてくれるので処理できたが、団体や列車などの制約がある場合はなかなか難しい。

さてハードロックカフェ、ファンの間ではＨＲＣと略称されるが、世界に１２０店舗以上あり、日本では8店舗。六本木は定番としても上野駅構内にあることや、飛騨高山に行く途中の名古屋にもあることを、当時、初めて知った。新幹線から高山本線の特急「ひだ」への乗換え時間が30分、駅構内ならともかく繁華街の栄《さかえ》にあるらしい。１本遅い特急に変更すればなんとかなるが、お盆なので難しいとご説明。これは諦めることになったが、これに限らず、何か変更のご希望があった場合、対案を用意しておかないとお客さまに不満が募る。こちらの常識で判断して難しいとかお答えすると、一生に一度あるかないかの日本観光なのにとクレームされることもある。ちなみに、この名古屋店は２０１０年12月に閉店、国内のＨＲＣは7店舗になった。

次は大阪にある店を訪ねると言われたが、私は金沢で特急「サンダーバード」にお乗せしてお別れするので、次の担当ガイドに申し送りする。六本木でも上野でも3～4個まとめ買いをしたほどだから、大変なマニアだ。

ハードロックカフェは、以前に行ったアメリカ・ラスベガスで、世界に2軒しかないハードロックホテルに宿泊し、ロビーに設置してあったスロットマシーンに驚かされたこともあって強烈な思い出がある。びっくりするのは、ショップで販売している限定アイテムの人気。その秘密は通信販売を一切せず、その店の限定品はその店を訪れた人しか購入できない点にあるらしい。とくに人気なのがピンバッジ。公式ピン交換会などを通じて世界的な交流があるらしい。ちなみに看板のギターはロンドンの店の常連だったエリック・クランプトンが自分のギターを飾ってくれと頼んだことが始まりで、今ではこういった店の飾り物「メモラビア」の価値は25億円を超えるとか。これをポップアートの旗手アンディ・ウォーホールが「HRCはロックのスミソニアン博物館だ」と言ったとか。

私はこれまで、古きよきアメリカをイメージしたレストラン&バーの「フライデーズ」と同じような店だと思っていたので、大変な勉強不足と反省している。別のツアーでは、「ハーレー・ダビッドソン」のショップへというご希望もあり、あいにく店が休みで実現しなかったことがある。お客さまが多様化してきている以上、さまざまなご要望がでてくる覚悟で、そのつどの事前準備あるいは即座の対応が必要と肝に銘じている。

●東京マラソン

ある年の3月中旬のツアーは、東京マラソン参加をメインとした団体で、一般募集のツアーなのだが、世界のマラソン、たとえばニューヨークシティマラソンなどに参加するツアー中心の専門旅行会社が組んだだけにまとまりもよく、失礼ながら皆さん結構、お年を召している。

明治神宮で出会った神前結婚式の風景

　前日の都内観光。東京タワーから始まって、皇居前広場、明治神宮、浅草、銀座を訪問する通常のコースだったが、神宮でわずか30分ほどの間に4組の結婚式に出会って皆さん興奮の体。朝からの雨が昼前に上がって、結構な撮影会になった。着物と角隠しとおたいこ、つまり帯について矢継ぎ早の質問だ。幸い多少は勉強していたのと、ワイフが着付けの教師である関係で少しは知識がある。神道がハレの場面で、死とか埋葬のケの場面が仏教で行なわれると説明しておいたが、ご理解いただけたかどうか。神楽殿付近にはなぜか季節外れの七五三の若い親子連れも見かけ、日本文化のオンパレード的な雰囲気になってきた。お客さまのなかには皮肉居士もおられ、では離婚率はと聞かれるケースもままあるが、この日は先手を打って、ドイツのマネをして今は3分の1ですとお話ししておいた。

ところでこのグループ、皆さんエルダーのご夫妻、全員フルマラソンへの参加。この旅行会社は世界のマラソン大会に特化しているようで、お聞きしたらニューヨークシティマラソンには毎年数百人を送客するし、ホノルルマラソンにも60人ほど送客していて、東京マラソンでは前年の11月からエントリーしていた由。東京マラソンには26万人が申請し、当選した3万５０００人の方々がスタートするが、外国のランナーには特例もあるのではないか。観光日本、ビジット・ジャパン・キャンペーンの一環としては近年にないヒットのような気がする。

3月22日の日曜日、東京マラソンの応援に繰り出してみた。頼まれたわけではないが、異国へ来て、応援が誰もいないのでは寂しかろうと考えた次第。ワイフ手作りの応援プラカード「IMMER WEITER（インマー・ヴァイター）」常に前進という意味でまあ頑張れ！ のつもり。それにドイツの三色旗を付けて目立つよう工夫した。9時10分に都庁前スタートだから、日比谷で10時半、銀座の歌舞伎座周辺で13時30分くらいと踏んで沿道に立ってみた。すごい人出で、なかなか前に出られない。それでもまあ、なんとか一番前に立つことはできたが、2時間ほど苦労して、見えたのが日比谷周辺で3名だけ。20名全員がフルマラソンのはずだが、3万５０００人の中では見つけるのが難しい。

ところが翌朝、ホテルのロビーでお会いすると、口々に昨日の応援ありがとうと言われ、びっくりするやら恐縮するやら。沿道130万人の人だかりで識別できないと恐れていたのだが、やはり黒赤黄の国旗は目に飛び込むものらしく、走りながら認めたらしい。これで一挙に距離が縮まって、ツアーの成功は間違いなしと確信した。

その2　VIPツアー

●ギムナジウムOB

ある年の4月上旬から始まったツアーの方々は、優雅に毎年、世界の一流観光地を訪ねているが、今回は日本。高等教育高校ギムナジウムは、ドイツ圏の進学校、日本流にいえば中高一貫校で8～9年制。ここの卒業資格アビテューアが日本の一流大学入学と同じ価値があるとされている。ルクセンブルクのエリート校卒業生の、恒例の豪華ツアーということ。そんなわけで、毎日、昼も夜もレストランが予約されていて、多くの方が夕食に本場のワインを注文される。食事のコストを知っているガイドとしては、料理よりも高価であり、感心するしかないのだが。

このツアーもよい意味での変更があったし、当方からも東京のスケジュールに明治神宮がないので入れてもらったりした。箱根の遊覧船のあとに大涌谷が予定されていないので、調整可能な範囲で逆提案し、見学できた。変更は責任者の方と話ができて、大変やりやすかったといえる。

日光では、神橋を車窓で説明し、東照宮と輪王寺に進んでいくのだが、昼食後、中禅寺湖へ行く前にもう一度、神橋を渡ってくれという。大型バスの方向転換は難しいし、二荒山神社の駐車場から神橋へ戻った場合、市街地の道をかなり迂回しなければならず、いろは坂に行くのに時間がかかるのだが、幸い時間に余裕があったし、ご希望も強かったので対応して喜ばれた。時間的な余裕と相互理解があって初めて可能になったラッキーなケースではある。

もうひとつ、広島でのお好み焼きツアー。ホテルでのリッチな夕食が18時から始まった。宮島と平和記念公園、原爆ドームを訪れたのだが、ご当地には広島カープとマツダとお好み焼きがあるのに、前のふたつはともかく名物スナックを知らずにお帰り願うわけにはいかない。食後でもあり、ご希望の方はどうぞと提案してみたら、なんとほとんどの方が集合、アーケードを通って「お好み村」へ繰り出す。さすがに4人にひとつの注文とはなったが、ビールはジョッキのお代わり、店のご主人と顔見知りだったことも幸いして、大変な盛り上がりになった。帰国の際に団長さんから「思い出に残る一大イベント」とのコメントを頂戴した。

●フランス上院議長ご一行さま

大変なVIPでおられるのだろうが、フランス上院議長と議員一行の日本議会視察出張にお供させていただいたことがある。参議院議長、東大総長、省庁の局長などとのアポの時刻に遅れることが何度かあり、対応に苦慮したことがあった。その前の会談が興にのったこともあるだろうし、昼食会がラテン風に1時間も押したのも理由だが、そういったときは随行している在日大使館の方もヒエラルキーのトップには申し上げづらいようで、急いでいただくのも私の役目。日本側では、秘書官とか省の課長などからは時間厳守をせまられるし、間に立って辛い思いをした。ゲルマンであるドイツ系のアテンドではついぞありえないことだが、国民性がモロに出た場面ではあった。

そのほかにも、築地市場、日本自動車研究所、燃料水素開発ステーション、中小企業育成の現場視察、参議院視察と議員懇談会への出席、大日本水産会会長との会談、経済産業省と「パナソニックセンター」の見学もあった。すべてがVIP待遇、隅っこへの参加でも極めて有意義な経験だった。

もちろん、3~4日ほどかけて、すべて事前に視察した（非常勤勤務のありがたさ！）。川崎・鶴見や大田区の工場エリアまで足を延ばした。赤坂、汐留、丸の内、芝、代官山など、すべての会食の場所とアクセスも下見した。夕食会の2時間の待ち時間を無駄にはしたくないので、その間を利用して都内をロケハン。赤坂サカス、日比谷シャンテと有楽町のガード下、東京タワー周辺、麻布十番から飯倉・神谷町まで、汐留・新橋周辺。「帝国ホテル」は内外すべて頭に入った。

本来、観光通訳ガイドの仕事はツアーのすべての機能を含むのだが、今回はツアーマネジメントに集中した。本来の観光通訳ガイドの裏面としての添乗業務（むしろガイド業務より大事かも）の経験と、お世話になっている旅行会社への義理だて。さらに最低限のコミュニケーションは英語でせざるをえず、ドイツ語・日本語のバイリンガルならぬトライリンガルにも少し、自信が戻ってきたようだ。

平均睡眠時間5時間で5日間を乗り切ったが、さすがに疲れた。すべての経験がコヤシ。

●ドバイからのVIP

親しくしているバス会社からのご依頼で、中近東ドバイの財閥グループのオーナー会長一行と日本側の合弁相手の会社のインセンティブツアーを担当した。側近の人たちと日本側大企業の担当を入れて総勢10名ほど。サロン付きのデラックスバスでの箱根観光。天気予報は曇り一時雨、まあそれほど問題もなかろうと出発、途中で薄日も差して楽勝かと思ったが、暗転。箱根は暴風雨、ロープウェイは運休、ならばと最大のお目当ての芦ノ湖へと急いだが、到着直前で遊覧船が運休と分かり、やむなく大涌谷で時間調整と工夫したつもりが、雨脚が強く駐車場近くのレストランまで行くこと自体が難しい状態。ようやく、おみやげ屋の喫茶に席を見つけ、コーヒー休憩。そこで名物・延命長寿の「温泉黒卵」の話をしたら、大いに興味をもたれ、思いもかけない盛り上がりで正直ホッとした。

オーナーの方は経済誌「フォーブス」にも載る世界の大富豪とお聞きしていたが、威厳あるなかにもジョークを解され、長生きの話題で間がもてて本当にラッキーだった。話されるのはアラビア語、私の英語のガイディングを側近の方やアメリカ留学体験のあるご子息らが翻訳してくれる。このあと箱根の超一流ホテルでの昼食会が大好評で寛がれたらしく、天候が気にならなくなった。遊覧船にもロープウェイにも乗れず、温泉たまご談議と豪華昼食会だけで箱根をあとにしたのはガイド経験のなかで初めてだったが、車中で商談の時間がたっぷりとれて成果が上がったと日本側の方から言われ、ホッとした。

●アメリカからのVIP

5月後半はガイドにとって桜が終わったあとのオフシーズンだが、アメリカの電機業界大企業一行の一日都内観光の依頼を受けたことがあった。英語がネイティブのアテンドには少し躊躇したが、自分の幅を広げるためにもとチャレンジした。

皆さんＶＩＰ、お世話する日本側の方も大変な気の使いようで、しかも行き先が半端ではない。御茶ノ水と秋葉原の電気街・楽器チェーン・家電量販店の巨艦店は商談がらみ。観光面では明治神宮、皇居前広場、銀座、さらにご希望として東京ドームと「ハーレー・ダビッドソン」の販売店が入ってきた。高級オートバイのショップは休みで割愛となったが、ドームの販売コーナーは私も興味があった。つい1週間前、ここの温泉施設「ラクーア」に家族とお邪魔していたからだが、アメリカ人が日本の野球に興味あるとは予想すらしていなかった。

イチローや松井、松坂の活躍が彼の地でも評判になっている証左か、日本帰りのメジャーリーガーの口コミなのか、嬉々として日本の野球帽とかバットを購入されたのにはびっくり。文化は必ずしも一方的なものではなく、お互いに影響しあうのだろうと納得した。

このときも大雨で、宿泊先の恵比寿の高級ホテルで借りた傘が大活躍したが、やはり車内での商談がスムーズにいったようで、インセンティブツアーには悪天候が効果的と思うことにした。私も現役時代に貿易業界・産業界にいたので、これからのツアー、観光以外にも顧客のビジネス面でいささかでも寄与できればと思った。

その3　庭園めぐりの旅

●怪しげな予感

ある年の4月初め、ドイツからの庭園周遊観光団27人を成田空港に出迎えた。予定より少し早めの到着だったが、1組のご家族だけがなかなか出てこられない。2週間の庭園ツアーの、なにやら怪しげな予感。リーダー格の方とあちこち探し回ったが、出発地のフランクフルトからトランジットのコペンハーゲンまでの間に荷物が紛失してしまったらしい。それまでの経験ではあまりこの種の問題はなかったが、ここのところトラブルが頻発する。過当競争によるサービスクオリティの低下なのだろうか。

予定より大幅に遅れて都内観光に出発する。ホテルのチェックインまでの時間調整もあり、皇居前広場、明治神宮、小石川後楽園を見学してからホテルへ。翌日の水戸・偕楽園と浜離宮恩賜庭園も順調。水戸では梅の季節が終わってあまり見るべきものがないのではと心配したが、庭園内でピクニックをしたいとのご希望があり、杞憂に終わった。

●温泉と介護と

次の予想外の出来事は箱根・強羅で起こった。ツアーは日光、都内、鎌倉と続き、箱根の高級リゾートホテルに宿泊した。日光が雪で、そこで風邪をひいた年配の方が、天然温泉の湯船で心地よさに長湯をしてしまい、失神されたのだ。温泉への入り方をコーチするのもガイドの仕事で、まずシャワーで身体を洗い、タオルを頭に載せて首まで浸かるとか、バスタオルは脱衣場に置いておくとか、基礎的な説明が必須。シャンプー・リンスの使い方とか、シャワーとカランの切替え操作などは施設によってまちまちで、そのつどご教示しなければならない。私は先に風呂から上がったのだが、どうもこの方は血圧が高めなのに薬を飲み忘れていたらしく、周囲にいたお仲間が救護士ばりの知識で適切に介抱し、急を聞いて私が駆けつけたときには手足を水で冷やし、安静に処置してあった。このホテルの担当チーフが救急救命士の資格を持っていたことも相まって、部屋まで車椅子で運び、一晩安静にした結果、元気でツアーを終えられた。

お客さまのケガにも留意しなければならない。別のツアーでは、普段なら風情のある恩賜箱根公園の苔の坂道が前日の雨で濡れていたために、硬い靴が滑って肘を強打、裂傷を負われたことがあった。急遽、近くの外科医院へご一緒して縫合していただいたのだが、医学用語の専門的知識がとくにあるわけではなく、通訳にひと苦労した。いわくアレルギー、破傷風、傷口、抗生剤、麻酔、裂傷などなど。順にAllergi（アラーギー）、Starrkrampf（シュタークランプ）、Wunde（ヴンデ）、Antibiotikum（アンチビオチクム）、Narkose（ナルコーゼ）、Platzwunde（プラッツヴンデ）と言うが。

その後、飛騨高山で抜糸するために病院に行ったが、ドイツなど欧米系の人は皮膚が日本人に比べて厚いので、まだ無理とのこと。結局、さらに1週間後、帰国してから糸を抜かれたと聞いた。その後、お元気とのメールがあってひと安心。日本の医療は一流なんだと変なところで自信をもったものだ。気候が変わり、食事が違い、時差が加わって、下痢や便秘に苦労される方が結構多い。トイレ休憩や出発時間の調整、さらには食事など常に気にしていなければならない。

●民宿は楽しい糞づまり

話は庭園ツアーに戻って5日目から6日目の金沢。民宿体験はお客さまたってのご希望で実現したらしい。当たり前だが、畳の部屋での寝起き、4～5人が入れる浴室、和式トイレ、和食と、ホテルとは段違い。下見のときはいささか心もとない気持ちで大丈夫かと思ったが、オーナーご夫妻の懸命のご努力もあって、結論からいえば大成功だった。シジミ、クラゲ、ホタルイカ、タニシと、文字どおりの海の幸、山の幸に加えて、郷土料理の治部煮《じぶに》まで供していただき、楽しい会話のやりとり（もちろん私はその通訳に忙しく、料理は冷えてしまうのだが……）、おみやげとしてのドイツのチョコレートと加賀友禅のハンカチの授受となごやかな雰囲気だった。

コストの安さも正直あるが、なんといっても日本文化との直接の触れあいが魅力で、浴衣と丹前を着て寛ぐ。唯一の本音は、しゃがむ方式のトイレはやはり苦手らしく、何人かの方がいささか難儀だと、あとでこっそり教えてくれた。そういえば翌朝、市内ツアーのスタートがJR金沢駅で、バスの乗車前に少々時間があって、地下にきれいな洋式トイレがありますよと冗談半分でご案内したら、半数以上の方が行かれたのだった。

この2～3日後、横浜の中華街へご案内した際、親娘で参加されている父君から漢方薬局へ案内してくれと頼まれた。民宿の和式トイレが使えず、お嬢さんが便秘になってしまったそうだ。さすがに若い女性からは言いだせないこと、さっそくご案内したのだが、やはり民宿もトイレだけは洋式を備えていただきたいと、丁重にそのお宿のオーナーご夫妻にお礼かたがた電話で申し上げ、そうする旨のご返事をいただいたものだ。

●枯山水とは

今回のツアーは日本の庭園がメインテーマ、自分にどのくらい知識があるのか正直、おぼつかなかったのだが、カリスマガイド?を標榜している以上、避けるわけにはいかないとお引き受けした。まずは図書館で全般知識の収集、ネット・書籍をあちこち漁ったのち、下見つまり事前調査に出向く。都内や近郊は慣れたものだが、金沢・兼六園や岡山・後楽園、高松・栗林《りつりん》公園はしばらく行っていない。たった2日間の下見だが、航空機と新幹線をフルに活用して足を延ばす。偕楽園も小石川後楽園も駆け足。念のため、いつもお邪魔している浜離宮恩賜庭園も作庭技術の面から再訪する。

じつのところ、日本庭園が浄土式、枯山水、回遊式、茶庭の4つの形態に分類されることすら知らなかったのだから、何をか言わんや。関連して、末法思想とはとか、盆栽、さらには垣根が生垣、竹垣、石垣、フェンスとあることも復習した。今回のツアーで訪れたのは、枯山水では京都の龍安寺と大徳寺大仙院、回遊式として偕楽園、京都・嵐山の天龍寺、姫路の好古園《こうこえん》、浜離宮恩賜庭園、兼六園、金閣寺、小石川と岡山の両後楽園、それに栗林公園だった。

借景をDie geborgte Landschaft（ディー・ゲボルクテ・ランドシャフト）、枯山水をTrockengarten（トロッケンガルテン）、さらに築山をkuenstlicher Huegel（キュンストリッヒャー・ヒューゲル）とドイツ語の専門用語も習得できたのが収穫か。偉そうな言い方になるかもしれないが、これだけの素晴らしい庭園群が全国に散らばっていることが日本人として認識でき

龍安寺の石庭で考え込む

ていないのだと思う。参考書籍のなかでとくに進士五十八の『日本の庭園　造景の技とこころ』で、「日本庭園は自然と歴史と文化をひとかたまりの美しい風景へと昇華させたもの」との一文に納得がいった。

　さて枯山水だが、元は涸山水と呼ばれ、滝や流れが水源の枯渇などにより、水のない庭になったのを、その趣もよしとしたことから室町時代に始まったそうだ。敷地も狭く水の便の悪い寺院にとっても好都合だったらしい。枯山水を私自身が説明しきれないこともあったのだろうが、なぜか大仙院では格別に盛り上がらず、龍安寺石庭でも、凡人には石が14個しか見えず、あとは心眼でと説明したら、マジで15個見えたと答えられて絶句した。岩というか石の形の数え方の違いなのだろうか……。

今回の訪問地、とくに小石川後楽園、兼六園、岡山・後楽園、栗林公園——これらはすべて江戸時代の大名庭園で回遊式庭園だが——に大変な興味を持たれ、歩くルートも私がお勧めする常識的・一般的な回り方よりも専門家の見方で、逆回りがあったりとか驚かされたが、陽光の当たり方を午前と午後で計算しているなど大いに刮目させられた。私も樹木には興味があり、それなりに勉強しているつもりだが、皆さんの樹木や花の知識に感心させられた。今回の皆さんは、ドイツの大都市近郊の造園業者の方と独日協会の方が組まれたツアーなので、いってみれば専門家をご案内したのだが、彼の地の日本食ブームと盆栽人気もさもありなんと思っている。

第7章　観光通訳ガイドまだまだ勉強中

その1　インバウンド異聞

●リピーターの功罪

最近、書籍ネット販売の会社からドイツの新刊書籍の案内メールが届き、それが以前、中部地区をご案内したドイツメディアの方の日本についての著書と分かり、さっそく購入した。大変な日本通の方で、充分に取材された成果で内容が素晴らしい。それで思うのだが、こういったリピーターあるいは日本に造詣の深い方のご案内が、じつは観光通訳ガイドにとってある意味、結構な負担になるのだ。

欧州、とくに私の担当しているドイツ語圏からのお客さまの場合、年配の方が多く、そのほとんどが初来日。見るもの聞くものすべてが新鮮で、そのご案内とご説明に忙殺されるのが常、そこにまさにガイドの楽しさがある。しかし裏返すと、中心のドイツが、全国民数に匹敵する数の人が毎年、国外旅行を楽しんでいる旅行大国とはいえ、フランスとかイタリア、北欧、スペインなどの近隣諸国と旧宗主国としてのアフリカなどがおもな目的地であって、アジアにはあまり興味を示さないという事実。日本に対する関心が高まってきているとはいえ、さらにアジアでは中国やタイ（プーケットなど）などが優先され、日本はその次というか最後という実態がある。

さて訪日客の皆さん、まず都内では明治神宮や浅草寺などから始まって、新宿・都庁展望台、銀座、浜離宮恩賜庭園あたりを観光する。これからはスカイツリーも定番コースに入ってくるだろうか。近郊では日光、鎌倉、箱根・富士山あたり。次に足を延ばして京都・奈良、広島あるいは飛騨高山・白川郷、金沢となる。交通機関の正確性、街並みの清潔さ、地方の緑の豊かさに、日本人のホスピタリティーとドイツ人への親近感が相まって、間違いなく日本贔屓になって帰国されるのだが、例外の方ももちろんおられる。中国や韓国を先に訪れていて、日本はその末端と決めつけるか、まずは日本の負の部分を強調して、自分の知識をひけらかすリピーターのなかのほんのひと握りの人たち。リピーターの方には、より深い内容のガイドが求められるのは当然なので、常に工夫・研鑽が必要と胆に銘じている。

●ツアーマネージメントとカルチャーギャップ調整能力と

観光通訳ガイドの仕事は、まず外国語での観光案内があるが、そのための行程と時間管理いわゆるツアーマネジメントが同じくらい重要となる。もうひとつは日本の観光地の現地事情とお客さまのニーズをいかにマッチさせるかの、まさにカルチャーギャップの相互調整能力も求められる。その点では、お客さまだけではなく、同行されてくる相手側の中心人物あるいはツアーマネジャーとのコミュニケーションが大切になる。その人が、同行ガイド専門の方か、団体の代表者の方か、旅行会社の社員の方かによって対応法が随分と異なる。専門の方も千差万別で、ひどいときには日本が初めてで、ガイドブックと首っ引きであれこれ言う人、来日は2～3回目だが、中途半端な思い込みで指示してくる人もいる（じつはこれが一番扱いづらい）。対応は、季節・時間帯・天候・渋滞状況などで常に変わるから、そのつどベストのルートなり案内方法を考えているときに異論をはさまれ、話がややこしくなる。

もっとも困るのは、日本と日本人を貶めたり、バカにしたりすることで知識をひけらかすタイプの人。これが、こちらにとってもお客さまにとっても迷惑なことになる。高いお金を出して日本に期待してこられているわけで、そんな繰り言を聞かされては面白いはずがない。ただ面と向かって文句を言う人もいないので、ご本人は知らずに次も同じ過ちを繰り返すことになる。

●クレームは糾《あざな》える縄か

過去10年の経験で、幸いにも大きな問題は皆無に近かったが、唯一ひどかったのはドイツ人の女性同行ガイドで、日本が2回か3回目、なんでも中国の経験を元に話していた。日本人はルーズで怠け者でスケベと思い込んでいるらしく、それでいて、いつもガイドブックの棒読みで観光客があきれていたが、もっとまずかったのは人間的に欠陥者ではないかと思えたことで、お金にも汚い人だった。

　成田空港でのお出迎えの際、私のことをお客さまに紹介すらしないのであれっと思ったが、案の定、日本の説明をするときは必ず皮肉な解説を交えて日本人を槍玉に挙げてくる。高速道路沿いのラブホテルを指し示し、私に説明をと強制的に振る。日本を批判することで自分がいかに日本通かを逆の意味で強調するわけだが、いかにも見苦しい。お客さまは日本を訪れることを楽しみにして、素晴らしい国として選んで高いお金を払ってきているのだから、よい気持ちはしないと口々に言っておられた。そのうち箸の上げ下げにまで口を出してきて、こちらを単なる現地雇いとしか扱ってこないことが分かって随分と苦労した。今でも苦々しく思い出すのだが、再度レビューしてみて、いくつかの反省点も浮かんできた。

　強烈だったのは、伊勢神宮での出来事。荘厳な正殿を参拝しての帰り、参集殿前の金魚池で「私が貴方の上司だから注意する。ひとりのお客さまにだけアテンドするべきではない」とえらい剣幕で、ほかのお客さまがいる前で詰め寄られたものだ。大型の神札大枚5万円を買うについて、神主さんの説明が聞きたいのでつきあって欲しいと頼まれ、同行したたった5分間程度のアテンドが、ドイツ側リーダーさんの嫉妬心に火をつけたのだろうか。私に頼めば蘊蓄を込めて話してあげるのに、日本人ガイドに頼み込むなんて、という僻みがなかったろうか。たまたま私が駐在していたハンブルクからいらした方で親しくお話をしたお客さまからとくに頼まれたのだが、この場合、ほかに方法があったのだろうか。

「私が上司」のコメントだが、じつはガイドとしてドイツ側と日本側が協力してお世話をするのであって、ドイツ人の考え方に関しては同国人としてドイツ側が、また日本の土地・文化・風習などと移動などのツアーマネジメントは当然ながら日本側が担当する。共通の目的は、うまく譲りあったり気配りして、お客さまを十二分にアテンドすること。上下関係はないのだが、相手を立てる意味で貴方がチーフですよ、くらいは申し上げて気を遣ったのが、このガイドは真に受けたのだろうか。反省としては「相手を見て法を説け」であった。

●他言語ガイドの苦労話

他の言語のガイドさんたちも、お客さまで苦労されている。たとえば、スペインからの上流階級と思しきご家族には日本の悪口をさんざん聞かされ、説明がスペインのガイドブックと違うと非難され、あら探しの数日間で落ち込んだとか、英語がほとんど聞き取れないインドネシアのわがまま父娘に旅程をメチャクチャに変更され、あげくに罵られて涙したという話もお聞きした。トラブルメーカーであることは、旅行会社では事前に分かっていたらしく、そういった情報があれば、これからは仕事を受けないと言われていた。

そういえば先ほどの私のケースでも、それまでに、そのガイドと同行したことのある日本人ガイド全員が嫌っている人だった。皆さんが嫌って逃げていることを聞いていながら、変に男気をだして、長い人生経験からうまく対応し、旅行会社に多少の貢献ができないかなどという浅はかな気持ちが、チョンボに結びついた次第。そのときは大変だったが、今になって思えば願ってもない反面教師、今の自分があるのもその人のおかげと逆に感謝している。

もうひとつ、奈良・東大寺でのことを紹介したい。大仏の鋳造は8世紀中頃だが、江戸時代の17世紀末に頭部などを新鋳している。ドイツ人ガイド（件のガイドとは別のガイド、もちろんこの方とはツアー中うまくコラボさせていただいたが）が単に8世紀と説明したので、お客さまのひとりがガイドブックを見て、17世紀？　と私に確かめてきた。双方の鋳造年をお答えしたのを聞き咎めて、私が彼女の説明8世紀を17世紀に訂正したのではとクレームしてきたことがある。その方がお年寄りで何でも多少くどく聞かれる人で、彼女もマークして聞き耳を立てていたという背景があった。お客さまはどうしても日本人ガイドに確かめる傾向があり、それも日本に来ている以上は当然なのだが、誤解はともかく、ドイツ人同行ガイドのメンツを立てる気配りが必要との教訓でもあった。

●メディアへの対応

訪日観光客は東京、日光、箱根を中心とした関東と、京都・奈良、広島、別府などにはよく行くが、愛知、静岡、長野などの中部エリアにはなかなか足を運ばない。飛騨高山と白川郷、それに金沢はドイツやフランスからの観光客に知られてきているが、中部全体の観光はもうひとつ。これを外国メディアへのＰＲで改善しようとする目的で行政が記者を招待したツアーに、親しくしている旅行会社からの依頼で10日間ほど同行した。

ドイツメディアの女性記者はおふたりで来日、ひとりは初来日、もうひとりのベテランの方が、日本へは数年の留学を含め何回もみえていて、いわば超日本通。今回の趣旨には打ってつけの方に違いない。訪問先は、名古屋の「トヨタテクノミュージアム」、岐阜県関市の刀鍛冶《かたなかじ》、長野県松本市・上高地のネイチャーツアー、名古屋市・大須《おおず》観音のコスプレサミット、伊豆・修善寺《しゅぜんじ》の温泉文化、「浜松まつり会館」、三重県・志摩半島の海女《あま》小屋体験のほか、飛騨高山・白川郷、伊勢神宮など。当初はメディアだと専門知識が大変必要なので躊躇したのだが、新しいチャレンジとお引き受けしたという背景がある。

通常の観光案内と異なり、車の博物館にしろ刀鍛冶にしろ、さらには上高地の植生の詳細などは高度な専門知識に裏打ちされた技術通訳がメインとなるので、何回か現地に下見に行って万全の準備をした。さらには各地の行政がエキスパートや専門家を場面場面で段取りされていたので、極めてスムーズに案内できたのだが、全行程を通じていささか戸惑ったのは、この超日本通の記者さんは日本語どころか漢字も読みこなし、日常会話に不自由がないので、私の通訳を待たないでも理解され、先取りしてもうひとりの方に話してしまうことだった。このもうひとりの方には私が詳しく通訳していくので充分に理解していただけるのだが、どうしても全体の流れが変わっ

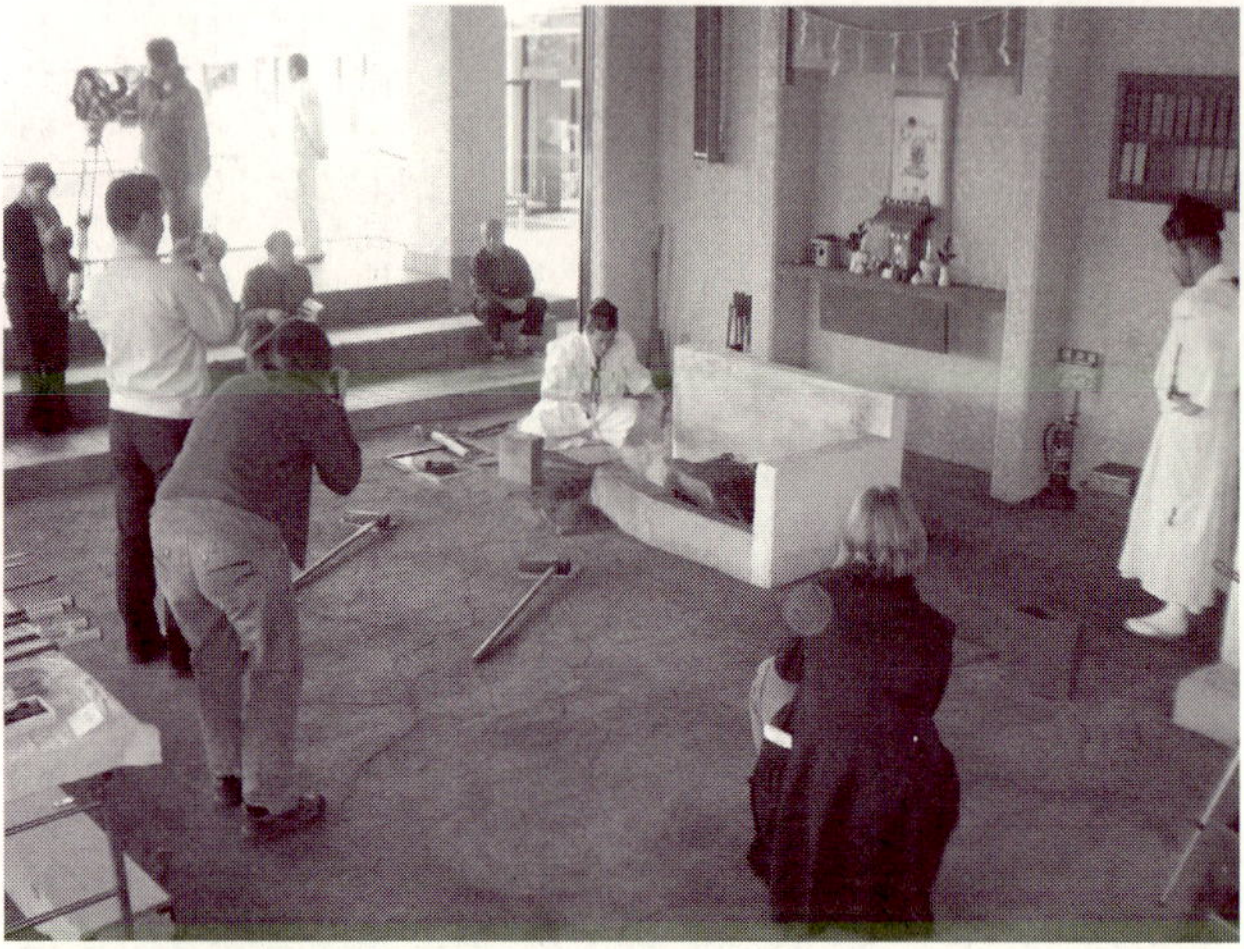

刀鍛冶の作業風景を取材するドイツメディアのおふたり

てしまう。現地の方の説明を私が通訳すると、質問などはその方にじかに日本語で返っていって、戸惑うこともあった。

私には7年間のドイツ駐在と10年間のガイドのベースがあるので、言葉とニュアンス表現にはいささかの自信はあるのだが、母国語・ネイティブではないので、おふたりのドイツ語の会話に比べれば即応性の面で差が出ることは認めざるを得ない。しかし日本語の、しかも専門用語を正しく理解して通訳し、さらにその場のムードを盛り上げるのはこちらのほうがプロ。困る場面も多々あったのだが、主目的が観光日本の理解を深めていただくことであり、大変な予算付けのもとで招聘された方たちなので、当然、私が引くことで先方のメンツを立てるのが筋ということになる。そうい

白川郷にて

ったニュアンスには残念ながら、ゲルマンの方は無頓着。その間の事情は、全行程に同行された行政の観光担当部長が見守っており、その難しさを理解していただいたことに感謝している。

逆に、さすがメディアのプロと刮目させられたのは、トヨタのこれからの方向性、刀鍛冶や酒造業の後継者問題、温泉文化の歴史など多岐にわたって的確で鋭い質問が多かったことだ。最後の行政関係者全員が出席しての意見交換会の席で、日本側の発言を私が独訳、ドイツ側はおひとりが日本語で、もうひとりの方のドイツ語は私が通訳し、ガイドの立場からアドバイスを申し上げる機会まで頂戴して、無事に終えることができた。結論として、日本人以上に日本通の方、あるいは日本を曲解されている方のご案内は、ガイドとしては倍以上の気遣いと気苦労を要するというのが、偽わらざる実感だ。

その2　観光旅行と車椅子

私はこれまで、ハンディキャップのある方のお世話をした経験がなかった。たしかに、足が少し不自由でゆっくり歩いてほしいと言われたことはあったが、車椅子とは無縁だった。通訳ガイド仲間同士の話でも、車椅子が話題にでた記憶はない。

ところが先年、あるグループを成田空港で出迎えた際、おひとりが杖を突いてゲートを出てこられたのには当惑した。グループのリーダーの方も、じつは直前になってこの方の参加が決まったので、準備不足の懸念があるとのこと。場所によっては車椅子をご用意しないといけないし、第一、予定どおりの行程で問題はないだろうか。

さっそく考えなければならなくなったのが観光地でのご案内のスピード。これが結構、難しい。普通の速さで進むとついてこられないし、ゆっくり行動すればほかの方々に迷惑がかかる。そもそも、きっちり組まれたスケジュールが保てない。おひとりのために全体のペースが落ちることは避けてほしいと、リーダーの方からも言われていた。

次に車椅子の手配。朝の出発時からその算段をしておかないといけない。ホテルに頼むのか、バス会社に頼んで事前にバスに積んでいただくようにお願いするか。途中から慣れてきてスムーズに手配できるようにはなったが、ではどこで杖と車椅子をチェンジするかなど、細かいところでは試行錯誤の日々だった。鎌倉で困ったのが、大型バスを停められる場所が、鶴岡八幡宮や高徳院など、ごく限られた観光スポットにしかないことだ。昼食会場や大型バスが入れないところでは、少し長めに歩いていただくしかない。大型バスが通過できないアンダーパスもあって、10分ほど歩くことになったのだが、ご本人からもっと近くに駐車できないかと非難めいた言い方をされて思わず憮然としてしまった。やんわりと事情を説明したものの、ご理解いただけたものか。

欧州は日本よりもバリアフリーの環境整備が進んでおり、国民の意識も高いので、お互いの気配りや相手への配慮というものがあると思っていたが、この方はいささか事情が違った。リーダーも同意見で、同じ欧州人から見ても、その方は気配りがたらないとのコメントだった。

このツアー、２週間にわたって各地を訪問したが、日光東照宮の急な石段、箱根・大涌谷の険しい坂道、京都・東本願寺の渉成園《しょうせいえん》、清水寺の二年坂・産寧坂《さんねいざか》、奈良・法隆寺の長い石畳、宮島・厳島神社の回廊、大阪城天守閣と、奥さまやリーダーの後押しがあったものの、よくまあ踏破できたものだと思う。姫路城で認識を新たにしたのが駐車場で、車椅子対応の駐車スペースがあるかどうか尋ねると、「ああ車椅子、ＯＫですよ」と二つ返事。さすがは世界遺産。一方、バスの荷物室からの車椅子の出し入れは、そのたびに運転手の方にお願いするのだが、これが結構、大変なことも理解できた。

苦労したのが畳敷きの店での食事。この方は靴も特殊なものを履いておられ、脱ぐのが大変なので靴のまま座敷に上がれないかと言われて困った。ツアーのテーマのひとつが畳を含めた日本文化に触れることでもあり、あちらこちらで同じような場面に出くわした。頼んで新聞紙を敷いてもらったり、なかには慣れたもので、すぐにビニール袋を出してくれる店もあり、対応の仕方を学ぶよい機会となった。

これからも、さまざまなニーズやケースが増すことは想像に難くない。さらなる知識とノウハウが必要とされるのだろうと腹をくくっている。

その3　食事さまざま

●寿司と豚カツ

ドイツ語圏のお客さまは、食事のお世話にあまり手がかからないのはありがたい。昼時になると、「Hunger（フンガー）」おなかが減ったとの声が聞こえてくるので分かりやすいのだが、先を急ぐときでも対応せざるを得ない。道路の混み具合、開館時間、曜日などを勘案して、どこの店に入るかのタイミングを計る。簡単なのは洋食系だが、なにも日本に来てまでハンバーグでもないだろう。訪日観光客にインプットされている日本料理はまず寿司、それからすき焼き、天ぷらだが、寿司をはじめ生の魚は、ニシンの酢漬けを食べる北ドイツの方以外はあまりなじみがない。欧州でも、ＳＵＳＨＩ店は市民権を得ており、以前のような抵抗感はなくなったのか、話の種にと一度はトライされるが、次はまずない。すき焼きは高価で余程のことでないと注文されない。

　では何がお勧めかというと、私の経験では豚カツ。あるとき、ＪＲ奈良駅前で昼になり、ご案内しようと思っていた店が運悪く休み、それほど時間もないので、駅前の居酒屋風の店でランチの定食を食べていただいた。６００～８００円程度だったと記憶しているが、豚カツ定食と天ぷら定食で、漬物や味噌汁も付いている。恐る恐る注文したが、皆さん一様においしいと言われ、ひと安心。たしかに、豚カツはシュバイネコットレットというドイツ料理に似ているといえば似ているが、れっきとした日本の料理。それに、ドイツでは豚肉は牛肉より高いので心証もよかったのだろう。

　今から40年前、ドイツに赴任し、外国人向けの国立言語学校ゲーテシューレで2カ月間、ドイツ語漬けの毎日を送ったことがあった。全寮制で食事も世界中からの生徒（老いも若きも）と一緒の生活だった。たしかアフガニスタンの人たちだったが、皆には豚肉が出されているのに彼らだけ牛肉。宗教の戒律の関係なのだろうが、それが何回も繰り返されるので、不公平だなあと思っていた。研修も終わるころ、ようやく多少喋れるようになったので冗談半分に彼らに文句を言ったら、逆に、豚肉のほうが値段は高いんだと、やりこめられてしまった。

●ドイツ料理最低?

ここでドイツ料理について少し触れてみたい。イギリス料理とそのまずさで並び称される?が、厳しい気候風土（氷河時代のツンドラの跡地で肥沃な土地はない）で手に入る食材が限られていたのと、その合理性の結果だろうか、簡素な料理がほとんど。まず飼育しやすい豚が中心だが、よく肉を食べる。ドイツ人は、豚は鳴き声以外のあらゆる部位を料理するとさえいわれる。このほかには鶏肉、牛肉、兎肉、鹿肉といったところ。

野菜はご存知ザウアークラウト（酢漬けのキャベツ）とカルトッフェル（ジャガイモ）料理がメイン。昼食などは黒パンにソーセージやハム。ドイツ料理のお勧めは、食べるスープ、各種ジャガイモ料理をはじめ、子牛肉のカツレツのヴィーナーシュニッツェル、あるいは牛肉の酢漬けザウアーブラーテンなどが意外においしいことをPRしておきたい。

●一番人気は天ぷらそば

次にそば。スパゲッティ感覚で食されるのだろうが、汁というかスープがよいらしい。ざるよりかけそばの熱い汁が好み。七味唐辛子、ネギなどにも抵抗がない。なかでも天ぷらそばと山菜そばが好評。山菜は野菜をイメージするらしい。そういえば私も「Gemuese aus dem Berg（ゲミユーゼ・アウス・デム・ベルク）」、山で採れる野菜と説明するのだが。箸の使い方はやはり難しいとみえて、大抵の方は途中でギブアップ。ナイフとスプーンをさりげなく置くと喜んで使う。日本に来たからには箸の使い方も覚えたいのだろうが、なかなか難しい。私でも60年余、日本人は有史以来（じつは平安時代の初めの8世紀頃から）これで食べているのだからと説明すると安心される。

　ガイドにとって楽なのは、そば屋さんはどこでも見つけられるという点だろうか。入る前に店先の料理サンプルを見ていただき、そのうえでメニューを説明しながら注文をするのだが、これがひと苦労。てっとり早いのは、店の方と一緒に店先にもう一度行き、食べたいものを指し示してもらう方法だが、忙しいときは迷惑千万。じつは訪日観光客にとって、この料理サンプルのおかげで安心して注文できるという。あちらでも、高級レストランでメニューを見て注文しても、どんな料理が出てくるのか不安が大きいらしい。料理サンプルで有名なのが、東京都台東区の合羽橋《かっぱばし》道具街通りだが、ここの案内も、まれに頼まれることがある。量に関しては、いささか不満があるようだ。日本料理は見た目の美しさが大事で、それはそばでも同じなのだが、彼らにとってそれは二の次、ボリュームが求められる。ボリュームといえば名古屋名物・味噌煮込みうどんに「一半《いちはん》」というのがあって、皆さん注文していたことを思い出した。これからはこの一半（大盛り）をお勧めすることにしようかと思っている。

●ご飯と醤油

天丼やカツ丼の具ではなくて、その下のご飯に醤油をかけて食べる方が意外に多い。醤油は欧州でも普及してきた日本の有名なシーズニングだから分かるとしても、ご飯がこんなに好かれるとは。なかには味噌汁をご飯にかけて食べる人もいるが、まあおいしければそれもよし。いつも、「日本では猫まんまと言いますよ」と言いかけてやめている。

日光方面へバスで行くときは、岩槻《いわつき》あたりで一般の話題・ネタが尽きてくる。そのあとは一面の田んぼと畑、ときどきゴルフの練習場があるが、とっくに説明済み。その田んぼも、これまでは10アールあたりの収穫量が大体５００キロ、変則二毛作などと軽く説明していたのだが、これではたりない。日本のお米・ご飯についてもっと知っていただくために、さっそくお米の本を何冊か買ってネタを仕入れることにした。

イネは小麦やトウモロコシとともに世界で栽培されている主要な穀物で、インドや中国が原産、今から４０００年ほど前に日本に伝来、種類はジャポニカでうるちともちの双方を含む。

米の収穫量は年間およそ１０００万トン、ほとんどが民間流通米。全国的には水稲の作付面積が１６７万ヘクタールに対して陸稲５５６０ヘクタールと大差がついているが、陸稲では茨城・栃木・千葉・埼玉の順で多いらしい。東北道が通る経路が上位を占めているので、これはネタとして使えそうだ。

●ビールとコンビニ

食事の際の飲み物はなんといってもビール、昼も夜もまずビールを所望される。物珍しさから日本酒も飲まれるが、途中で声がかからなくなる。あとはコーラとかミネラルウォーターまたはペリエのような炭酸入りの水。意外なのは、ドイツの若い女性にカルピスウォーターを勧めたらはまってしまい、滞在中、飲んでおられた。慌てて乳酸菌のドイツ語（Milchsaeurenbazillus・ミルヒゾイレン・バチラス）を確かめたりしたが、ゲルマンの口に合うのだろうか。

もちろん日本茶も飲まれるが、これは、無料でおかわり自由のためと踏んでいる。コーラはアルミ缶より瓶を好むし、ビールはジョッキを希望するのは当然だろう。ドイツ人に限らず、欧州のお客さまは圧倒的にダイエットコークとミネラルウォーターだ。

ビールに戻るが、ドイツからのお客さまに日本のビールはどうですかと聞くと、皆さん、軽くて飲みやすいと言われる。一応好評ではあるが、あるとき突っ込んで聞いたところ、水っぽくて飲みづらいのと泡がきれいでないとのコメントが返ってきた。そういえば新宿のレストランで乾杯のとき、ジョッキの泡の量が不ぞろいだとクレームがついたことを思い出した。日本では、ビールサーバーで注いだあと、大して間を置かずに客に提供してしまうが、彼の地の場合、たしか何回か注ぎたしては、泡の量を調整して出してきていた。ビールに対するこだわりようは、まあ半端ではない。

飲み物については、ホテル宿泊の前に必ずコンビニで購入するチャンスを設けることにしている。バスを横づけしたいが、これが結構大変。図体の大きいバスが停まれるコンビニはそうザラにはない。いつも運転手さんに無理を言って、路駐していただく。多くの方がドリンクだけでなく、弁当やサンドイッチを買い込まれる。やはりお金持ちほど合理的だ。それと、コンビニもお酒が置いてあることが必須条件。最近はお酒を扱うコンビニが多いので助かっている。

第8章　観光通訳ガイドを目指すなら

その1　観光通訳ガイドという仕事

観光通訳ガイドの仕事は、「外国からのお客さまに同行し、外国語で日本をご案内する」ことだが、通訳や翻訳ほどの専門性は問われないものの、日本文化全般の知識や常識、さらには国際感覚など、幅広い人間力が必要とされる。民間外交官とも呼ばれるこの仕事は、ガイディング（つまり観光案内）、ツアーマネジメント（旅行全般の段取りや時間管理）、旅の演出家としてのエンターテイナーの3つの要素から成り立っている。「3日やったら辞められず、30年経っても辞められない仕事」に、ぜひ興味をもっていただきたい。

外国語で唯一の国家資格である通訳案内士の試験は、言語だけでなく日本に関する全般知識（地理・歴史・文化・経済・社会など）の筆記試験と口述試験で行なわれ、これに合格して都道府県に登録したのち、観光通訳ガイドとして活動できるのだが、２０１０年現在、登録者数約１万５０００人、うち実稼働者は１０００人程度といわれている。合格率は例年5パーセント前後だったが、インバウンド訪日観光客の増加にあわせての改訂で増加傾向にある。私はドイツ駐在の間の１９７２年にドイツ語で取得、ハーフリタイア後の２００２年に仕事を開始し、現在10年目。ご案内したお客さまは１０００人を超えているが、この仕事は奥が深く、いまだに勉強途中の意識。そのなかで幾つかの事例をご紹介したい。

●年齢は高いが年収は少ない

統計では、稼働中のガイドのうち女性が3分の2を占め、年齢的にも3分の2が50代以上、残りが40代以下と、いささか高齢化しているが、収入面でガイド専業が難しいことに起因しているようだ。年収では日本人の平均年収の半分以上がわずか十数パーセント、あとはそれ以下。私は、多い年でそのギリギリという状態。この構造上の問題は如何ともしがたいが、それを超える仕事の達成感は大変なものがある。外国への憧れは多くの日本人にあるし、民間外交官としてのプライドも大きい。ときどき「娘がガイド志望だが、どうすればよいか」と聞かれることがある。私は、「大いにチャレンジすべきだが、生業には向かない。外国との接点、民間外交という視点で捉えると素晴らしい仕事である」と答えることにしている。

●まずは基本研修

さて、首尾よく合格したあとのプロセスだが、まずは就業まで。皆さんあらゆる業界から参入されるが、要はサービス業としての基本的なノウハウ、平たくいえば人とうまくおつきあいできれば、充分やっていける。外国での駐在・生活体験が必要ということでもない。資格試験合格から営業開始までが結構大変だが、まずは基本研修。たとえば日本観光通訳協会の新人研修会、おおよそ5日間4～5万円を受講し、さらに、ＪＴＢのサンライズツアーのような、英語ガイドによる日帰りバスツアーなどを経験することをお勧めしたい。私はこのほか、「江戸東京博物館」における5年間のドイツ語と英語のボランティアガイド経験が大いに役立った（自省だが、ボランティアは無償でやっているという甘えがあって、プロと天と地の差がある。しかし、お客さまをお世話するという面での基礎には大いに役立った）。

●商売の基本は売り込み

次はどんな商売でも同じだが、旅行会社への問い合わせ・売り込みから始まる。私の場合は、長年勤務していた住宅会社のインセンティブツアーのコネを使ってあちこちにご挨拶をしたが、要は人あたりと熱意ということ。前述のとおり、ガイドの高齢化は永続性の点で旅行会社にとっては問題で、若い人がぜひ欲しいのが本音だから、自信をもって交渉してほしい。履歴書と挨拶訪問、それに日頃のコンタクトで契約に持ち込めるか否か。じつはそれが重要なのだが。

●九州まで足を延ばせば一人前

観光通訳ガイドとしての最初の仕事は、まず成田空港への送迎と都内案内。そして近郊の観光地である日光、鎌倉、富士・箱根あたりの日帰りツアーを経験し、次に京都・奈良、大阪・神戸、飛騨高山・白川郷、金沢、伊勢・志摩あたりが訪日観光客の定番コースとなる。さらに足を延ばして姫路、広島・宮島などの山陽地方や四国、九州ならば福岡、別府、熊本、長崎あたりの観光地をご案内して全国区となる。これで訪問観光地としては一人前のガイドになるわけだが、それ以外にも日頃の研鑽と努力が必要だ。

●事前の下見もガイドの心得

観光通訳ガイドの基本的要素を羅列すると、①語学の研鑽。②日本全体の知識（最新情報）を常に持っておくこと。③事前の下見は、少なくとも2年以上行ってない観光地は絶対必要。④気配り・目配り・思いやり。⑤健康、どんなときでも笑顔が最低条件。⑥先輩などとの横のコネ、研修会、ときどきのおつきあい。これはどの業界でも同じこと。

●分からないことはあとフォロー

ツアー中にはさまざまな問題が生じ、それに臨機応変に対応しなければならない。それらを列挙すると、①天候の事前チェックと対策。寒いか暑いか、雨模様か否か。②渋滞の可能性。移動時間の調整、トイレの場所とタイミング。③食事。時間とメニュー、ベジタリアンがおられるか。④忘れ物。新幹線の網棚、ホテルの部屋、バスの座席。⑤歩く速度はツアーの内容による。先頭か、後詰めをどうするか。⑥まれにだが、病人がでたときの対応法。

もっと大事なことは、いろいろ質問されるが、分からないことのあとフォロー。たとえば京都・祇園ののれんは、なぜ真ん中が跳ね上がっているかとか、なぜ皇居には天皇の所在を示す旗が飾られないのか、などなど、想定外の質問に対してツアー中でもその後でも、分かり次第、連絡することが、信頼感に結びつく。のれんに関する質問は京都で受けたのだが、あちこちに聞いても分からず、なんと別の機会に金沢の老舗の方に教えていただいた。本来は日本髪がのれんに掛からない配慮だったそうだが、今は外国の女性の背が高いこともあるらしい。妙なところで金沢が小京都と呼ばれることに納得した。

最後に、私なりのガイドの心得を記すと、①ガイドはサービス業。②ツアーは旅行会社が大変な努力と競合の中で受注してくるもので、ガイドのパフォーマンス次第で成果が変わるほど重要なことを認識しなければならない。③カルチャーギャップの調整能力。④裏方に徹すること。⑤人生経験は絶対に必要。⑥言葉は手段。重要なのは人間力。⑦あとフォロー。メール、クリスマスカードなどによるコミュニケーション。

結論としては、観光通訳ガイドは楽しくてやり甲斐のある仕事。観光立国の先兵として多くの人の活躍を期待したい。

その2　ガイドのツボ・日光を例に

●日光最高

日本滞在1～2週間のツアーの場合、都内、日光、鎌倉、箱根でおおよそ半分、したがって日光は日帰りで、当地泊はまずない。訪日観光客に日本食と温泉が注目されているなか、日光観光と鬼怒川温泉1泊がセットされてもよいのだろうが、あまり聞かない。ＰＲ不足なのか。

私の担当する欧州からのツアーで、たまに日光がオプションとなっているケースがあるが、迷っている方には、絶対に見落とせないと力説すると、まず間違いなく参加される。あるドイツのお客さまは、「gewaltigste Anlage in Japan（ゲヴァルティヒステ・アンラーゲ・イン・ヤーパン）」日本でもっとも迫力ある建造物・観光地とコメントしている。日光は Sunshine、ドイツ語でも Sonnenschein（ゾネンシャイン）とイメージがよろしい。ついでながら、日光市街の標高が６００メートル、中禅寺湖が１２００メートル、男体山《なんたいさん》が２４００メートル（正確には２４８６メートル）で倍倍、などと説明しておくと、すぐ覚えてくれる。中禅寺湖はこの標高としては日本最大の湖とか。

ではここで、皆さんが通訳ガイドになったとして、日光をモデルケースに、ドイツからのお客さまをご案内するときのガイドのツボをご紹介したいと思う。

●東照宮をガイドする

日光に近づき、まず男体山の遠景が徐々に見えてきて杉並木も見え隠れする。ついで市街を抜けて神橋、ただし、わざわざ料金を払って入るまでもないため、通過する橋の上からの写真撮影となって、交差点の赤信号待ちがうまくあれば助かるが、そうでないとアッという間にすぎて不評となる恐れもある。

次は日光山輪王寺の本堂・三仏堂《さんぶつどう》。この前の大型バス駐車場に停めるケースがほとんどだが、三仏堂を通りすぎて東照宮からガイドを始めたくても、大きなこの建物はいやでも目につき、説明を求められる。しかし、ここは心を鬼にして、まずは東照宮に参拝しましょうと先を急ぐのが肝心。三仏堂に先に入ってしまうと、あとがうまくつながらない。神社の前に仏教との違いを説明せねばならず煩雑。

表参道の杉並木のなかを静々と進み、雰囲気を盛り上げて社号標というか「世界遺産の石塔」の前で概略の説明をするのだが、これが重要。このあとは写真撮影で忙しく、なかなか一緒に歩いてくれないので、ここでの説明が勝負となる。私はこの上の千人石段で、実際に各段に１００人を乗せて調べていることを説明すると、ドイツ人は納得してくれること請けあい。おまけに身体の大きいゲルマンだったら50人くらいじゃないかとコメントすると、優越感からかニヤッとされてあとがスムーズ。照り降り石の説明も欠かせない。日本もドイツも天気予報はあてにならないですねと付け加えると受ける。

陽明門の前で三猿ならぬ三老？

一ノ鳥居をくぐると五重塔。ここは、落雷による火災で焼失しての再建とか、5層目の垂木《たるき》の違いを説明することで陽明門の説明の前段にできて便利だが、同時に迷子になったらここでとご案内すると都合がいい。

表門を抜け、三神庫《さんじんこ》の屋根の妻側に彫られている「想像の象」の説明も手早くやらないと、皆さんすぐに神厩舎《しんきゅうしゃ》の「三猿《さんざる》」のところに行ってしまう。見ざる・言わざる・聞かざるの本当の意味のあとに、8枚の額が段違いなっている理由を説明することが重要。さらに、神馬の白馬がなぜニュージーランドなのかと、馬がいない場合はフレックスタイムであることを説明すると、結構受ける！　猿が馬の厄除け・病気封じによいと信じられていることも要説明。

ここからがいよいよ本番。陽明門。その前にぜひ、オランダ灯籠の説明と、鎖国時代に朝鮮と中国とオランダが通商できた理由、階段上の飛び越えの獅子の石の彫刻を家光が絶賛したことなども話しておきたいものだ。陽明門は全体の素晴らしさと、東照宮に全部で５１７３個ある彫刻のうちメインとなる５０８個の極彩色の彫刻にぜひ感嘆してほしいと、声高に説明すべきだと思う。魔除けの逆柱の説明も、どの程度のご理解かは分からないが、フンフンと結構、聞いていてくれる。

まあ丁寧な説明はここまで。あとはばらけてしまうので、ついてくる人たちだけに適宜説明するが、拝殿や本殿はあまり大きな声で説明できないことも付け加えておく。もうひとつが本地堂《ほんちどう》（薬師堂）の鳴龍。靴を脱ぐと申し上げると尻込みする人が出てくるが、無理強いはしないこと。拍子木にし十二神将にしろ、あまり外国人受けはしないようだ。しかし二社一寺の切り分け式の共通拝観券に使い残しが出るのもまずい。通常、大猷院へは行く時間がないので、薬師堂で使わないと（5枚のうちの）2枚余ることになるので要注意。一度、なんで残るのと聞かれたことがある。ドイツ人だけかも知れないが……。

ちなみに東照宮は午前中の早い時間がお勧め。朝の陽光にこの神社がよく映える。

このあとは時間次第だが、二荒山神社へ上新道を行くか、昼食をご案内するために二荒山・大猷院参道へ下新道を行くかして、帰る前に三仏堂の案内となる。この参道の両側の杉並木も見応えがある。

ここで貧乏大名のお話をすることにしている。相模国玉縄藩《たまなわはん》の初代藩主・松平正綱はほかの大名ほどの資力がなく、徳川将軍に高価な贈り物ができず、１６２５年から二十数年の歳月をかけて、日光街道、会津西街道、日光例幣使《れいへいし》街道の両側に杉の苗を十数万本植えたと伝えられる。貧乏でも忠実に真面目にやれば、４００年後もこのように有名である例として説明すると受ける。判官贔屓は日独共通の性質ではないだろうか。ついでながら、権威に弱いことと警察官や医師・看護師の白衣など、制服に極端に弱いことも似ているのでは。

●食事のヒント

「日光金谷ホテル」とか東武系の「日光レークサイドホテル」のレストランが日光の代表的なレストランだが、たとえば東照宮入口のカレーの「宮庵《ぐうあん》」とかそばの「岸野売店」もよい。私のお勧めは大猷院前の「さんない食堂・喫茶すいらん」。お母さんとその息子さんご夫妻が経営していて大変感じがよいのと、料理も、そば、カレー、ピラフ、カツ丼などどれもおいしく、いつもお客さまが満足されている。値段も数百円から１０００円くらい。近くには「やまびこ」などもある。少し足を延ばせば、霧降滝《きりふりのたき》近くの「山のレストラン」や中禅寺湖畔の「メープル」もおいしい。食事はそれぞれの好みもあることではあるが。それと日光名物の湯波《ゆば》料理だが、残念ながら外国人にはあまり好まれない。繊細な味わいが理解されないのだろう。豆腐も同じ。

●おみやげ

東照宮や日光全体の写真集。自分のカメラでは収めきれないとよく聞く。本殿と薬師堂あたりで購入される。カステラは欧州の方には珍しくない。漬物や羊羹などはまず手に取らない。強いて言えば日光彫だろうか。一度、華厳滝近くのみやげ店で高価な益子《ましこ》焼を買ったが支払いの段になって意思が通じなくなったと、私のところに頼み込んできた女性客がいた。勇んでひとりで買物をしたつもりが、10万円ほどの壷を1万円と読み違えたと判明、店の人はめったにいないお客さまと感謝し、丁寧に梱包済みだった。バスの出発時間も迫り、重々お詫びしてキャンセルしていただいたことがある。

●天気と気候

都内よりは5～10度ほど低くなると事前に説明しておくから問題はないが、華厳滝と中禅寺湖の天気には泣かされる。下が晴れていても、上ってくるとガスって全然見えなかったり、中禅寺湖は東西に細長く、手前の歌ヶ浜は雨でも、奥日光に近い菖蒲《しょうぶ》ヶ《が》浜《はま》まで行ったら晴れていたこともあった。

華厳滝は、滝正面の展望台から見えないことが多いのは、ガイドとしてやりきれないのだが、お客さまも本心はともかく、こちらが残念がったり恐縮したりすると逆に慰められることがある。晴れた日の滝の拡大写真の前で記念撮影したり、みやげ店で時間をつぶしたり、団子などを買って食べることが多い。

●日光のエトセトラ

残念なのは、3代将軍・家光公廟の大猷院の素晴らしさをお見せする機会が少ないことだ。東照宮がおめあてのツアーがほとんどで、時間的にも、また再度急な階段を上って靴を脱ぐことから、ご案内するチャンスがなかなかない。ガイド仲間で日光のエキスパートの方も嘆いていたが、参拝客は東照宮の1割にも満たず、その金色と黒の豪華でそれでいてシックな雰囲気を味わっていただけないのは残念至極。もっとも華厳滝や中禅寺湖方面に行かないツアーの場合は、この大猷院を含め二社一寺をじっくり説明できて、ガイド冥利に尽きるのだが。

それから日光の野生の猿。山に生息する猿は8グループあると聞いたことがあるが、第一いろは坂（下り）でよく見かける。猿は欧州にはあまり生息していないらしいので、欧州からのお客さまには珍しいようだ。

バスのルートで東北道に入った直後の「埼玉スタジアム２００２」も、サッカー王国・欧州からのお客さまには格好の話題。日韓共同開催のワールドカップに先立つ２００２年にオープンしている。道すがら説明するのは、ときどき見える温室栽培のことや、利根川《とねがわ》から敷衍《ふえん》して国土の約70パーセントが山で川は短く急であること。地震もあって、高速道路の建設費がドイツの3倍と説明すると一様に驚かれる。しかし、道中でよく見かけるゴルフのドライビングレンジ（打ちっぱなしの練習場）が日本に約４０００カ所、ゴルフ場も約２４００カ所あることを説明しても、ゴルフが金持ち層の趣味と考えるゲルマンの方は興味を示さない。いつも拍子抜けの思いがする。途中の岩槻の人形とか大宮の盆栽も、高速道路からは何も見えないので、説明はどうも難しい。

もっとも常に気配りをしなければならないのは往路だけ。帰りは皆さんスヤスヤとお休みで、ガイドも小休止といった塩梅。お疲れさまでした。

その3　ガイドのツボ・ドイツ人への対応について

訪日観光客には日本が初めての方が多いが、日本に対してよい印象をもって来日されるケースがほとんど。せっかくの好感度を低くしないように努めているが、それにはツアー中の細心の注意が必要だ。

●食事の精算

国際的になった寿司だが、欧州では回転寿司でも高価。どの店へご案内しても大丈夫だが、やはり刺身とかの生ものは本当のところ苦手。あまり無理強いしないほうが賢明。寿司店だけではないが、茶碗蒸しが好評。お勧めは豚カツ、そば、釜飯、焼きとり。それと、ご飯そのものに醤油をかける方が意外に多い。それほど調味料としての醤油が普及しているということだろうか。

支払いはほとんど各人ごとで、これが大変。故意ではないが、食べたものを失念することもある。私の対処法は、店の方に小さな紙を用意してもらって本人に書いていただくか、店の方にそのつど書き入れるよう頼むことにしている。最近は、日本人でもレジで平気で各人精算しているが、店にとってはまあ迷惑。外国人は、注文の段階からすでに時間がかかっているわけだから、ガイドとしては気配りが必要。場合によってはテーブルで各人精算を頼むこともある。もちろんこのほうが彼らには好評ではあるが。

●観光中

トイレ。一般的には日本人よりキャパは大きいが、なにせ海外旅行中、体調も崩しやすい。頻繁にトイレのご案内を明るく行なうこと。

天気。雨が降っても帽子で行動する方が多いが、日本の雨は重いというか、しっぽりと濡れてしまうことを説明して傘を段取りすること。テレビの天気予報はよく見るが、冗談めかして日本も天気予報はあまり当たらないことをお知らせすると、ドイツでもまったく同じと拍手されることが多い。

歩き。2～3キロは平気で歩く。こちらもウォーキングシューズなどを準備しておくこと。日光のいろは坂で大渋滞に巻き込まれたとき、では歩くと言われて苦慮したことがあった（いろは坂は自動車専用道）。

仏教と神道の区別。寺と神社の区別は一度や二度の説明では理解不可能。丁寧に何回でも説明してほしい。寺の卍、何でナチと同じようなマークを使うのかとマジで聞かれたことがある。文字が反対でしょうと軽く流すのがコツ。下手にナチ問題に及ぶとまずいので。

●その他一般

政治の話はゲルマンとはしないことが鉄則だったが、今は様変わり。日本の政治のドタバタが常にドイツでも報道されていて、こちらよりも詳しいほど。

ご夫妻の名前。夫婦別姓が非常に多い。名前を覚えるのに苦労するが、ひとたび覚えると、相手もとたんに親近感が湧いてくるようだ。あるとき担当した17人のツアーで、ご夫妻6組のうち別姓が4組、覚えるのに倍苦労した。最近聞いたところでは、新しい法律で奥さまの姓も併記する必要があるらしく、さらに紛らわしくなってきた。

中国とか韓国の印象を聞かれることがあるが、文化の輸入先として尊敬しているが、ときどき問題が起きることもある、といった程度に説明しておく。

肩書。ドクター・博士とか、von（フォン）という旧貴族の名称は必ず使うこと。プライドは結構高い。一応「ドクターなんて言わないで」と謙遜するが、真に受けないこと。

まあドイツ系は日本人とまず同じと考えて接触するほうが賢明かも。

第9章　観光通訳ガイドの醍醐味

●ドイツ生活7年間の重さ

私は今73歳、定年をとっくにすぎても働けることを喜ぶべきか、あくせく毎日をすごしていることを悲しむべきか分からないが、これまでを振り返ってみて、私の人生の勝負時はいつだったのか。悩みが多かったが、希望にも燃えていた西ドイツ・ハンブルク駐在時代か、あるいは日々生き方を模索し、残された人生時間を読み合わせ、生き甲斐を模索し、悩み続けるここ2〜3年がそれなのか。

ＥＵとの初めての出会いとなった１９６７年からと、１９７３年からの２度、欧州駐在を経験したが、最初はエリートの片隅、２度目は混乱の中で必死に生き延びた感があり、私にとってまさに激動の９年間（2年間の帰国をはさんで）だった。思い出というものは時間の経過とともによい記憶しか残らないというが、日記を読み返してみて、自分のことながら改めて仰天した。単身赴任のさまざまな悩みから始まって、残してきた家族のこと、仕事上の問題、そして出世への焦りに至るまで、ありとあらゆる難題を抱えながらすごしていた日々だった。

駐在期間中、商社最先端の欧州で仕事をし、学び、経験したなかで、商品戦略・市場動向などの商売の努力を上回る欧州と日本の文化面でのギャップ、社内では歴史ある繊維系と新興の機械系の派閥争い、取るにたりないプライドと商社の将来性への大きな焦りなど、悩みが重大に思えていたが、帰国のわずか3カ月後、縁あって別の会社へ出向、移籍して三十有余年が経過。今さらながらこの9年間の年月が大きな財産であることを痛感している。自分を売り、会社を売り、商品を売り込むセオリーを徹底的に教育されたこと、第2次オイルショックのドイツで、大雪後の快晴の日、アウトバーンが全面規制で車は皆無、バスで通勤させられたこと、わずか１００万円の現地通貨の集金にスイスのバーゼルまで片道10時間・８００キロを車中泊しながら往復したことなどが鮮明に思い出される。

ハンブルクは人口170万人、ドイツ第2の大都市でありながら、瀟洒な街並みがいたるところにあり、港とアルスター湖の優雅さはほかに類をみない。私にとって、世界一美しいと言われるこの街が、第2の故郷であることを誇りに思うとともに、観光通訳ガイドの第一線で活動できる原点とも思っている

●観光通訳ガイドと方向感覚

訪日観光ツアーが成功するか否かは、まず旅行会社の企画や段取りであり、次に現場でご案内するガイドのノウハウというか実力がものを言うのだが、もっと大きいのは、やはりそのときの天気。晴雨で観光客の印象が明確に分かれてくるし、天気が悪いとリカバリーも難しくなる。

とくに最近は、公共交通機関を利用しての、ウォーキングツアー的な企画が増えてきた。当然ながら観光地での歩きも多く、晴天だとありがたいが、雨や雪には泣かされる。ドイツ人に限らず、欧州の人はあまり傘を差さないから、へたをするとずぶ濡れになってしまう。5日間ほどご案内したあるグループの場合、曇りがほとんどであとは雪と少しの晴れ。最後の箱根でようやく晴れてきて、しかも富士山がその雄姿を現してくれて救われたが、天気はガイドの能力ではどうにもならないのが、悩みのタネだ。その次の6日間のご一行は雨が2日、しかも京都では氷雨で

これまた難儀したが、翌日の冬晴れで天気の悩みは一気に解消、おまけに予定外の錦市場を追加して、後顧の憂いをなくしたつもり。

その日の天気によって臨機応変にスケジュールを変更したいときに便利なのがフリーきっぷや一日乗車券の類。乗り換えのたびに戸惑うこともないし、あとで乗車記念のおみやげにもなる。東京ではＪＲや地下鉄などでそれぞれの一日乗車券があるが、もっとも使い勝手がよいのが「東京フリーきっぷ」。１５８０円で都区内のＪＲ線普通列車・東京メトロ・都営地下鉄・都電・日暮《にっぽ》里《り》舎人《とねり》ライナー・都バスが乗り降り自由となる。以前は自動改札に未対応で、駅員がいる改札口でないと通れなかった。地下鉄銀座駅のような複雑な構内では、その改札口を探すだけでも大変だった。それでもきっぷをかざして団体で通過することにある種の一体感があるようで、お客さまも結構、楽しんで乗車されていた（最近これが磁気式に変わって使い勝手は改善されたが、私見では情緒面というか、自動化されすぎたのでいささか残念に思える。乗車前に使用月と日付を削る共同作業が一体感を演出するひとつの儀式だった）。京都には2日間フリーで２０００円の「京都観光乗車券」というのもある。ただ、地下鉄路線が2路線と少なく、多くは路線バスでの移動なので、また違ったノウハウが必要となる。

さて本題。観光通訳ガイドにとって、方向感覚の有無が、かなり重要な要素になってくる。土地鑑は当たり前だが、駅構内でのスムーズな移動も大事だ。少しでも戸惑っていようものなら、「あれガイドさん道に迷ったの？」と皮肉を言われる。第一、人の流れに逆らうと迷子がでる恐れすらある。たとえば地下鉄の大手町駅。５路線が交差しているが、列車の先頭か後ろかで乗り換えの際の所要時間がまったく違ってしまう。

新宿は毎日のように利用しているだけに方向を間違えることはないが、出口が新南口とかサザンテラス口などたしか９カ所あるので要注意。東京駅も丸の内・八重洲双方３つのほかに日本橋口などがあるのはあまり知られていない。上野駅は広小路口・不忍口か公園口・パンダ橋口かでその後のルートがまったく違ってくる。京都も頻繁に行くので、大体ＯＫだが、金閣寺へバスで行くときは注意が必要だ。その近くに折り返し箇所があるせいか、京都駅や四条河原町へのバスが逆方向の乗り場になることがある。団体で雨の日などはとくに大変だ。

そんなときの基本は方向感覚、とくに北の見極めであろう。人間は双方の耳の奥にある三半規管からの信号と情報を判断して、向きの変化を認識するという。この方向感覚には自信がある。ただ、初めて訪れた土地で方向なり南北をいったん間違ってインプットすると、なかなか是正が難しいのも事実。一番のコツは、看板であれ建物であれ全体の風景であれ、記憶に正しくインプットしておくことで、さりげなくゆっくり歩きながら記憶の糸をトレースする。

●訪日観光客の目線に思いを馳せる

東日本大震災の影響が甚大で、観光通訳ガイドの仕事が半年ほど消えた。空いてしまった時間をこれまでの10年間のツアーを再確認し、ゼロから見直して次の飛躍に備えたいという殊勝な？気持ちになったのだが、タイミングよくプライベートで欧州へ行くことになったのも運命と感じている。お世話する側からお世話される側に立ったときの印象がどうなるのか。目線を変えてインバウンドを見直してはという気持ちだ。

まずローマへ飛び、そこで3日間滞在、息子の結婚式に家族だけで出席し、その前後にローマとフィレンツェを観光。せっかくだから、40年前に7年間暮らしたハンブルクにも行きたい。偶然だが、息子が駐在しているのもハンブルクなので、その住居も見てみようということで、合計9日間の欧州旅行。英語とドイツ語の実践にもなるだろう。

着いてまず驚いたのは、ローマとフィレンツェだけの印象だが、イタリアがきれいになったこと。ローマ・フィウミチーノ空港から市内までの景色が以前の記憶と大幅に違っている。ハンブルクは3日間だけのセンチメンタルジャーニー。秋色深まったアルスター湖周辺のたたずまいと、EU発足に伴う自由港跡地の大規模再開発・ハーフェンシティを目の当たりに見た。落ち着いた景色が街の中心地も周辺の住宅地も40年前とあまり変わっていないのでホッとした一方、ハーフエンシティは期待外れ。２０２５年完成の巨大な建設現場をのぞいただけだった。ハンブルクは港町でもある。しかし外洋には面しておらず、ヨーロッパ第2の大河・エルベ河を浚渫した内陸港。チェコから流れ出してドイツを斜めに１０５０キロ流れてきて、ここで南・北エルベ河に分流してハンブルク港が形成された。北海へはさらに１３０キロほど西で流れ込む。

今回の訪問では、ガイドの仕事上、案内する側の目線と案内される側の視点が少し異なることも再認識した。息子たちが十分な事前準備のうえでガイドしてくれ、ローマとフィレンツェは一観光客として安心してついていくだけだったが、ローマの最終日とハンブルクの大半は自分ひとりで観光なり視察をしてみた。トイレの場所とか食事のタイミング、言葉と交通機関の段取りなど、参考になったことが多い。

通貨がユーロに統一されたのはストレス減といえる。折からのギリシャ危機で欧州全体が揺れていたが、複数国を旅する旅行者にとっては非常に便利、そのたびに通貨の換算に苦労したり、小銭をどうするか悩まなくてもよい。それにしても以前は1ユーロ１７０円だったのが、今は驚くほどの円高・ユーロ安。時代の移り変わり。大した金額ではないが、通貨両替には相場が気になる。

トイレの少なさも実感した。日本ではあらゆるところにトイレがあって不自由しないが、イタリアでは、主要駅でも少なく、あっても有料が多い。観光施設でも同じこと。それより問題なのは、日本のトイレのサイズと実感した。ローマもハンブルクもトイレの便座は大型でゆったりしているが、日本では小柄な私でもやっと座れるスモールサイズの便座が多い。とくにビジネスホテルなどによくあるユニットタイプのトイレはとにかく狭い。近年は格安のパッケージツアーも増え、このようなホテルを利用するケースもある。業界全体で検討していただかなければならない課題かもしれない。

空港も意識して比べてみた。アムステルダムの不便さとハンブルクの超便利性。ローマでもそうだったが、チェックイン後のセキュリティー検査が厳重で時間がかかる。急ぎのときは大変。靴を脱がされることもズボンのベルトを取ることもなんの意味があるのだろうか。通関は成田でもローマでもハンブルクでもほぼノーチェック。密輸・不法持込みよりもテロ対策なんだと実感した。新しくなったハンブルク空港には感心した。第1・第2と分かれてはいるが、すぐ隣。成田やローマみたいに遠く離れているのとは段違い。地下鉄駅もビルの上下階程度の距離。１７０万程度の都市の空港の利便性といってしまえばそれまでだが。

訪日観光客をお迎えするのは成田か関空。私の10年間の経験では、このほかに福岡空港が1回、羽田空港が2回あったきり。成田の第1と第2はかなり離れているし、なんといっても都心までの距離が気になる。もっともその間、日本についての概略のご案内ができるので、ガイドにとっては痛痒を感じないが、お客さまにとってはどうだろうか。欧州からはすでに11〜12時間のフライトがあってのことだから、バスで都心までの2時間は意外と負担かもしれない。ちなみに羽田は20キロ、ローマのフィウミチーノ空港は35キロ、ハンブルクに至っては10キロしか離れていない。こういった都心アクセスの問題も、羽田空港の再国際化に通じている。難しいものだ。

●欧州旅行のあとで

第1章の冒頭でも紹介したが、7月に入って、ようやく旅行会社からガイドの依頼があった。フランスとの国境に近いトリアーからのご両親と子ども3人のご一家5人。上海から来られ、日本滞在後はシンガポールへ行かれる。皇居前広場では広大な砂利の広場の利用法を聞かれたり、神道の意味はともかく、明治神宮では手水舎や二礼二拍手一礼の参拝方法、奉納された絵馬に興味を引かれたご様子。竹下通りは子どもたちのたっての希望。

日の出桟橋から浅草までの隅田川水上バスはご主人が船尾、奥さまと子どもたちは2階と別々に着席、交互に橋のご案内をしたが、2階は日差しが強くて蒸し暑かった。そこで、吾妻橋《あづまばし》の桟

明治神宮でかわいい絵馬奉納

橋から雷門まで徒歩の予定を、急遽、ハイヤーを回していただき吾妻橋の袂から乗車、車内で涼をとっていただく。機転の利く運転手さんの即応に感謝。

秋葉原では子どもたちの要望が多くてお父さんは大変。免税店の「ＡＫＫＹ」と「東京アニメセンター」、それに「ヨドバシカメラ」をご案内。この日は都心で34度とすごい暑さ、欧州にはあり得ないほどの湿度もあって、銀座を明日に回してホテルへ帰りたいとのことで予定を変更し、早めにお送りする。

約4カ月間のブランクのあとなので、いつもより事前の準備に時間をかけた。明治神宮や日の出桟橋、秋葉原も念のために下見。お渡しするパンフレットも最新版を都庁とＪＮＴＯへ行って調達した。ドイツ語だが、ガイドのとき以外は話す機会が少ないので、集中して単語のおさらい、ＡＲＤドイツ第1放送テレビを終日、さらにはガイドブックを何冊か読み返す。

ほかにも、この4カ月間のブランクを利用して、ガイドとして普段できないことをしようと工夫した。ミシュランガイドのおかげで観光客が増えた高尾山のハイキングコースの別ルートのロケハン、河口湖と箱根には家族旅行を兼ねて行き、最新情報を集めてみた。また、欧州とくにドイツのお客さまには、「日本の大部分は安全ですよ」と、メールと手紙でごあいさつと情報発信を繰り返しお送りした。

●国際ビジネスの現場を垣間見る

7月中旬に、スペインのＶＩＰのアテンドのお話があり、ドイツ語ではなかったが挑戦してみた。大手製薬会社の市場調査で、トップの方々4名の来日。日本の企業との商談と薬局・ドラッグストアの調査を3日間で行なう計画。ホテルは渋谷の超高級ホテルのエグゼクティブルーム。使用言語は英語だが、私の社会経験と会社経営の実績を買っていただいてのアサイン、ありがたいことだ。

製薬業界も国際化の真っ只中、この企業は鼻薬や睡眠剤の大手で日本市場を大幅に開拓しようとしているらしく、ご案内したドラッグストアなどで熱心に調べておられたし、日本側のＶＩＰとの会議も数時間にわたって集中的にされていた。その際、私はそばで待機して、ご要望に応じての対応、ホテル側との連絡、もちろん書類のコピー取りもあり、ウインドウズとマックの互換性についてのご質問もあった。それはホテルの専門家にお願いしたのだが、まあ重要会合の庶務係と便利屋としての安心感なのだろうか。嬉しいことに成田空港へお送りする車の中で、商談がうまくいきそうだということと、担当した旅行会社と私のパフォーマンスを認めていただき、頻繁に来日する旨を言われ、準備の緊張感が報われた思いがした。

　成田空港のお出迎えとお見送りも計3回あり、久しぶりの空港を隈なく歩き回れたことと、事前の調査とあわせて、渋谷周辺を理解できたことが収穫だった。これまで、都内ではおもに新宿と丸の内が起点となっていて、渋谷にはいささか自信がなかったのが、今回のアサインの関係で、道玄坂、ハチ公前交差点、公園通り、宮益坂などのほか、ファッションビルの「ＳＨＩＢＵＹＡ１０９」や２０１２年4月オープンの複合商業施設「渋谷ヒカリエ」なども含め、全体像がつかめたような気がする。今後のガイドの糧になりそうだ。

　その2~3日後に、大型台風6号が来た。天変地異とまではいかないが、こういった事態の際の苦労を思い出した。飛行機の欠航、列車などの移動手段の変更など、個人でも難しいのだが、団体しかも外国からのお客さまとご一緒の際の対応能力は重要だ。この点でも勘を早く取り戻しておきたいと考えている。

繰り返しになるが、インバウンドの訪日観光客にはグループツアー、FIT個人客、企業のインセンティブツアーのほかに、今回のような商談のお手伝いなどのツアーマネジメントも今後は増えてくると考えられ、従来の会社経験・社会経験が活かせることが嬉しい。

大震災以降の需要の戻りがどうなるか予測が難しいが、旅行会社へのアプローチのほか、かかる新分野への知識と経験を積み重ねていくことが熟年ガイドの方向性・生きがいと覚悟している。

●もう一度インバウンド拡大について

欧州からの訪日観光客に、どうしてこれまで日本にみえなかったのかとお聞きすると、「遠い」「物価が高い」「観光資源として見るものがないのでは」という印象がネックになっていたとのコメントが大半。

彼我の物理的距離は如何ともしがたいが、時間距離は別、物価が高いのは欧米でも同じ、見るものがないにいたっては誤解もいいところで、富士山や桜の美しさ、繊細さ、日光の優美さ、厳島神社や京都の社寺の奥深さなど、来日された人々は絶讃している。ほとんどの方がもう一度、訪日したいという。ひと言でいうと情報ギャップ、こちらからのＰＲ不足に尽きる。他の言語のガイド仲間も同じような経験をされていて、その途方もない誤解をいかに解決するか。

イギリスやスペインなど旧植民地や連邦国を多く持っている国の人々は、言葉が通じやすいこともあって気軽に行ける。イギリスのオーストラリア・ニュージーランド・ホンコン、フランスにおけるアフリカ諸国やタヒチがそうであろうし、オランダやスペインの東南アジアがそれではないだろうか。イギリス系でスイスに在住の方を1日だけアテンドしたことがあるが、ニュージーランドに2週間いて、帰国前の2日間だけ日本に立ち寄っている。日本の文化・歴史・観光資源を大いにＰＲし、ぜひ次回は日本に長く滞在をと力説しておいたが、こういった例は枚挙にいとまがない。

訪日観光客の大半が韓国・中国・台湾をはじめとするアジアの国・地域だが、ドイツを含め欧州に限定して考えてみると、とにもかくにも各国のメディア・インターネットを通じてのパブリシティー、パンフレットの大量かつ効果的な配布、それにコンベンションや各種イベント、商談会などを積極的に誘致するしかないだろう。

では、旅行大国ドイツとイギリスに次ぐ世界堂々第3位の国際旅行収支赤字を改善し、日本の素晴らしさを分かっていただくためには、何をアピールしたらよいのか。そこでまず強調していただきたいのは治安のよさ。ついで国全体の清潔さ・快適性。肝心の観光資源だが、これは世界に誇れるもので、世界遺産は平泉と小笠原を含めて16カ所と欧州各国に比べると少ないが、五季（私は梅雨を入れて四季ではなく五季と強調している）の豊かさと、南北３０００キロの亜寒帯から亜熱帯までの多様な自然景観の素晴らしさは、世界に類をみないことを強調したい。私の経験では、１０００人の方が、そういった素晴らしさを実体験され、多くの方がリピーターになっていただいていると信じている。

さらに、これは極めて重要なことだが、最近、若い人を中心に言葉の障壁が急速に取り払われてきていることを強調すべきだと思う。また、新幹線を中心とした交通網の利便性はさきに周知されているが、やはりなんといっても日本料理のおいしさ、文化と一体となった繊細さを海外に向けて発信してほしい。

２０１０年の「観光白書」によると、ドイツからの訪日客は年間十数万人（オーストリアとスイスを加えたドイツ語圏では20万人余）。ところがタイへの44万人、中国への45万人を中心に、アジア全体では１６０万人が訪れており、一概に「遠い」とは言えないだろう。一方、日本からドイツへの訪問客はおよそ１００万人。もっとも、あるドイツ人観光客の言われたことも的を射ているような気がする。その方はご家族３人でフランクフルトから飛んできて３日間だけ東京に滞在、すぐに帰国されたのだが、「短くて残念ですね」と申し上げたら、「日本人が１００万人ドイツに行くとしても、大抵は２日か３日でハイデルベルクやロマンティック街道をたどったあと、スイスやパリ、ロンドンへ移動する。ドイツ国内めぐりをするケースは少ない」と指摘されていた。滞在日数は日本もドイツも似たり寄ったりということだ。各国が陸続きで交通も一体になっている欧州に比べ、島国・日本のハンデはたしかに大きい。それがまた、日本の魅力の源泉でもあるのだが……。

●熟年ガイドの醍醐味

しばらく前の新聞記事に「蘇我氏興亡しのばせる」という見出しで、奈良文化財研究所の大発見、甘樫丘《あまかしのおか》東側麓の７世紀の建物群跡の発掘というニュースが報じられた。久しぶりに大化の改新６４５年の記憶が蘇る。この飛鳥の地は、いろいろな意味で縁を感じている。ドイツからの訪日観光客と何度か立ち寄った飛鳥寺や石舞台古墳などもあるし、滋賀・京都単身赴任時に幾度となく訪問した思い出もある。

飛鳥寺は法隆寺よりさらに古く、日本最古の仏教寺院であることはあまり知られていない。蘇《そ》我入鹿《がのいるか》の首塚も飛鳥寺のすぐ近くながら、なかなか人目につかない場所にある。ある秋のツアーでは、小雨があがった直後の軽ハイキングで、飛鳥寺から石舞台までを歩いた。稲穂が黄金色にしっとりと映えて、まさにこの地が「日本の心の故郷」であると実感した。春のツアーのときは一面の緑で、快晴のもと大変好評をいただいた。京都や奈良の中心部に比べて、飛鳥の里まで足を延ばすツアーはまだまだ少ない。歴史ロマンという意味でも、ウォーキングツアーが増加傾向にあるという観点からも、このエリアはもっと注目されてしかるべきだと思う。このように、訪日観光客にとっても魅力ある観光資源が、日本にはまだまだたくさんあるはずだ。

話がそれたが、熟年ガイドの楽しさは、訪日観光客に高齢の方が多いということもあって、年金とか社会保障、少子化問題、エルダーの生き甲斐など、まさに私が苦しんでいるテーマが満載で、話題にこと欠かないということにあるのだろうと思う。ドイツも日本も同じような問題を抱えていて、あちらこちらから同感の声が上がるというわけだ。年金は日本と同じく支給年齢が上げられてきて、67歳までもらえない事態が議論されている。

さて大相撲ではないが、仕切りを重ねて時間一杯で立ち、一気に勝負を盛り上げるのがプロ。私の場合、アサインを受けるとまず事前調査を徹底する。それと同時にドイツへの、なんというか集中力を高めていく。用語とか発音とかの各論ではなく、その文化への没入といったらよいのか。日本文化と社会の最近の動きも重要だ。両国間の関係が密になるにつれ、出発前に充分な日本への知識・情報を得てから来訪される。女性宮家、税と社会保障の一体改革、景気の動向など、あらゆる情報を身にまとって来日されるのが、最近の傾向だ。ドギマギしていてはガイド失格になりかねない。

私は、東京在住だから首都圏と東日本が中心ながら、ほぼ2回に1回は全国ツアーとなり、いきおい京都・奈良、大阪などを通って九州、中国、四国周遊が多くなる。入国は大抵、早朝の成田。出国は成田か関空。このお見送りも最後を飾る大切なセレモニーだ。観光通訳ガイドといっても、外国語を使っての観光のご案内というメインの仕事のほかに、お世話というか添乗の仕事が多く、やれ荷物の転送だの、Ｅメールをどこで打てるのかとか、コンビニはどこか、うまいレストランを教えてと、慣れない異国の地でのリクエストは限りない。国民性やカルチャーを超えての気配り・目配りが重要課題となる。ミスは許されない。一日が終わると、その日の反省やらあとフォロー、さらに翌日の準備、モーニングコールや交通機関の手配にとりかかる。ツアー中の睡眠は平均5時間というところか。

疲労がピークに達するころ、神戸や大阪のホテルでのお別れになり、関空までお送りして、「ＳＡＹＯＮＡＲＡ」となる。チェックイン後、搭乗案内が終わるまで空港内で待機はするが、これはまあ、おまじないみたいなもの。ＪＲの特急「はるか」か南海電鉄の特急「ラピート」で帰路に就くのだが、この車内が一番ホッとするひとときだ。全身の疲労感を昼前のビールで癒し、眠りに落ちるのもよし、大阪の街並みを眺めるのもまたよしである。

それにつけても思い出すのは、あの高尾山での大渋滞の際にオーストリア人医師がつぶやいたひと言「Unser Leben im Autobahnstau」で、今の心境を私なりのドイツ語で言えば、「Mein Leben im Zug mit dem Zufriedenheit-Freiheitsgefuehl（マイン・レーベン・イム・ツーク・ミット・デム・ツーフリーデンハイト—フライハイトゲフュール）」となり、文字どおりの達成感と解放感で、ガイド冥利を感じるときでもある。

このひとときこそが、まさに我が人生だ！

おわりに

東日本大震災から10日ほどたったときだと記憶しているが、ニューヨーク在住の邦人記者の新聞記事で、世界一の震災対策の国・日本を襲った１００年に一度の破壊力に立ち向かう「逆境のジャパン・立ち向かう姿に讃嘆のまなざし」という表現があった。日本人の冷静さ、忍耐強さ、他の人への気配り、便乗値上げの一切ないこと、さらには略奪や強奪のない実態を取りあげ、それに対する米国民の反応を紹介していた。

これはまさに、本書でも記したように、「親切で礼儀正しい」「全体の清潔感」「公共交通機関の正確性」「親切心、ホスピタリティー」それにもまして、「日本の治安のよさ」に、訪日観光客とくに欧州からのお客さまが驚嘆していることと、通底するものがあるのではないだろうか。

ドイツ語圏最大の週刊誌「STERN（シュテルン）」は、大震災の情報を毎号トップ記事で掲載していたが、現地からのリアルタイムの報道と併せて、日本人は信じられないほどの自制民族だと長文にわたって記している。「立派に振る舞う民族」というタイトルで、節度、災害対応力、自己犠牲などについて、13世紀の元寇《げんこう》や忠臣蔵から始まって、明治天皇の治世や終戦時の国民の処し方など縷々記載し、すべてが「わきまえ」の精神だと結んでいる。ある程度の誤解は致し方ないとしても、日本人に対する彼の地の皆さんの印象が少しでもよくなるとすれば、復興に向けての一筋の光明ではないだろうか。

欧州から日本への観光は距離からいっても高くつき、長期ツアーだと数十万円は必要。

だからではないにしろ、皆さん詳しく調べてからおいでになる。ご一緒に旅をするなかで、さまざまな質問に真摯にお答えすることで、人間同士のふれあいが重ねられ、何でも話し合えるようになっていく。絆を深めるためには、帰国されてからの、あとフォローも大切だ。最新の情報やパンフレットも同封してお手紙をお送りする。先方からもメールやお手紙を頂戴する。皆さん、アメリカだのメキシコ、カナダ、ナミビアなどへ旅行してきた話を書いてくれるが、さすが海外旅行大国、日本はまさにワンオブゼム。リピーターになっていただくのは難しいとしても、せめて、友人や知人に日本の素晴らしさを伝えてほしい。

ある新聞の特集記事が「おもてなしを海外へ輸出」という見出しで、石川県・和倉温泉の「加賀屋」が台湾へ進出したことを詳細に伝えていた。そのコンセプトは「ほんものの日本」。これは欧州からのお客さまにとっても重要で、人のぬくもりが伝わる「日本のおもてなし」が、観光立国の真の柱になるのだと直感している。直近の、ドイツ政府観光局発行の日本語パンフレット「ドイツ地方体験」のキャッチコピーに「観光の国ドイツ　伝統、おもてなし、ロマン、自然」とあって、お株をとられた気がした。もちろん日本とドイツ双方に精通した方が邦訳されたのだと思うが、「おもてなし」と表現するまでになったかと驚いた次第。「ＳＨＩＮＫＡＮＳＥＮ」のように「ＯＭＯＴＥＮＡＳＨＩ」も世界語になるのだろうか。

一期一会のその先へ。帰国後も日本に対する好印象を持ち続けていただくために、民間外交官のひとりとして、微力ながらも努力していきたいと思っている。

基本構想から数年でようやく仕上がったこの本は、次の各位に感謝すること頻りである。皆さまのご助言がなければ日の目を見なかったと思う。元東京弁護士会副会長の水津正臣弁護士には同氏の著述を基に出版業界のいろはを、元ミサワホーム常務取締役の里村正氏と元出版社編集責任者の金田英一氏からは社会全般のアドバイスを、WINSEN独日協会会長のW KATTNER、BASF幹部のK HAACK、KAISERSLAUTERNの弁護士V MENZELL、ALI SCHNEIDEERのマネジャーC KLINGMANNら在ドイツの各氏と、ルクセンブルクの団体会長R FEHR氏には訪日客と現地事情の話を、ご教示いただいた。具体的な内容でご教示願ったのは交通出版社第2出版事業部の邑口享次長。同氏の適切なアドバイスが大変貴重であった。

２０１２年２月　亀井尚文

主な参考文献

国土交通省「観光白書２０１１年版・２０１０年版」

日本政府観光局「ＪＮＴＯ国際観光白書２００８年版」

日本政府観光局「ＪＮＴＯ訪日旅行誘致ハンドブック２０１１」

警察庁「警察白書２０１１年版・２０１０年版」

角川グループパブリッシング「ニッポンの嵐」（角川グループパブリッシング　２０１１年）

前田勇「21世紀の観光学」（学文社　２００３年）

酒井順子「日本観光ガイド」（光文社　２０１０年）

須田　寛「東海道新幹線II　前進を続ける新世代の新幹線」（ＪＴＢパブリッシング　２０１０年）

近藤正高「新幹線と日本の半世紀」（交通新聞社　２０１０年）

原口隆行「新幹線がわかる辞典」（日本実業出版社　２００５年）

井上孝司「超高速列車　新幹線対ＴＧＶ対ＩＣＥ」（秀和システム　２００９年）

梅原　淳「新幹線の謎と不思議」（東京堂出版　２００２年）

南　正時「日本の鉄道雑学辞典」（日本実業出版社　１９９８年）

徳渕真利子「新幹線ガール」（メディアファクトリー　２００７年）

原　武史「鉄道一つばなし」（講談社　２００３年）

菅原天意「目覚めるキヨスク　東日本キヨスク全社改革の軌跡」（中央経済社　２００４年）
矢野恵二「富士山と日本人」（青弓社　２００２年）
上垣外憲一「富士山―聖と美の山」（中央公論新社　２００９年）
富士自然動物園協会「富士登山ハンドブック」（自由国民社　２００１年）
山本鉱太郎「日本の『富士』たち」（講談社　１９９２年）
高田　宏「にっぽん風景紀行」（作品社　１９９７年）
藤原成一「富士山コスモロジー」（青弓社　２００９年）
北川宗忠「観光・旅の文化」（ミネルヴァ書房　２００２年）
進士五十八「日本の庭園　造景の技とこころ」（中公新書　２００５年）
保坂直紀「異常気象」（ナツメ社　２０００年）
印南和磨「桜は一年じゅう日本のどこかで咲いている」（河出書房新社　２００４年）
安藤　潔「桜と日本人ノート」（文芸社　２００３年）
牧野和春「新　桜の精神史」（中央公論新社　２００２年）
小川和佑「日本の桜、歴史の桜」（ＮＨＫ出版　２０００年）
箱根叢書刊行委員会「箱根Ｑ＆Ａ　１２５　その歴史と自然」（神奈川新聞社　２０００年）
西田正憲「瀬戸内海の発見」（中央公論新社　１９９９年）
田村真八郎「日本人と食べもの」（丸善　１９９９年）
高橋晴俊「日光東照宮の謎」（講談社現代新書　１９９６年）

大田区立郷土博物館「トイレの考古学」（東京美術　1997年）
江夏　弘「お風呂考現学」（TOTO出版　1997年）
日本醤油協会「しょうゆの不思議」（日本醤油協会　2005年）
原田信男「和食と日本文化」（小学館　2005年）
高橋素子「Q&Aご飯とお米の全疑問」（講談社　2004年）
北原　惇「黄色に描かれる西洋人—思想史としての西洋の人種主義」（共栄書房　2007年）
山内ひさし「ものと人間の文化史・食具」（法政大学出版局　2000年）
浜本隆志・高橋　憲「現代ドイツを知るための55章—変わるドイツ・変わらぬドイツ」
（明石書店　2002年）
岩村偉史「異文化としてのドイツ」（三修社　2003年）
野田浩資「ビールの国の贈りもの」（安文出版　2002年）
川口マーン恵美「ドイツ料理万歳！」（株式会社平凡社　2009年）
「ドイツ人のまっかなホント」（マクミランランゲージハウス）
大庭かな子「添乗員さん大活躍」（筑摩書房　1997年）
川北義則「日本人の作法　品位ある生き方のすすめ」（徳間書店　2007年）
クリスティーネ・リュウ「伝統と革新の国・ヤーパン2010年」（Trescher Verlag Berlin）

亀井尚文（かめいしょうぶん）

群馬県前橋市出身。国立群馬大学電気工学科卒。トーメン（旧東洋棉花）入社、西ドイツ・ハンブルク駐在後、ミサワホームに移籍。ミサワホーム滋賀代表取締役・ミサワホーム販売建設社長・平成16年から山田建設監査役を歴任。現在、ドイツ語観光通訳ガイド、ＪＧＡ日本観光通訳協会認定A級。主としてドイツ語圏からのお客さまを延べ1000人以上、日本各地へご案内している。外務省関連（社）国際交流サービス協会・エスコートガイド、日本観光通訳協会会員、ドイツ・東アジア協会ＯＡＧ　F.MITGLIED。リフォーム住宅会社まんまるハウス（株）顧問。エッセイスト。著書に「オジサンのノンビリ・タウンウォッチング」（碧天社）、「ゲルマンQ—ドイツ語初心者向けの雑学クイズ」（監修・アートン）。

東京都世田谷区在住、ホームページ：http://www.shoubun.net、メールアドレス：nkedey38@ceres.ocn.ne.jp。

交通新聞社新書041

観光通訳ガイドの訪日ツアー見聞録

ドイツ人ご一行さまのディスカバー・ジャパン

（定価はカバーに表示してあります）

2012年 4月16日　第1刷発行

著　者——亀井尚文

発行人——江頭　誠

発行所——株式会社 交通新聞社

http://www.kotsu.co.jp/

〒102-0083　東京都千代田区麹町6-6

電話　東京（03）5216-3220（編集部）

東京（03）5216-3217（販売部）

印刷・製本—大日本印刷株式会社

©Kamei Shoubun 2012　Printed in Japan

ISBN978-4-330-28312-8

落丁・乱丁本はお取り替えいたします。購入書店名を明記のうえ、小社販売部あてに直接お送りください。送料は小社で負担いたします。

交通新聞社新書　好評既刊

可愛い子には鉄道の旅を――6歳からのおとな講座　村山　茂／著

幻の北海道殖民軌道を訪ねる――還暦サラリーマン北の大地でペダルを漕ぐ　田沼建治／著

シネマの名匠と旅する「駅」――映画の中の駅と鉄道を見る　臼井幸彦／著

ニッポン鉄道遺産――列車に栓抜きがあった頃　斉木実・米屋浩二／著

時刻表に見るスイスの鉄道――こんなに違う日本とスイス　大内雅博／著

水戸岡鋭治の「正しい」鉄道デザイン――私はなぜ九州新幹線に金箔を貼ったのか？　水戸岡鋭治／著

昭和の車掌奮闘記――列車の中の昭和ニッポン史　坂本　衛／著

ゼロ戦から夢の超特急――小田急ＳＥ車世界新記録誕生秘話　青田　孝／著

新幹線、国道1号を走る――Ｎ７００系陸送を支える男達の哲学　梅原淳・東良美季／著

食堂車乗務員物語――あの頃、ご飯は石炭レンジで炊いていた　宇都宮照信／著

「清張」を乗る――昭和30年代の鉄道シーンを探して　岡村直樹／著

「つばさ」アテンダント驚きの車販テク――3秒で売る山形新幹線の女子力　松尾裕美／著

台湾鉄路と日本人――線路に刻まれた日本の軌跡　片倉佳史／著

乗ろうよ！　ローカル線――貴重な資産を未来に伝えるために　浅井康次／著

読む・知る・楽しむ鉄道の世界。

駅弁革命――「東京の駅弁」にかけた料理人・横山勉の挑戦　小林祐一・小林裕子／著

鉄道時計ものがたり――いつの時代も鉄道員の〝相棒〟　池口英司・石丸かずみ／著

上越新幹線物語１９７９――中山トンネル スピードダウンの謎　北川修三／著

進化する路面電車――超低床電車はいかにして国産化されたのか　史絵・梅原　淳／著

ご当地「駅そば」劇場――48杯の丼で味わう日本全国駅そば物語　鈴木弘毅／著

国鉄スワローズ１９５０-１９６４――４００勝投手と愛すべき万年Bクラス球団　堤　哲／著

イタリア完乗１万５０００キロ――ミラノ発・パスタの国の乗り鉄日記　安居弘明／著

国鉄／JR 列車編成の謎を解く――編成から見た鉄道の不思議と疑問　佐藤正樹／著

新幹線と日本の半世紀――1億人の新幹線――文化の視点からその歴史を読む　近藤正高／著

「鉄」道の妻たち――ツマだけが知っている、鉄ちゃん夫の真実　田島マナオ／著

日本初の私鉄「日本鉄道」の野望――東北線誕生物語　中村建治／著

国鉄列車ダイヤ千一夜――語り継ぎたい鉄道輸送の史実　猪口　信／著

昭和の鉄道――近代鉄道の基盤づくり　須田　寛／著

最速伝説――20世紀の挑戦者たち――新幹線・コンコルド・カウンタック　森口将之／著

交通新聞社新書　好評既刊

- 「満鉄」という鉄道会社──証言と社内報から検証する40年の現場史　佐藤篁之／著
- ヨーロッパおもしろ鉄道文化──ところ変われば鉄道も変わる　海外鉄道サロン／編著
- 鉄道公安官と呼ばれた男たち──スリ、キセルと戦った〝国鉄のお巡りさん〟　濵田研吾／著
- 箱根の山に挑んだ鉄路──『天下の険』を越えた技　青田　孝／著
- 北の保線──線路を守れ、氷点下40度のしばれに挑む　太田幸夫／著
- 鉄道医　走る──お客さまの安全・安心を支えて　村山隆志／著
- 「動く大地」の鉄道トンネル──世紀の難関「丹那」「鍋立山」を掘り抜いた魂　峯﨑　淳／著
- ダムと鉄道──一大事業の裏側にいつも列車が走っていた　武田元秀／著
- 富山から拡がる交通革命──ライトレールから北陸新幹線開業にむけて　森口将之／著
- 高架鉄道と東京駅［上］──レッドカーペットと中央停車場の源流　小野田滋／著
- 高架鉄道と東京駅［下］──レッドカーペットと中央停車場の誕生　小野田滋／著
- 台湾に残る日本の鉄道遺産──南の島に鉄道原風景を訪ねて　片倉佳史／著
- 思い出の省線電車──戦前から戦後の「省電」「国電」　沢柳健一／著

はじめに

国鉄やＪＲの部内で「特別車両」と呼ばれる「グリーン車」が誕生してから43年が経ちます。

グリーン車が誕生する以前は、その役割を1等車が担っていましたが、国鉄の事情から1・2等に分かれていた運賃が1本化。それまでの1等車は設備利用料として「グリーン料金」を払えば利用できるようになりました。以後、グリーン車はＪＲへ移行しても引き継がれ、現在はＪＲ東日本の東北新幹線「はやぶさ」などで営業している「グランクラス」やＪＲ九州の在来線特急で営業している「ＤＸ（デラックス）グリーン車」など、豪華で個性的なものが登場しています。

現在のグリーン車には、スマートフォン片手に乗り込む茶髪の若者をよく見かけますが、私が大学生になる昭和50年代前半までは、ヴェールに包まれた静謐《せいひつ》な空間というイメージで、列車という狭い〝社会〟で一時のステイタスに浸れる場ともいえました。私自身、お金に恵まれた境遇ではなかっただけに、余計にそう感じるのかもしれません。

本書は、そんな「羨望の的」を〝トリビア〟（豆知識）的に一冊の本にまとめたいという思いから執筆しています。内容は次のような五章構成となっていますが、各章ともグリーン車扱いのジョイフルトレインの話題は除いています。

第一章では、グリーン車が誕生した当時の模様を、世相や営業制度面、車両面から振り返っています。グリーン料金の仕組みから国鉄の矛盾した営業政策がわかると思います。

第二章では、グリーン車にまつわる素朴な疑問を解き明かしています。グリーン車をよく利用する人にとっては〝目から鱗〟となるかもしれません。

第三章では、特急・急行用のグリーン車でおなじみのリクライニングシートにまつわる歴史を紹介しています。国鉄時代のグリーン車用リクライニングシートは規格がある程度統一されていましたが、それでも形式によって微妙な仕様の違いが見られました。

第四章では、グリーン車誕生以降に在籍した車両の中から、いまは失き名車、珍車をセレクトしています。一見、平凡に見える車両でも、実は社会背景が隠れていたものもあります。

第五章では、現在営業しているグリーン車で注目したいものをセレクトしました。設備の概要を記したシートマップも掲載していますから、お役立てください。

本書をお読みになる前に

本書には、耳慣れない言葉や用語が頻繁に登場します。お読みになる前に、次の点をお含みおきいただければ幸いです。

■等級制度について

全章にわたり、「ロザ」「ハザ」という言葉がしばしば登場します。

6ページ上の表のように、国鉄の等級制度の変遷は複雑で、昭和35年（1960）6月以前は1・2・3等の3等級制、昭和35年7月から昭和44年5月9日までは1・2等の2等級制となり、昭和44年5月10日からは等級制が廃止され、一本化されました。しかし、「ロザ」「ハザ」という言葉は、営業制度とは関係なく等級を区別するために国鉄部内で使われていました。

このうち、「ロ」は現在のグリーン車を意味しますが、3等級制時代は2等車、2等級制時代は1等車を指します。「ハ」は現在の普通車を意味しますが、3等級制時代は3等車、2等級制時代は2等車を指します。「ザ」は座席車の意味で、これが寝台車を意味する「ネ」になると「ロネ」「ハネ」となり、現在はそれぞれ、A寝台、B寝台を指します。

●国鉄等級制度の変遷

改正年月	内容	座席車			寝台車		
		イザ	ロザ	ハザ	イネ	ロネ	ハネ
明治 5年10月	国鉄創業時	上等	中等	下等	—	—	—
明治30年11月	等級名を改称	1等	2等	3等	—	—	—
明治33年10月	国鉄初の寝台車登場	1等	2等	3等	1等	—	—
明治43年 9月	国鉄初の2等寝台車登場	1等	2等	3等	1等	2等	—
昭和 6年 2月	3等寝台車登場	1等	2等	3等	1等	2等	3等
昭和30年 7月	1等寝台車廃止	1等	2等	3等	(廃止)	2等	3等
昭和35年 7月	2等級制に	(廃止)	1等	2等	—	1等	2等
昭和44年5月～	等級制廃止	—	グリーン	普通	—	A	B

●シートマップの凡例

乗務＝乗務員（車掌）室、男性＝男性用トイレ、女性＝女性用トイレ、洋式＝洋式共用トイレ、和式＝和式共用トイレ、洗面②＝洗面所（2カ所）、車椅子＝車椅子用トイレ、多目的＝多目的室、車販＝車内販売準備室、喫煙＝喫煙室、荷物＝荷物保管室、更衣＝更衣室、業務＝業務用室

したがって、単に「2等車」といっても、3等級制と2等級制ではグレードがまったく異なるのです。このことから、時代を跨ぐ説明での混乱を避けるために、あえてこのような用語を使っています。

■車両の記号について

グリーン車を含む鉄道車両には、「スロ54」「サロ165」というような形式記号が付けられています。その意味については、交通新聞社新書の拙書『国鉄／JR 列車編成の謎を解く』で細かく紹介していますが、グリーン車の車種や形式記号の意味については、7～8ページの表を参照してください。

■シートマップについて

各章には必要に応じてシートマップを掲載していますが、ご覧の際は上記の凡例を参照してください。

●国鉄在来線用ロザの形式の読み方

[電車の場合]

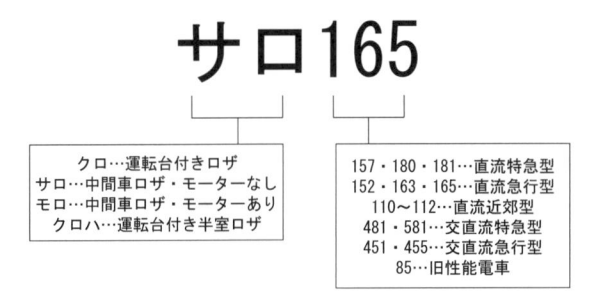

サロ165

クロ…運転台付きロザ
サロ…中間車ロザ・モーターなし
モロ…中間車ロザ・モーターあり
クロハ…運転台付き半室ロザ

157・180・181…直流特急型
152・163・165…直流急行型
110～112…直流近郊型
481・581…交直流特急型
451・455…交直流急行型
85…旧性能電車

[気動車の場合]

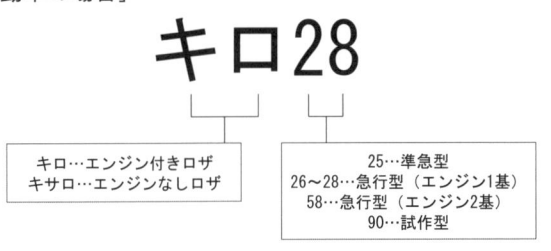

キロ28

キロ…エンジン付きロザ
キサロ…エンジンなしロザ

25…準急型
26～28…急行型（エンジン1基）
58…急行型（エンジン2基）
90…試作型

[客車の場合]

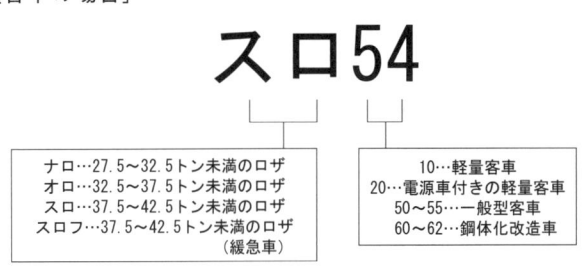

スロ54

ナロ…27.5～32.5トン未満のロザ
オロ…32.5～37.5トン未満のロザ
スロ…37.5～42.5トン未満のロザ
スロフ…37.5～42.5トン未満のロザ（緩急車）

10…軽量客車
20…電源車付きの軽量客車
50～55…一般型客車
60～62…鋼体化改造車

※（緩急車）＝ブレーキを掛ける装置の付いた車両

●在来線座席車の車種一覧

［電車の場合］

<table>
<tr><td>～昭和35年6月</td><td>1等［イザ］</td><td>2等［ロザ］</td><td>3等　［ハザ］</td></tr>
<tr><td>昭和35年7月～昭和44年5月</td><td rowspan="9"></td><td>1等［ロザ］</td><td>2等　［ハザ］</td></tr>
<tr><td>昭和44年5月～現在</td><td>グリーン［ロザ］</td><td>普通［ハザ］</td></tr>
<tr><td rowspan="2">制御車［ク］</td><td>クロ</td><td>クハ</td></tr>
<tr><td colspan="2">クロハ</td></tr>
<tr><td rowspan="2">制御電動車［クモ］</td><td>クモロ</td><td>クモハ</td></tr>
<tr><td colspan="2">クモロハ</td></tr>
<tr><td>電動車［モ］</td><td>モロ</td><td>モハ</td></tr>
<tr><td rowspan="2">付随車［サ］</td><td>サロ</td><td>サハ</td></tr>
<tr><td colspan="2">サロハ</td></tr>
</table>

※ク＝運転台付き、サ＝モーターなし

［気動車の場合］

<table>
<tr><td>～昭和35年6月</td><td>1等［イザ］</td><td>2等［ロザ］</td><td>3等　［ハザ］</td></tr>
<tr><td>昭和35年7月～昭和44年5月</td><td rowspan="6"></td><td>1等［ロザ］</td><td>2等　［ハザ］</td></tr>
<tr><td>昭和44年5月～現在</td><td>グリーン［ロザ］</td><td>普通［ハザ］</td></tr>
<tr><td rowspan="2">エンジンあり［キ］</td><td>キロ</td><td>キハ</td></tr>
<tr><td colspan="2">キロハ</td></tr>
<tr><td rowspan="2">エンジンなし［キサ］</td><td>キサロ</td><td>キサハ</td></tr>
<tr><td colspan="2">キサロハ</td></tr>
</table>

［客車の場合］

～昭和35年6月	1等［イザ］	2等［ロザ］	3等　［ハザ］
昭和35年7月～昭和44年5月		1等［ロザ］	2等　［ハザ］
昭和44年5月～現在		グリーン［ロザ］	普通［ハザ］
ナ級［27.5～32.5トン未満］	ー	ナロ	ナハ（フ）
オ級［32.5～37.5トン未満］	ー	オロ（フ）	オハ（フ）
ス級［37.5～42.5トン未満］	スイ（テ）	スロ（フ）	スハ（フ）
マ級［42.5～47.5トン未満］	マイ（テ）	マロ	マハ

※重さは車両重量を表す。フ＝緩急車、テ＝展望車

グリーン車の不思議——目次

第一章　グリーン車が誕生した頃

第二章　グリーン車のトリビア

第三章　リクライニングシート物語

第一章　グリーン車が誕生した頃

44・5、グリーン車誕生　その時、人々は……

「グリーン車」が、晴れて国鉄の旅客列車に登場したのは昭和44年（1969）5月10日のことでした。

この日をもって、明治5年（1872）の鉄道創業以来、綿々と受け継がれてきた国鉄の等級制度が廃止、運賃が一本化されました。国鉄の旅客営業史上、絶対に忘れることができない歴史的な転換日といっても過言ではないでしょう。それだけに、当時の状況はとても気になります。この章では、そんなグリーン車の黎明期といえる時期にスポットを当ててみたいと思います。

「グリーン車」という言葉が初めてマスコミに現われたのは、グリーン車が登場する5カ月前の1月でした。昭和44年1月21日付けの「交通新聞」には「現一等車両の愛称をこのほど『グリーン車』と正式に決定」とあり、シンボルマークに四つ葉のクローバーを連想させる図案が採用されたことも伝えています。

グリーン車の誕生により、これまで「1等車」と呼ばれていたロザは、ハザに代用していたものを除いて自動的にグリーン車となりました。その数は約1200両あったと言われています

（詳細は56～57ページ参照）。

1等車時代のロザは、出入りドアの横に「1」と書かれたマークが付けられていましたが、グリーン車への移行に際しては、そこに四つ葉のクローバーをあしらったグリーンマーク(注)が取り付けられました。もっとも、「取り付けられた」というよりは、上からステッカーを貼り重ねただけだったのですが……。夜行急行用の客車グリーン車ドア上には「1等」と書かれた電照灯が取り付けられていましたが、ここにも間に合わせ的にステッカーが貼られました。

また、車内とデッキを仕切る壁の上や仕切り戸のガラスには「グリーン車」と書かれた横長ステッカーが貼られました。仕切り戸のガラスは磨りガラスで、ここにはもともと「1等」の抜き文字が入っていましたが、この上から貼られた白地のステッカーは見た目がよくなかったのか、次の工場検査出場時には「グリーン車」の抜き文字が入った磨りガラスに交換されています。

国鉄の発表によると、これらの移行作業には当時の額にして2億円が費やされたということです。

「グリーン車」現一等車の愛称きまる

シンボルマーク〝幸運〟の四葉のクローバ

国鉄では現在の一、二等の等級制度を廃止する計画を進めているが、現一等車両の愛称をこのほど「グリーン車」と正式に決定、車両につけるシンボルマークもできあがった。

グリーンが安全と快適さを表わすイメージに通じるところから選ばれたものであるが、車両設計事務所でデザインされたマークは緑色の四ッ葉のクローバを連想させる図案で、「〝幸運〟にもめぐりあえます」と旅客担当者は早くも営業宣伝に努めている。

「グリーン車」の愛称決定を伝える記事（交通新聞　昭和44年1月21日付け）

乗客の反応はどうだったのでしょうか。

当時、私は北海道札幌市の小学校3年生で、若干、鉄道に目覚めていたものの、時刻表を読む習慣はまだなく、ひとりで国鉄の列車に乗ることなど考えもしませんでした。北海道では「電車」と呼ぶ路面電車に対して国鉄の列車は「汽車」と呼ぶ特別な存在でしたから、なおさらです。

ですから、グリーン車が登場した日の駅の喧噪ぶりをリアルタイムには体験していません。そこで、読売新聞の昭和44年5月10日付け夕刊で報道されていた東京駅の様子を見ると、

「よく知らない乗客が十日朝、切符を買いにきてこれまでの一等がないと知らされ窓口で係員の口早な説明を聞いたがチンプンカンプン」

「ホームで四つ葉のクローバーを形どったグリーン車のシールが『一等』ときのうまで書かれていたところにペタッとはられただけ。一週間前に一等のきっぷを買って列車に乗ろうとした人たちが多数戸惑った」

とありました。想像どおり、案内が周知徹底していなかったようで、乗客の戸惑いぶりが目に浮かびました。

一方、朝日新聞の同日付け夕刊には、東海道新幹線東京〜新大阪間の旧1等乗車券・1等特急券を持った乗客に対して、グリーン車移行に対応した差額の払戻しを行なう際、その額が3通り

にもなり現場が混乱しているという記事が出ていました。窓口によっては、損をした人がかなりいたのではないでしょうか。

鉄道利用の「バイブル」ともいうべき時刻表にも混乱が起きていました。

国鉄では4月1日にグリーン車移行に伴う運賃・料金の改訂を予定していました。当時は運賃法定制であったため、これに必要な国鉄運賃法改正案と国鉄財政再建促進特別措置法案の審議が行なわれました。しかし3月に入っても紛糾が続き、3月28日にようやく衆議院を通過したものの、参議院の審議は4月に入っても続きました。このため、新運賃・料金を盛り込んだ5月号の時刻表が、ゴールデンウィークを前にして発売が棚上げになってしまったのです。

さすがに連休前とあっては時刻表発売を望む声は強く、マスコミも書店に出ない時刻表を取り沙汰し始めていました。発売できない時刻表を抱えた印刷会社の倉庫は悲鳴を上げる始末で、やむなく4月26日に旧運賃・料金を掲載したままの5月号が発売されました。

結局、法案が可決し、公布されたのは5月9日夕方となり、その翌日に改訂を実施。同時に、新運賃・料金を掲載した5月号が発行されました。地方によっては発売が5月15日までずれ込んだということですが、こうして、昭和44年5月号が2度発行されるという前代未聞の事態となったわけです。

再度発行された5月号は、当然、本文の編集が間に合わないためグリーン車の表記はありませんでしたが、いちばん最初に「国鉄運賃・料金改訂のご案内」と書かれたピンク色のページが挿入されていました。ここには、グリーン車への移行に伴う各種表記の対照表が掲載されており、「1等の座席車・寝台車などの名称を改めましたが、連結する列車は、いままでとかわりません」と書かれていました。

"グリーン券"を新設

国鉄 運賃改正に伴う営業制度の改正

一等運賃・料金廃止で

手数料も改正 乗車変更 払戻しなど

（旧一等のきっぷを所持する場合の取扱い）

定期券の購入ラッシュ 各駅はてんてこ舞い

ご苦労さま"玉電" きょう六二年の歴史に終止符

昭和44年5月9日の法案成立を受けて、「グリーン車」の取扱いを発表した記事（交通新聞　昭和44年5月10日付け）

この書き方だと、「運賃・料金が変わってもサービスは変わらないよ」とも読めます。グリーン料金が設定されたことで値下げになった区間もあったので、そういった点もアピールしていたらよかったのに……と、つくづく昔の国鉄は宣伝が下手だと思いました。

こうしたグリーン車誕生にまつわる混乱も、ある程度の時が過ぎれば収束するかに思えますが、我が家では翌年になってもグリーン車の存在を知りませんでした。

昭和45年の春、母と松前でのサクラ見物を終えて、函館から乗車する札幌行きの臨時夜行特急「北海51号」(注)の発車を待っていた時のことです。

母が駅の掲示を見ていたら、たまたま「グリーン車」の文字が目に入ったようで、私に「グリーン車って何だ?」と尋ねてきました。この頃になると私もかなり鉄道に馴染みが深くなっていましたが、まだグリーン車の意味を理解しておらず、「車内が緑色の車両のことじゃないの?」などといい加減な答えを返した記憶があります。さすがに母は訝《いぶか》しんで、駅員に恥を承知で意味を尋ねると「ああ、昔の1等車のことね」と納得していました。

単に我が家の知識が浅かっただけのことなのですが、個人レベルでは1年近く経過しても、まだ「グリーン車」という言葉が定着していなかったと言えるかもしれません。

（注）▼グリーンマーク……サイズは幅35センチ、高さ40・2センチ（一部車両は幅26・5センチ、高さ30・5センチ）。ただし、JR移行後はこの限りではない。交通新聞の記事によると「幸運にも巡り会える」という四つ葉のクローバーのイメージにあやかったものだという。作者は昭和20年代から国鉄の車両畑でデザイナーとして活躍していた黒岩保美氏。数々の国鉄のヘッドマークを手がけ、その傍らで、昭和36年に創刊した鉄道雑誌『鉄道ファン』に参画。鉄道趣味界にも大きく貢献したが、平成10年に逝去。

▼**北海51号**……函館～札幌間を倶知安《くっちゃん》経由で運転されていた。現在、普通列車しか運転されていない函館本線長万部《おしゃまんべ》～小樽～札幌間にも、かつては臨時、定期含めて夜行列車が何本か設定されていた。函館→札幌間のロザ付きの臨時普通夜行列車（実質は快速）や、「北斗星ニセコスキー号」という「北斗星」編成の寝台特急が運転されたこともあった。

等級制廃止は収入の不安から？

国鉄にとっても、利用者にとっても、いろいろ戸惑いがあったグリーン車。１００年近くにも及ぶ等級制がなくなったわけですから、それは仕方がないことかもしれません。

では、なぜ国鉄は、１等車からグリーン車への移行を行なったのでしょうか。国鉄は、昭和44年（１９６９）１月に開かれた運輸審議会の国鉄運賃改訂に関する公聴会で次のような理由をあげています。

①ロザの利用率が低下している

昭和39年と昭和42年の利用率を比較した場合、ロザの利用率が３パーセント低下している。

昭和44年1月21日に行なわれた運輸審議会の公聴会で、石田国鉄総裁が陳述した等級制廃止に関する理由（交通新聞　昭和44年1月22日付け）

②競合する交通機関が増えた

航空機や高速バスの台頭で、ロザを選択する優位性が崩れつつある。

③ロザとハザの設備差が縮まってきた

ハザの指定席増加と冷房化の進展により、座席の違い以外でロザのアドバンテージは崩れつつある。

④ロザの運賃はハザの2倍で相対的に高騰している

運賃・料金を1本化して、トータルでロザに割安感を与えたい。

これらの理由にはもっともな側面もありますが、昭和40～50年代、盛んに国鉄を利用した時のことを思い起こすと、実感に乏しい感じがしました。それはなぜなのかを次のように考えてみました。

まず①について。東京〜札幌や東京〜福岡というような長距離では、国鉄のロザと航空運賃との間に往復８０００円程度の開きがありました。これは当時の物価を考えると相当な差ですから、価格面でまだまだ国鉄のロザは航空機よりも優位だったはずです。
②について。国鉄運賃の往復割引が効かない東京〜大阪間などで航空機への移行が見られたようですし、昭和46年には東名・名神高速道路で国鉄の夜行ハイウェイバス「ドリーム号」が運転を開始しています。ただ、航空機は長距離ではまだ国鉄より割高でしたし、高速道路は発展途上でしたから、高速バスが鉄道を脅かす存在になるのは遠い先の話でした。
③について。特急ハザの冷房化率は１００パーセントでしたが、急行ハザの冷房化は昭和44年度の進捗率を見ると電車が32パーセント、気動車が12パーセント、客車が５パーセントでしたから、差が縮まったとはちょっと言いにくい感じがします。しかし、昭和48年度になると、電車が84パーセント、気動車が58パーセント、客車が45パーセントに上昇しており、急行ハザでもかなり快適な旅行ができるようにはなっています。
ただ、冷房を考えなくても、ロザの定員はハザのほぼ半分なので相当なゆとりがありますし、４人用のボックスシートが満員になる急行はまだまだ多かったですから、ハザとロザの差は高い

料金を支払っても余りあると思えました。

ちなみに昭和48年頃、札幌から函館行きの客車急行「ニセコ」に乗車したことがありましたが、4人掛けのボックスシートがびっしり埋まったハザのスハ45形に乗りながらの6時間の旅はとても辛いものがありました。少しでも楽になるために床に新聞紙を敷いて、靴を脱いでいる乗客までいたくらいです。隣に連結されたロザ（スロ62形）で優雅にリクライニングシートを倒した乗客たちを見ると、ハザとは比べものにならないほどの差を感じたものです。まさに別天地で、ロザとハザの格差が縮まったなどとは、とても思えませんでした。

④については、値下げになった区間ばかりではありませんでした。むしろ近距離で値上げになった区間が目立っています。このことについては34～40ページで詳しく紹介しています。

そんなわけで、グリーン車の誕生には表に出しにくい真意があったのではないかと思います。それは、昭和40年代に国鉄が取り巻かれていた状況や等級制があった時代の細かい問題点を辿ると浮き彫りになってきます。

昭和39年10月、国鉄は東京～新大阪間に東海道新幹線を開業させました。ところが、この年度の国鉄は、皮肉なことに初めて単年度赤字に陥っています。原因は、当初の計画より膨らんだ新幹線の建設予算というのが通説です。

これまで黒字経営を続けてきたのに赤字に転落したわけですから、普通の民間会社ならなんらかのリストラを行なうはずです。

ところが、国鉄は国民の足を確保するという重大な使命を持っていますし、政治とのしがらみも深いので、民間のようにはいきません。それに、収入や輸送量は依然右肩上がりでしたから、新幹線の設備はそのうち償却できるし、増発にしたがって収入も増え、赤字は自然解消すると思っていたのかもしれません。

慌てる必要はないというわけです。

事実、東海道新幹線が開業した翌年3月には、早くも山陽新幹線の建設が認可されています。トンネルが多く、軌道もスラブ(注)化する山陽新幹線は、東海道新幹線より予算がかかることが見込まれました。

国鉄のビッグプロジェクトは、昭和40年代に入っても目白押しでした。

昭和40年度には、昭和46年度にかけての第3次長期計画がスタートしています。2兆9720億円という巨額を投入し、設備の増強や新型車両の投入、スピードアップなどを図ろうというものでした。

その結果、昭和43年10月には「ヨン・サン・トオ」と呼ばれる大規模なダイヤ改正が行なわれ、東北本線の全線複線電化や主要幹線の軌道強化、特急の最高時速１２０キロ運転などを達成。昭和45年には日本万国博に対応して未曽有《みぞう》の大増発を行なったほか、(注)全国新幹線鉄道整備法案が可決されました。翌年には東北・上越新幹線の建設に着手しています。

車両面では、特急形の５８１・５８３系や４８５系、キハ１８１系といった意欲的な新車が次々と投入され、右肩上がりの中・長距離輸送に大きく貢献しました。

こうしためまぐるしい動きを見ていると、国鉄の「行け行けドンドン」は止まることを許されなかったのがわかります。

ところが、その割には国からの助成は少なく、ほかで儲けようにも、民業圧迫ということで鉄道以外の事業へ参入することも許されていませんでした。

ヨン・サン・トオ改正が行なわれた昭和43年度は、収入が９１９９億円だったのに対して、経費は1兆５４３億円という大幅な赤字で、年々膨らむ借入金もあって、実質の資産額と負債額がほぼ均衡するという破滅的な状況を迎えていました。まさに底のないバケツに注がれる水です。

このような状況で、輸送力増強に対応するには、借金以外では運賃・料金を値上げするしかありませんが、問題となるのが収入の根幹をなす運賃です。

運賃改訂は、物価に大きな影響を及ぼすという理由から昭和53年に国有鉄道運賃法が改正されるまで、国会での議決が必要でした。かと言って、昭和44年5月の運賃改訂のように、年度を跨《また》いでも国会が紛糾し続けるようでは安心して長期計画を実行できません。そこで考えられたのが、収入面において国鉄の裁量になる部分を増やすことでした。

昭和43年5月、国に国鉄の財政再建を検討する「国鉄財政再建推進会議」が設置されていますが、『日本国有鉄道百年史』にはその提言の一部がこのように書かれています。

「再建期間の初期において、公共負担の是正を含み実収10パーセント程度の運賃改訂を行なうとともに、その後における物価騰貴等のやむをえない要因に基づく運賃改訂については、国有鉄道運賃法の特例的措置として運輸大臣の認可事項とし、適切な時期においてこれを行なうことができるように提言する。」

傍線の部分は、国会の議決が必要な国鉄運賃の改訂に運輸大臣の裁量を加えることで弾力的に収入を確保する道を開こうとしたものですが、『日本国有鉄道百年史』には「特段の措置がとられなかった」と書かれています。

そこで、国鉄は運輸大臣（現・国土交通大臣）の認可があれば改訂することができる「料金」に着目したと思われます。

等級制廃止前まで、国鉄の料金は、特急、急行、準急という速達料金、座席指定という付加サービス的な料金に頼っていました。そこに、本来、運賃に含まれていた設備料を料金として分離できれば、運賃に頼るウエイトはかなり減るはずです。

事を成すのに先立つものがないのでは話になりません。グリーン料金が登場したのは、収入の不安から逃れたい国鉄の強い意思の表れだったのではないでしょうか？

（注）**▼スラブ**……レールを含む軌道を支える道床は、通常、砕石または砂利で造られているが、それがコンクリートになったものをスラブという。軌道をスラブ化すると保守が簡便になり、列車の高速化にも対応しやすくなるというメリットがある。東海道・山陽新幹線では、東海道区間が砕石、山陽区間がスラブのため、最高時速は前者が２７０キロに抑えられているのに対して、後者は３００キロまで出すことができる。

▼全国新幹線鉄道整備法……現在の整備新幹線の根拠となった法律で、昭和45年5月に成立した。第1条には「高速輸送体系の形成が国土の総合的かつ普遍的開発に果たす役割の重要性にか

んがみ、新幹線鉄道による全国的な鉄道網の整備を図り、もって国民経済の発展及び国民生活領域の拡大並びに地域の振興に資することを目的とする」とあり、新幹線により国土の均衡的発展を図ることが第一義とされている。平成14年12月に最終改正が行なわれ、現在に至っている。

異級変更もグリーン車誕生の引き金となった!?

グリーン車誕生の真意はもうひとつ考えられます。

国鉄各線では、線区によってはロザを連結していない列車が走っていたり、ロザを連結する列車があっても本数が少なかったり、満員で利用できなくなったりで、やむなくハザを利用することがありました。これは現在のＪＲでも同じです。

国鉄ではこれに対処して、ロザのきっぷを持っていた人に、不乗区間に応じてハザのきっぷとの差額を払い戻す「下級変更」の取扱いを行なっていました。逆に、ハザのきっぷを持っていた人に、乗車区間に応じてロザのきっぷとの差額を徴収する「上級変更」の取扱いもありました。これらを「異級変更」と言います。

国鉄の運賃は遠距離逓減《ていげん》制が採用されており、遠くへ行けば行くほど、キロあたりの賃率が安くなるように設定されていました。これもＪＲと変わりません。

●下級変更の取扱い

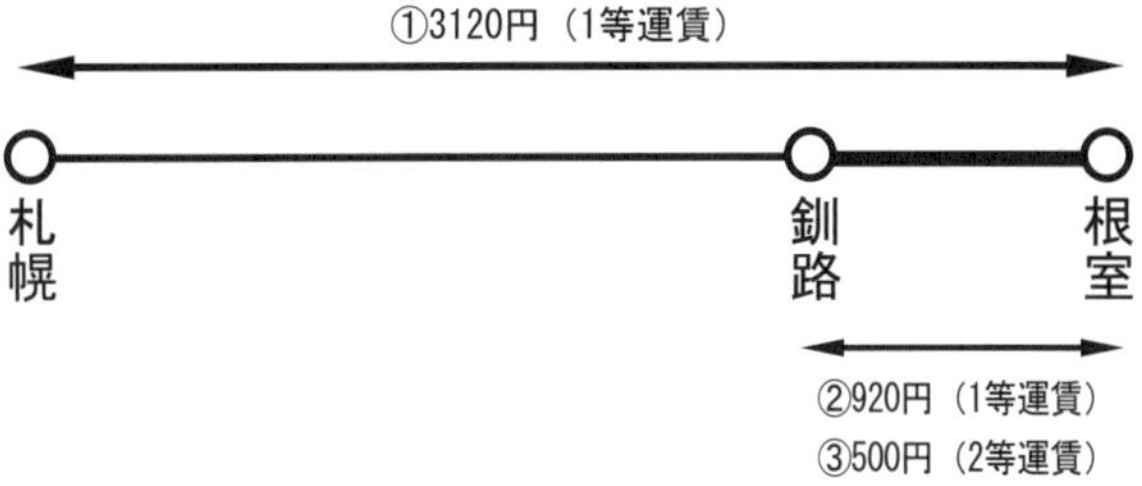

①のうち、②と③の差額420円が払い戻される

国鉄時代の一時期、「きっぷは目的地までお求めください」というPRをしていたことがありました。これは不正乗車を減らす目的もありましたが、「遠くまで買えば買うほどお得ですよ」ということも言いたかったのでしょう。

旅行の途中でロザを連結しない列車に乗るからといって、その区間だけハザのきっぷを別に買うのは得ではありませんし、出札係も計算が面倒になります。

そこで、「一応、目的地までロザの運賃をもらうけど、ロザに乗らない区間はハザとの差額を払い戻してあげるからね」という制度が生まれました。お金を立替え払いして、後で返してもらうようなものでしょうか。

このことを札幌～根室間を例に説明しましょう（上図参照）。

昭和40年代前半、札幌～釧路間を走る特急・急行にはすべてロザが連結されていました。これは現在も変わりません。ところが釧路～根室間はロザを連結する列車があるにはありましたが、本数は昭和43年（１９６８）10月改正時点でも上下各1本のみでした（現在、この区間にはロザを連結している列車はおろか、特急も急行もありません）。

ですから、札幌～根室間のロザ券を持っていても、大半の人は釧路～根室間で下級変更をしていたはずです。あるいは、札幌～根室間のハザ券を買い、札幌～釧路間だけ上級変更をしていた人もいると思いますが、この場合は最初からロザ券を買っていた人に配慮して一定の手数料を徴収するルールになっていましたから、釧路～根室間で下級変更をしたほうが得でした。

この手数料徴収は、ＪＲ東日本の普通列車用グリーン料金が事前料金と車内料金に分かれているのに考え方が似ていますね。

釧路～根室間の場合は、そもそも利用客が少ないので、異級変更に伴う精算はさほど煩雑ではなかったかもしれません。しかし、列車本数が多い東海道本線では、昭和30年代まで長距離の普通列車にもロザが当たり前のように連結されていましたから、ロザが満員だと細かい下級変更が頻繁に行なわれ、車掌や駅の精算所はさぞ大忙しだったと想像できます。

そんなわけでグリーン料金の設定は、後で面倒になる〝立替え払い〟を減らしたいという意図もあったと思われます。

自動車の販売に例えれば、いままでは全部の車種にカーナビを付けていたが、客から「もっと性能の良いものが欲しい」と要望があれば取り換えねばならず、それなら面倒なのでカーナビは最初からオプション扱いにする、というようなものでしょうか。カーナビが欲しければ別に買えばよいのと同じように、ロザに乗りたければその区間に応じたグリーン券をあらかじめ買っておけばよいということです。

こうしたグリーン料金のような制度は、海外の鉄道ではほとんど例がなく、極めて日本的なものだと言われています。

ただし、34〜40ページでも紹介していますが、初期のグリーン料金は、1個列車ごとに支払う現在とは異なり、利用距離に応じて支払うルールになっていました。つまり料金とはいっても、計算方法は運賃と同じだったのです。おそらく、これは出札業務の混乱を避けることが目的だったのでしょう。現在のように1個列車ごとにグリーン券を発売するよりは、距離に応じて通しで売っておいたほうが計算が楽ですし、取扱いのミスも少なくなりますから。

グリーン料金が、現在のように1個列車ごとの適用となったのは昭和49年のことですが、この頃になると、国鉄の指定券販売システム「MARS（マルス）」(注)の性能がかなり向上したので、ルールを変えても簡単に対応できるようになったのでしょう。

現在、上級変更する際はグリーン券かグリーン料金に相当する「指定料金券」を購入すればよいというルールがあります。これですと、そもそも下級変更はないですし、単に上級の料金を追加するだけですから、初期のグリーン料金と比べるとはるかに取扱いが楽になっているはずです。

（注）▼ＭＡＲＳ（マルス）……「Multi-Access Reservation System」の略とされている。昭和30年代まで国鉄の指定券類は乗車券センターによる手作業で発券されていたが、取扱い席数の増大に応じて電算機システムが必要となり、昭和35年に第1号のＭＡＲＳ－１が誕生した。昭和39年にはその改良型であるＭＡＲＳ－１０１が登場し、以後、取扱い量の増大に応じて、ＭＡＲＳ－１０２・１０３・１０５・３０１・３０５・５０１と発展。初期のＭＡＲＳでは二重発券などのトラブルが絶えなかったが、昭和47年から登場したＭＡＲＳ－１０５から安定。現在はＪＲのあらゆるきっぷを発券できる総合的なシステムに進化している。ＭＡＲＳ－１はさいたま市の鉄道博物館に保存されている。

ひと駅違いでグリーン料金を余計に払わされたことも……

グリーン車が登場する以前、ロザを利用するには1等運賃が必要でした。特急、急行のロザを利用するには、別に1等の特急料金や急行料金も必要でした。さらにロザが指定席の場合は、1

等の指定席券も買わなくてはなりませんでした。

2等に対する1等のレートは、運賃がほぼ倍、特急・急行料金が2・2倍、指定席料金が2倍でした。

ロザを利用するには、なにかにつけてハザの倍額が必要だったのです。その〝見かけ上〟の割高感を失くそうというのが、等級制廃止の「表立った狙い」でした。

では、グリーン車は、あらゆる面で1等時代より安くなったのでしょうか?

まずは、昭和44年（1969）5月のグリーン車移行時における特急・急行用グリーン料金を見てみましょう。

200キロまで……………800円
400キロまで……………1400円
600キロまで……………2000円
1000キロまで…………2600円
1400キロまで…………3200円
1800キロまで…………3800円

最低料金が800円で、600キロまでは200キロ刻みで600

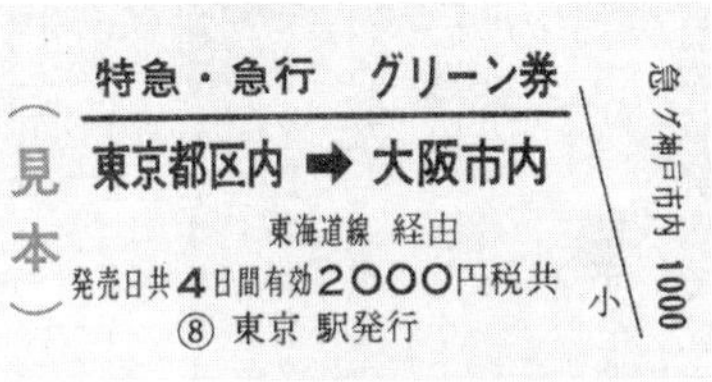

初期の特急・急行用グリーン券の見本。東京都区内〜大阪市内間は600キロまでの距離区分だった（日本国有鉄道刊「われらの国鉄」より転載）

円、６００・１キロ以上は４００キロ刻みで６００円の加算となっています。便宜上、１０００キロまで、１４００キロまで、１８００キロまでの料金も示しましたが、要は６００・１キロを超えると４００キロ単位で青天井の計算になっていました。

この距離単位の刻みを国鉄では「キロ地帯」と呼んでいます。

ただし、当時のグリーン料金は、33ページでも少し触れたように、現在のような１個列車ごとの適用ではなく、乗車距離に応じた適用でした。つまり、計算方法は運賃とまったく同じだったのです。

当時、ロザを連結した最も長い距離を走る列車は、東京～西鹿児島（現・鹿児島中央）間を日豊本線経由で結んでいた急行[注]「高千穂」で、営業距離は１５７４・２キロ。全区間のグリーン料金は３８００円でした。しかし、終着の西鹿児島まで乗っても、急行料金の計算は打ち切られますが、グリーン料金の計算は打ち切られません。さらに、鹿児島本線経由で長崎方面へ向かう行程なら、東京→大分→西鹿児島→熊本→鳥栖→長崎というコースのグリーン券を購入できたわけです。有効期間内なら途中下車もできました。

そんなルールにも落とし穴がありました。

運賃と同じ計算ルールなのに、キロ地帯の刻みが1等時代より大雑把になったことです。最低でも２００キロまでとなったので近距離では割高で、たとえば、閑散期以外に上野と常磐線の植田の間（１９０キロ）で急行「ときわ」のグリーン車指定席を利用した場合、1等時代より２１０円割高になっていました。

さらに、植田から７・２キロ先の泉まで行く場合を見てみましょう。

上野〜泉間の営業距離は１９７・２キロです。しかし、泉は東京から２００・１キロ以上離れており、上野は東京都区内のエリアに入っているので「特定都区市内制度」(注)が適用されます。

そうなると、上野から乗る場合でも運賃計算は東京からとなり、実際に乗車する区間の運賃より90円余計に支払うことになります。

実は、初期のグリーン料金もこれと同じルールが適用されていて、上野〜泉間の場合、本来は２００キロまでの８００円で済むところを、６００円多い１４００円を払う必要がありました。当時の６００円は、食堂車でビーフシチュー定食を食べてもまだお釣りがくる額ですから、庶民にとってはちょっと無視できない金額です。植田の場合は、東京から50・１キロ以上離れているので、東京電車環状線内の発着扱いとなり、これも東京からの計算となりますが、上野発と同じく２００キロ以内に収まっているので問題はありませんでした。

●初期のグリーン料金の矛盾

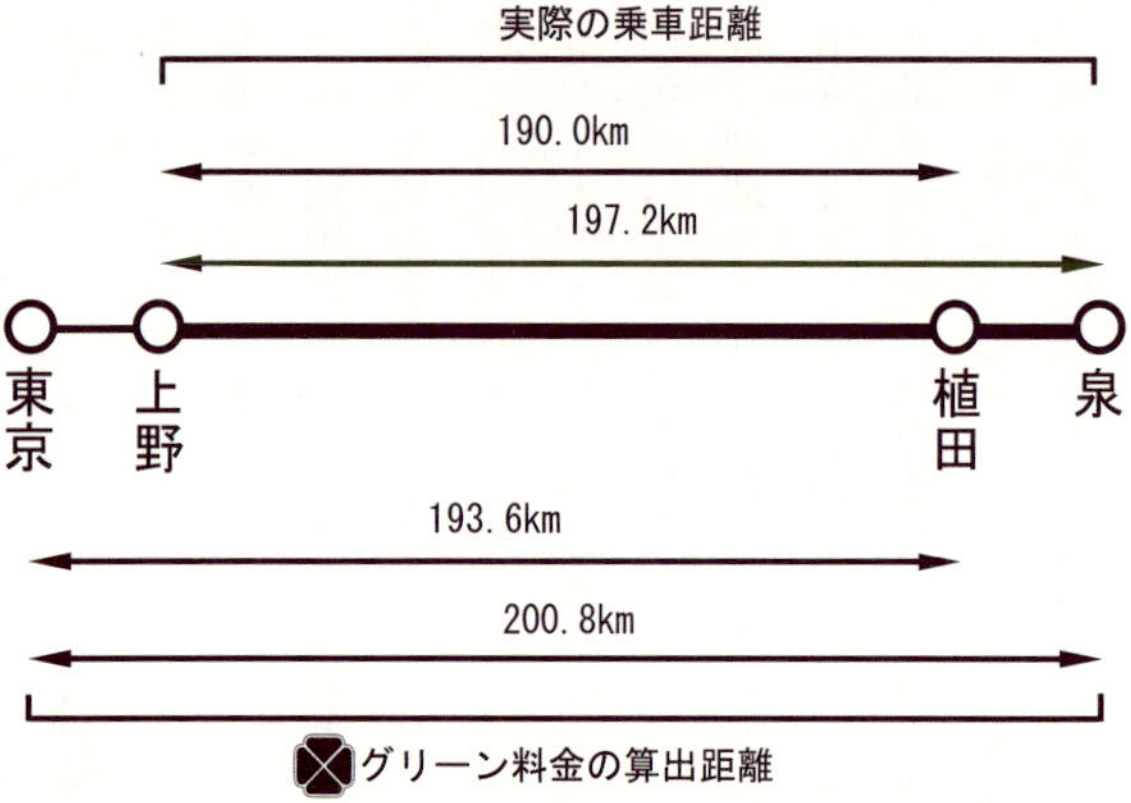

植田、泉とも乗車距離は上野から200キロ以内。しかし泉は東京から200.8キロ離れているので、特定都区市内制度が適用され、グリーン料金が1ランク跳ね上がった

東京～上野間は、昭和48年（1973）3月までロザを連結した特急・急行の一部が乗り入れてはいましたが、上野発のロザに乗るのに、わざわざ東京～上野間の特急・急行券を別に買う人はいないでしょう。乗ろうとしても本数はわずかなので、通常は国電（山手線か京浜東北線）を利用するはずです。

この矛盾を知っている人なら、植田までのグリーン券を買って、植田～泉間は普通車に移ったほうが得だと考えたと思います。植田～泉間はひと駅でたったの6～7分ですから。

いくら出札業務の都合で、グリーン料金が運賃のルールを準用しているといっても、本来、料金には適用されない特定都区市内制度まで持ち出すのはおかしな話です。

　さすがの国鉄も、この点は新聞などで批判を浴びたせいか、昭和49年10月の運賃・料金改訂時には、特急・急行用グリーン料金を１個列車単位で適用するルールに改め、特定都区市内制度の準用を全面的に廃止しました。つまり、扱いが特急・急行料金と同じになり、晴れて次のような「料金」となったわけです。

　　１００キロまで………５００円
　　２００キロまで………１０００円
　　４００キロまで………１５００円
　　４０１キロ以上……２０００円

　１個列車単位となったことで、途中下車ができなくなり、列車を乗り継ぐと割高になるケースも出てきましたが、近距離では新たに１００キロまでの距離区分が設けられたので割安感が高まりました。長距離でも、１本の列車に乗るだけならかなりの割安で、「高千穂」のロザを全区間乗り通す場合、グリーン料金は半額近くになりました。

　そんなわけで、この改訂後、グリーン車の人気が爆発的に高まりました。特に、大阪～青森間の「白鳥」や上野～青森間の「はつかり」、函館～釧路間の「おおぞら」、新大阪～博多間の「まつかぜ」といった７００～１０００キロクラスの長距離特急は、乗り得感があったと思います。

（注）**▼急行「高千穂」**……日豊本線初の東京直通列車で、昭和26年11月から運転を開始した。当初は「たかちほ」の愛称名で東京～都城《みやこのじょう》間の運転だったが、昭和31年11月改正で西鹿児島（現・鹿児島中央）まで延長され「高千穂」に改称。日本最長の急行列車となったが、昭和50年3月改正で廃止された。

▼特定都区市内制度……昭和15年4月から始まった制度。特定の大都市圏のゾーンに基準駅を設けて、そこから一定の距離の駅へ行く場合、ゾーン内のどこの駅から乗っても基準駅からの距離で運賃を計算する。東京周辺の場合、基準駅は東京駅に設定されており、現在、東京から１００・１キロ以上の駅へ行く場合は山手線内のゾーン、２００・１キロ以上の駅へ行く場合は東京都区内ゾーン発の扱いとなり、東京からの距離で運賃を算出する。

普通列車のロザなら鴨宮まで乗っても土佐佐賀まで乗っても３００円

グリーン料金は、特急・急行用とは別に、普通列車用も設定されました。これは、特急・急行用よりかなり割安に設定されています。料金は次のようになっていました。

20キロまで……１００円
40キロまで……１５０円

60キロまで……200円
80キロまで……250円
81キロ以上……300円

これを見ると、最低料金が100円で、80キロまでは20キロ刻みで50円ずつ加算されているのがわかります。計算ルールは特急・急行用と同じですが、81キロ以上はどこまで行っても300円です。それでも途中下車ができました。

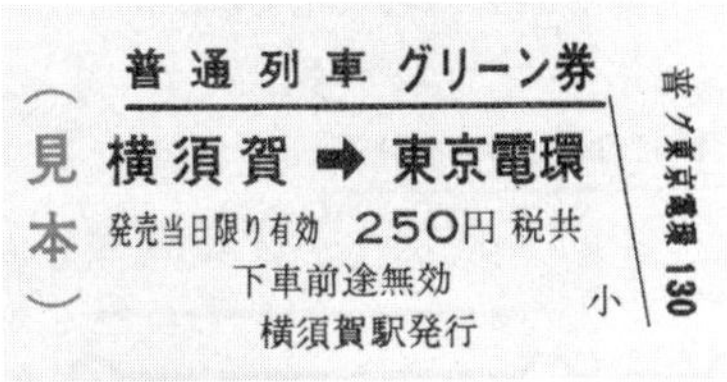

初期の普通列車用グリーン券の見本　東京電環の記載は後に「東京山手線内」に変わった（日本国有鉄道刊「われらの国鉄」より転載）

キロ地帯を見ると、東海道本線や横須賀線のロザを意識したものであることは明らかですが、当時は長距離普通列車のロザが主要幹線に若干残っていました。

グリーン車登場当時、四国には営業距離252・2キロを誇る高松発土佐佐賀行きの721Dという列車がありました。これに高松から乗った場合、グリーン料金は三縄《みなわ》から先、どんなに遠くても300円でした。

また、東海道本線では、後に〝大垣夜行〟と言われた東京発大垣行きの143Mがありました。この列車の場合、神奈川県の鴨宮《かものみや》から先

●グリーン料金の計算方

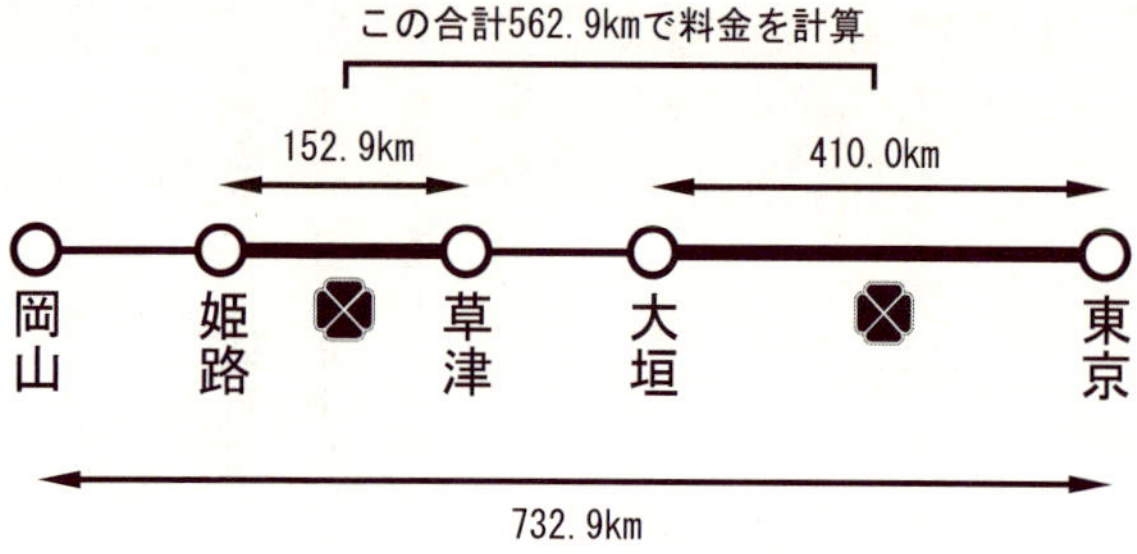

はどんなに遠くまで乗っても３００円です。ところが、終点の大垣から先へ乗り継いでも３００円だったのです。

当時、大垣以西では、赤穂《あこう》線の播州赤穂までロザを連結した普通列車が走っていました。１４３Ｍから直接連絡する西明石行き７４７Ｍにはロザがありませんでしたが、米原か草津でロザを連結した列車に乗り継ぐことができました。

なぜそのようなことができるのかというと、当時のグリーン料金は、ロザの連結がない区間を除いて乗車距離を通算するルールがあったからです。

たとえば、上図のように、東京を１４３Ｍで出発して岡山まで行くとします。乗継ぎの関係で、大垣〜草津間と姫路〜岡山間はロザがない列車に乗ることになりますが、この場合のグリーン料金は、東京〜大垣間４１０キロ、草津〜姫路間１５２・９キロの合計５６２・９キロで計算することになります。ですから東京から81キロ以上のグリーン券を持っていれば、そのまま大手を振ってロザに乗り続けられたわけです。

いまから考えるとなんともおかしな話ですが、この方法でいくと、１４３Ｍからの乗継ぎで高松まで行って、７２１Ｄに乗り継いでも、東京からのグリーン券をそのまま使えることになります。普通列車用グリーン券は距離にかかわらず有効期間は2日間ですが、運賃と同じく継(注)続乗車船が適用されるので、3日目に７２１Ｄに乗っても途中下車しなければ、2日前発行のグリーン券を土佐佐賀まで使えてしまうわけです。

現在と物価は違いますが、３００円で東京から四国の南までロザを利用できるとは、なんだかロマンを感じませんか？　もっとも体力勝負になるのは目に見えていますが……。

ですから、当時の普通列車用グリーン券は、使い方次第でかなりお得だったのです。

逆に、短距離ではまったくお得感はありませんでした。

東京〜横浜間の場合、1等は２１０円で済みましたが、グリーンは２７０円になりました。しかも運賃が１２０円なのにグリーン料金は１５０円と、料金のほうが高くなるという逆転現象まで起きています。

昭和44年（１９６９）5月には普通運賃（旧2等運賃）の値上げもあったので、値上げ前の状態を勘案すると、実質的には東京～湯河原間でどっこいどっこい。原まで行くと、値上げ額を吸収し、グリーンが初めて1等を下回ります。

普通列車用グリーン券は、連結列車が多い関東の東海道本線や横須賀線、関西の東海道・山陽本線がおもなターゲットですから、短距離で割高でもよかったのです。東京から四国まで〝鈍行のロザ〟に乗る酔狂な客など物の数ではないと考えていたのでしょう。

そんな普通列車用グリーン料金も、特急・急行用と同じく、昭和49年10月の改訂で1個列車単位の適用に改められました。物の数ではないといっても、さすがに東京から四国まで３００円で乗られたらかなわないと思ったのでしょうか？

この時のキロ地帯は、50キロまで２００円、51キロ以上３００円の2段階に改められています。

（注）▼継続乗車船……乗車（船）中にきっぷの有効期間が過ぎても、途中下車しなければ着駅まできっぷを利用できる制度。目的地にきっぷの有効期限が切れる0時ぎりぎりまで滞在しても、0時（24時）になる前に発車する夜行列車に乗れば、きっぷを有効活用することができた。

Column

わずか2年間で4倍も高騰したグリーン料金

国鉄のグリーン料金は、昭和50年代に入って激しく高騰しました。

特急・急行用グリーン料金の場合、昭和50年（１９７５）3月の改訂で６００キロまで、８００キロまで、８０１キロ以上のキロ地帯が追加されています。これは、山陽新幹線が博多まで延びたためで、６０１キロ以上は１０００～２０００円の値上げになっています。

しかし、これはまだかわいいほうで、同年の11月にはなんと、６００キロまでで2倍、それ以上で約１・７倍もの値上げが行なわれています。さらに昭和51年11月にも値上げが行なわれ、前回改訂時より１・５～２倍も高くなりました。８０１キロ以上の場合、昭和49年10月の改訂を基準にすると4倍以上の値上げになっています。寝台料金も激しく値上がりしているので、東京～札幌間や東京～福岡間のような長距離ではかなりの人が航空機利用に移ったはずです。

ＪＲグループのグリーン料金が、発足から25年間で横ばいか値下げ傾向になっているだけに、昭和50年から51年にかけての国鉄の値上げがいかに無謀であったのかがわかります。

値上げになったからといってサービスがよくなったわけではなく、洗面所の石鹸やリクライニングシートの肘掛けのカバーが省略されたりしました。これで、現在のＪＲ北海道やＪＲ東日本などのように、女性アテンダントがニッコリ笑顔でドリンクをサービスしてくれれば、まだ救いがあったのかもしれませんが……。

昭和50年代といえば、東海道・山陽新幹線が博多まで開業し、残るビッグプロジェクトは東北・上越新幹線の建設でしたが、これは国鉄が自前で進めていたため、財政難に拍車をかけていたことは否めません。その一方で、労使関係は、昭和40年代中盤からこじれ続けており、昭和48年には有名な上尾《あげお》事件が勃発。そして、昭和50年のスト権ストで〝こじれ〟はピークになりました。労使関係の悪化は、値上げ以外で客離れを誘う原因となりました。

政府も、国鉄運賃の値上げは消費者物価に跳ね返るという金科玉条から逃れられず、政策的に運賃の上げ幅を抑制する方針を続けました。その結果、稼ぎを「料金」で確保するというグリーン車登場当時の〝精神〟が強力に徹底され、結果として国鉄離れの悪循環を招きました。

これが昭和40年代であれば、経済成長がまだ右肩上がりでしたし、急行の冷房化も過渡期にあったので、グリーン車の費用対効果はまだよかったわけです。しかし、昭和50年代に入ると、ごく一部の気動車急行や客車急行を除いて冷房化が浸透したこともあって、わずか2年で4倍も値上げされては、「バカ高いグリーン料金を払うくらいなら普通車にも冷房があるから我慢できるし、差額は駅弁でも買ったほうがマシだよね」という雰囲気になるのも無理はありません。

東京〜札幌や東京〜福岡の長距離では、航空路線に大型旅客機が相次いで就航したのもグリーン車には逆風でした。かつては国鉄のお得意様で、学割付きの周遊券を利用していた学生たちが「スカイメイトを使えば国鉄より安いよね」と言い出した時期でもあります（それでも私は頑なに国鉄を利用していましたが……）。

昭和52年9月には、さすがに上げ過ぎたというわけで、グリーン料金は昭和50年11月の水準に戻されま

●特急・急行用グリーン料金の変遷

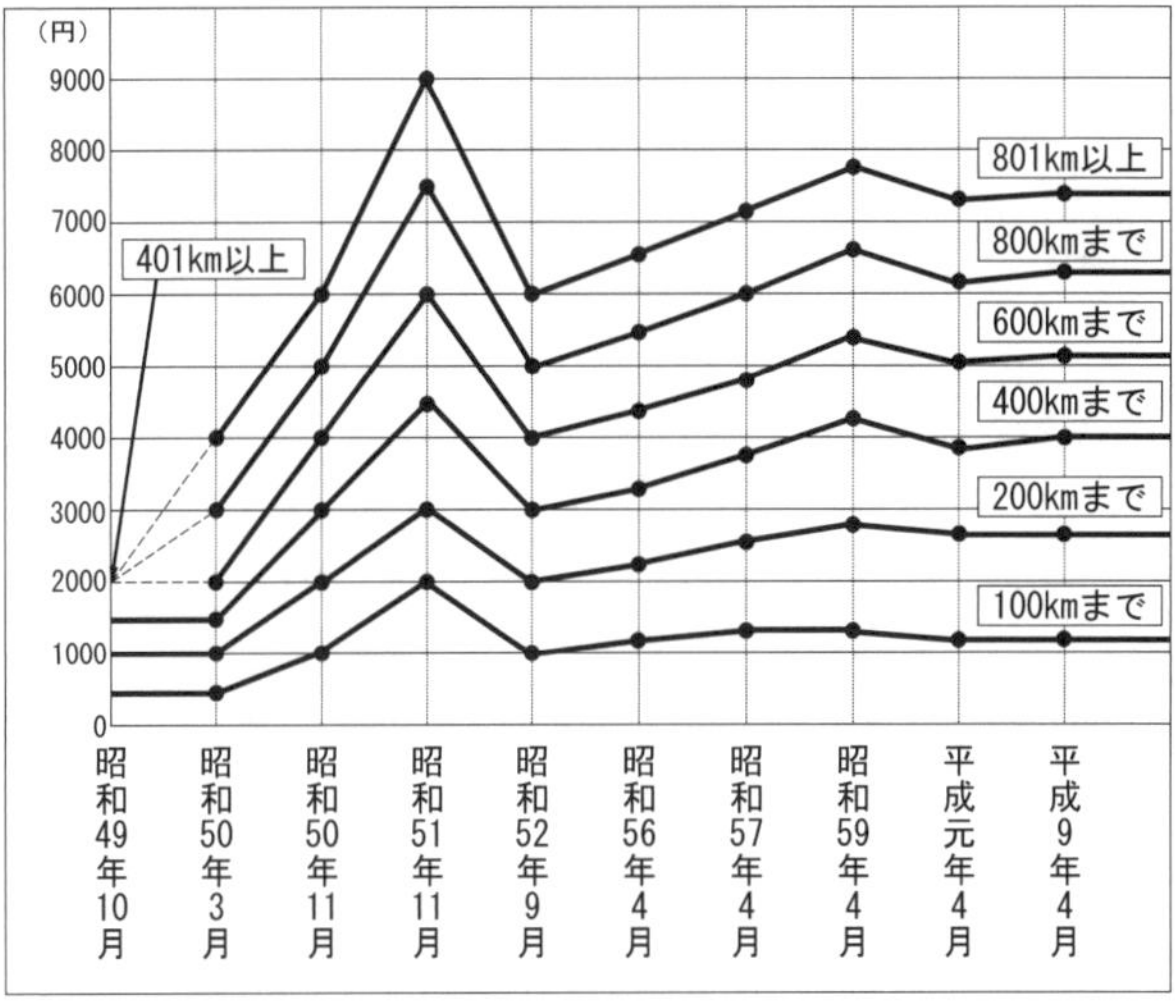
（円）
9000
8000
7000
6000
5000
4000
3000
2000
1000
0
401km以上
801km以上
800kmまで
600kmまで
400kmまで
200kmまで
100kmまで
昭和49年10月
昭和50年3月
昭和50年11月
昭和51年11月
昭和52年9月
昭和56年4月
昭和57年4月
昭和59年4月
平成元年4月
平成9年4月

●普通列車用グリーン料金の変遷

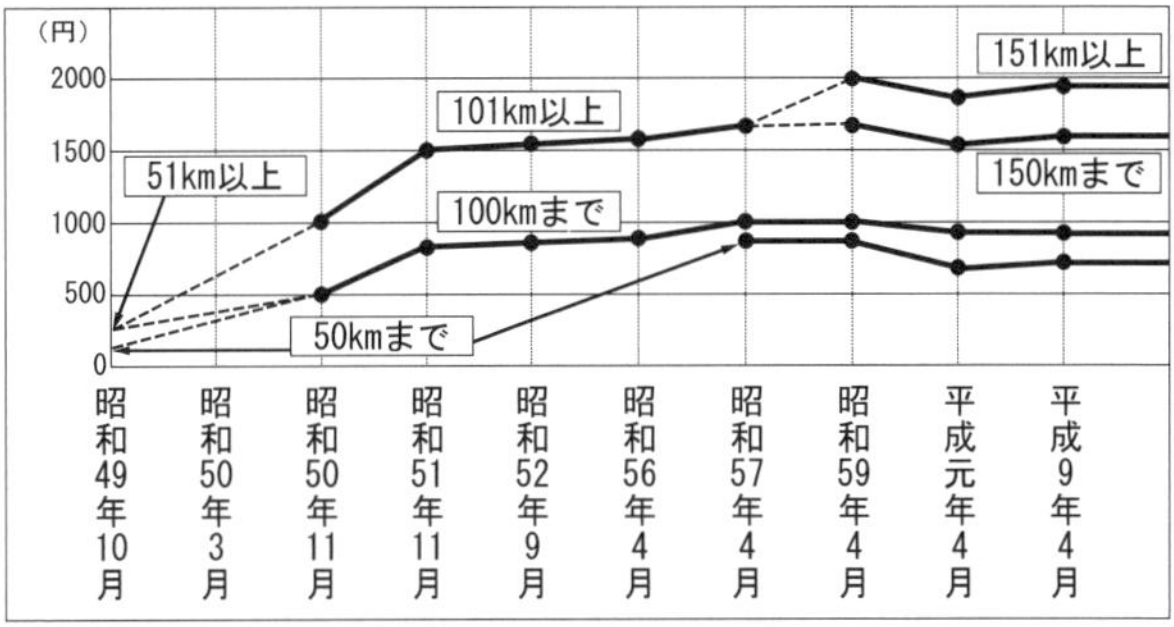
（円）
2000
1500
1000
500
0
151km以上
101km以上
51km以上
150kmまで
100kmまで
50kmまで
昭和49年10月
昭和50年3月
昭和50年11月
昭和51年11月
昭和52年9月
昭和56年4月
昭和57年4月
昭和59年4月
平成元年4月
平成9年4月

総武快速線～横須賀線で使われている普通列車用サロE217形の車内

したが、時すでに遅しで、グリーン車の人気挽回には「フルムーン夫婦グリーンパス」など特別企画乗車券（いわゆる「トクトクきっぷ」）の発売でテコ入れを図るしか方法がなくなりました。

　現在の特急・急行用グリーン料金は、昭和52年９月の改訂からほぼ横ばい状態。ＪＲ東日本とＪＲ九州を除けば平成９年（１９９７）４月の改訂から全く変わっていません。平成元年４月に普通列車用も含めてグリーン料金が値下げになっていますが、これは消費税（３パーセント）が導入された関係で、１等時代から課せられていた10パーセントの通行税が廃止になったためです。

　その後、ＪＲ東日本やＪＲ九州では独自にグリーン料金を設定する動きが見られました。ＪＲ九州は平成８年11月、ＪＲ東日本は平成14年12月に独自の改訂を行ない、ほかの４社より距離によっては２００円程度割安になりました。

さらにＪＲ九州は、平成17年10月にグレードの高いＤＸ（デラックス）グリーン料金を設定。ＪＲ東日本は平成23年３月に東北新幹線「はやぶさ」で最上級のグリーン車「グランクラス」の営業を開始したことにより、「グランクラス」用の料金を設定しています。

一方、普通列車用のグリーン料金は、昭和56年４月の改訂からほぼ横ばい状態です。

昭和50年11月の改訂では、キロ地帯が１００キロまでと１０１キロ以上となり、値上げ前と比べると50キロまでが２・５倍、１００キロまでが約１・７倍、１０１キロ以上が３倍以上の値上げとなっています。

平日より割安な休日用の普通列車用グリーン券。現在はSuicaによるグリーン車利用が普及しているので、このような紙のきっぷをほとんど見かけないかもしれない

さらに翌年11月には、１００キロまでが１・４倍、１０１キロ以上が１・５倍に上がっています。この時は１００キロまでが７００円、１０１キロ以上が１５００円だったので、２００キロまで利用する場合、１００キロごとに区間を分けて買うと、１０１キロ以上の料金より１００円安くなるという皮肉な現象が生まれています。

さすがにそれではまずいと思ったのか、昭和56年４月の改訂では、各キロ地帯で１００円ずつ値上げされています。

ＪＲ移行後は、平成16年10月にＪＲ東日本が独自の改訂を行ない、キロ地帯が50キロまでと51キロ以上の２本建てとなりました。

さらに料金を平日とホリデーに分け、それぞれに事前料金と車内料金を設定しています。ホリデー料金は平日料金より安く設定されたため、土休日や年末年始に終日利用できた格安の「データイムグリーン料金回数券」は廃止されています。

また、通勤・通学定期券でもグリーン券の追加だけで利用できるようになったため、グリーン回数券が廃止となりました。現在では首都圏ですっかりおなじみとなったグリーン車Ｓｕｉｃａ（スイカ）システムもこの時から始まっています。

なお、中央線や青梅線を走る「中央ライナー」「青梅ライナー」では、通常のグリーン料金は適用されず、７００円の定額料金が設定されています。

私鉄の名鉄や伊豆急にもあったグリーン車

さて、グリーン車への移行時には、全国の国鉄にどの程度のロザが存在していたのでしょうか。56～57ページでは、昭和44年（１９６９）５月10日当時の車両基地（運転所、運転区、機関区、気動車区、客車区、客貨車区、管理所）別にロザの配置両数を示しています。これを見ると、国鉄で車籍を持っていた車両は合計１１６２両で、内訳は電車が５６０両、気動車が３２６両、客車が２７６両でした。

このうち、座席が固定クロスシート（いわゆるボックスシート）のサロ85形と回転クロスシートのサロ１１０形、サロ１１１形、キロ25形、貴賓用のクロ１５７形を除いて、すべてリクライ

客車ロザとして代表的な存在だったスロ62形

ニングシートの車両となっていました。

　リクライニングシートのロザは、昭和25年4月に特急「つばめ」で連結を開始したスロ60形が最初でした。それ以前のロザは固定クロスシートか転換クロスシートのみだったので、国鉄部内ではリクライニングシートのロザを〝特ロ〟、それ以外のロザを〝並ロ〟と呼んで区別していました。

　グリーン車移行時点に、普通列車以外で〝並ロ〟を使っていた列車はほぼ皆無でしたが、新潟運転所と名古屋、梅小路《うめこうじ》、福知山、米子、岡山、岩国、小郡《おごおり》の各機関区には、かつて急行や準急に使われていた回転クロスシートのキロ25形が残っていたので、臨時列車で使われたことがあったのかもしれません。

　キロ25形は昭和44年中にすべてハザに格下げとなり、

キハ26形４００番代に形式変更されています。

また、神領《じんりょう》電車区と大垣電車区には、80系電車の〝並ロ〟であるサロ85形が配置されていましたが、こちらはロザの形式のままハザの代用として使われていました。

東海道本線をおもな舞台に活躍していた80系電車は、昭和25年3月に「湘南電車」（当時は「湘南伊豆電車」）として東海道本線にデビューしましたが、昭和30年代後半に新性能電車の１１１系や１１３系が台頭してからは、次第に名古屋地区や岡山、広島地区へ転出しています。これらの地区ではロザの需要が低いため、サロ85はハザへの格下げ使用が目立っていました。サロ85として残っていた2両は、昭和45年4月には正式にハザとなり、サハ85形に形式変更されています。

　一方、おもしろいのは、私鉄にもロザがあったことです。

伊東と伊豆急下田を結ぶ伊豆急行では、クロハ１５０形1両（クロハ１５５）、サロ１８０形４両（サロ１８４〜１８７）、サロハ１８０形3両（サロハ１８１〜１８３）を保有していました。これは、国鉄と伊豆急行の相互乗入れに対応したもので、国鉄側からはサロ１５７形を連結した特急「あまぎ」、サロ１５２形を連結した急行「伊豆」が乗り入れていました。

　サロ１８０形は、昭和45年にサロ１８１・１８２が増備されましたが、代わりにクロハ１５５

伊豆急行のオリジナルロザだったサロ180形

をハザに改造。サロハ１８０形も、昭和48年までにハザに改造されました。

昭和61年にはロザがすべてハザに格下げとなり、昭和62年にはサハ１８４（旧サロ１８４）を改造したサロ１８０１が登場。「ロイヤルボックス」という愛称が付けられましたが、平成11年（１９９９）にサハ１８０１に格下げられた後に廃車されています。

また、名古屋鉄道では、キロ８１００形を2両（キロ８１０１、キロ８１５１）保有していました。これは、昭和40年8月に、神宮前（現・廃止）～新名古屋（現・名鉄名古屋）～高山間で運転を開始した国鉄直通の臨時準急「たかやま」に連結されていたロザで、キロ８１０１形は気動車では珍しい運転台付きのロザでした。

「たかやま」は、昭和40年10月改正で定期列車となり、昭和41年3月には急行に格上げ。この年の12月には運転区間が飛騨古川まで延長になりました。そして、昭和45年7月15日には「北アルプス」に改称され、富山地方鉄道の立山まで延長。名鉄～国鉄～富山地鉄による3社直通運転が実現しています。

立山延長の際、富山地方鉄道線内のホーム長の関係で編成が3両に制限されること、自由席の人気が高いこと、3社直通によるグリーン料金の精算が煩雑になることが影響して「たかやま」のグリーン車が廃止されることになりました。このため、キロ８１０１、キロ８１５１はグリーン車としては短命で、昭和44年8月限りで連結を終了。昭和45年5月までにハザに改造されています。

ちなみに、名古屋鉄道線内のグリーン料金は、距離に関係なく９５０円でした。当時、新名古屋～鵜沼《うぬま》間の運賃は２３０円でしたから、グリーン料金はなんとその4倍。おそらく国鉄直通以外の利用客は少なかったのではないでしょうか。

現在も、ＪＲ以外で第三セクター鉄道の北越急行（六日町～犀潟《さいがた》）、智頭《ちず》急行（上郡《かみごおり》～智頭）、土佐くろしお鉄道（窪川～宿毛《すくも》）がＪＲ乗入れに対応してロザを保有していますが、純然としたオリジナルのロザは、特急「スーパーはくと」に連結されている智頭急行のＨＯＴ７０５０形だけです。

56～57ページに示した車両で残っているのはＪＲ東日本田町車両センター（旧田町電車区）に配置されているクロ１５７形のみですが、これは一般営業用ではないため、実質的にグリーン車誕生時のロザはサロ５８１形を除いて全滅しています。

均一周遊券のためにあったロザの半室指定席

前節では〝特ロ〟〝並ロ〟という言葉が出てきました。

ロザが〝並ロ〟だけだった時代は、特急を除いて自由席が基本でした。〝特ロ〟は登場時から指定席として営業しており、リクライニングシート付きのロザが増備されるまで、全国の主要な急行には指定席の〝特ロ〟と自由席の〝並ロ〟が1両ずつ連結されるのが基本でした。

昭和33年（１９５８）10月の改正では、急行のロザが指定席も自由席も〝特ロ〟になりました。まだまだ列車本数が少ない時代ですから、〝特ロ〟が2両になっても選択の自由を与えようとしたわけです。

ただし、利用率が少ない列車ではロザが1両だけのことがありました。その場合、乗り心地がよい車内中央部の座席を指定席、それ以外の座席を自由席とする「半室指定席」の扱いが行なわれており、指定席には枕カバーに「指定席」の文字が縫い付けられていました。

［参考］グリーン車誕生当時の区所別ロザ配置状況

※（　）内は両数、［幹］＝新幹線

■釧路客貨車区　スロ52（6）

■池田機関区　キロ26（2）

■旭川機関区　キロ26（3）

■札幌運転区　キロ26（9）、スロ52（9）、スロ54（5）、スロフ52（1）

■苗穂機関区　キロ26（8）

■函館運転所　キロ26（6）、キロ80(15)、スロ52（3）、スロ54（3）、スロ62（2）、スロフ52（1）

■青森運転所　サロ581（7）、キロ28（10）、スロ62（13）、スロフ62（5）

■盛岡客貨車区　キロ28（3）

■秋田機関区　キロ28（6）

■秋田客車区　スロ62（5）

■山形機関区　キロ28（3）

■陸東・石巻線管理所　キロ28（6）

■仙台運転所　サロ451（13）、サロ455（18）、クロ481（11）、スロ51（3）、スロ62（4）、スロフ62（1）

■酒田客貨車区　スロ51（1）

■新潟運転所　サロ165（14）、キロ25（2）、キロ28（15）、スロ62（1）、スロフ62（1）

■直江津客貨車区　スロ62（3）

■新前橋電車区　サロ165（27）

■勝田電車区　サロ451（9）

■千葉気動車区　キロ28（4）

■尾久客車区　キロ80（6）、スロ62（24）、スロフ51（2）

■田町電車区　モロ180（10）、モロ181（10）、クロ157（1）、サロ150（1）、サロ152（9）、サロ157（6）、サロ165（19）、サロ180（5）、サロ181（3）

■品川客車区　ナロ20（3）、オロ11（4）、スロ54（5）、スロ62（7）、スロフ51（2）、スロフ53（3）、スロフ62（6）

■大船電車区　サロ110（42）、サロ111（34）

■松本運転所　サロ165（20）、キロ58（6）

■長野運転所　サロ169（24）、キロ27（7）、キロ28（3）、キロ58（2）

■静岡運転所　サロ110（11）、サロ111（11）

■名古屋機関区　キロ25（2）、キロ28（10）、キサロ90（3）、キロ180（2）

■名古屋客貨車区　スロ51（2）、スロ54（7）、スロ62（10）、スロフ53（2）

■大垣電車区　サロ152（3）、サロ163（7）、サロ85（1）

■神領電車区　サロ85（1）

■美濃太田機関区　キロ28（9）

■金沢運転所　サロ451（9）、サロ455（9）、キロ28（3）、キロ80（4）、
スロ62（12）、スロフ53（3）
■福井客貨車区　スロ62（3）
■米原客貨車区　スロ51（4）、スロフ53（2）
■向日町運転所　モロ180（8）、モロ181（8）、クロハ181（8）、
サロ165（5）、サロ481（18）、キロ80（20）、
スロ54（7）、スロ62（5）、スロフ51（2）、スロフ53（4）
■梅小路機関区　キロ25（4）、キロ28（4）
■高槻電車区　サロ110（10）、サロ112（15）
■宮原電車区　サロ165（22）
■宮原機関区　キロ28（6）
■宮原客車区　オロ11（3）、スロ51（4）、スロ54（6）、スロ62（10）、
スロフ62（2）
■和歌山機関区　キロ28（21）、キロ80（11）
■竜華客貨車区　スロ51（7）、スロ54（4）、スロフ53（5）
■岡山気動車区　キロ25（1）、キロ28（1）
■広島運転所　キロ28（7）、スロ54（3）
■岩国機関区　キロ25（1）、キロ28（2）
■小郡機関区　キロ25（1）、キロ28（2）
■福知山機関区　キロ25（1）、キロ28（7）
■鳥取機関区　キロ28（3）
■米子機関区　キロ25（2）、キロ28（11）
■出雲客貨車区　スロ51（3）
■浜田機関区　キロ28（5）
■高松運転所　キロ28（23）
■下関運転所　サロ152（3）、サロ165（3）
■南福岡電車区　サロ455（14）、サロ581（12）
■竹下気動車区　キロ28（14）
■竹下客車区　スロ54（3）
■長崎機関区　キロ28（7）
■長崎客貨車区　オロ11（5）
■早岐客貨車区　スロ51（4）、スロ54（4）、スロフ51（2）
■大分運転所　キロ28（10）
■都城客貨車区　キロ28（3）、オロ11（7）、スロ51（2）
■人吉機関区　キロ28（2）
■鹿児島運転所　キロ28（4）、キロ80（4）、オロ11（14）、スロフ53（2）
■[幹]東京運転所　15（20）、16（25）
■[幹]大阪運転所　15（20）、16（34）
■伊豆急行　クロハ150（1）、サロ180（4）、サロハ180（3）
■名古屋鉄道　キロ8101（1）、キロ8151（1）

この扱いはグリーン車になった後も続けられ、当時の時刻表に掲載されている編成案内のページでは「指自」の文字にグリーンマークが入った急行の編成図を数多く見ることができました。

特急・急行のグリーン車が基本的に指定席となっている現在から見ると、風変わりな扱いに思えますが、この扱いが続いたのにはもうひとつ理由がありました。それは均[注]一周遊券の存在です。


「均一周遊券」とは聞き慣れない言葉ですが、30代後半以上の人なら、これを改称した「ワイド周遊券」と言えばピンとくると思います。設定された自由周遊区間内が乗り放題となるフリーきっぷで、現在の「周遊きっぷ」の元となったきっぷです。

グリーン車誕生当時、均一周遊券は北海道、東北、北陸、南近畿、山陰、四国、九州があり、北海道と九州には往路または復路のいずれかで1回航空機を利用できる立体周遊券もありました。

ワイド周遊券の時代は、普通車しか利用できないルールになっていましたが、昭和45年までの均一周遊券には、なんとロザを利用できるグリーン車用もあったのです。

これは等級制の時代に1等用と2等用があったことの名残で、グリーン車へ移行してもその区分がそっくり引き継がれました。

ちなみに、下級変更は1等用の均一周遊券にも適用されていました。

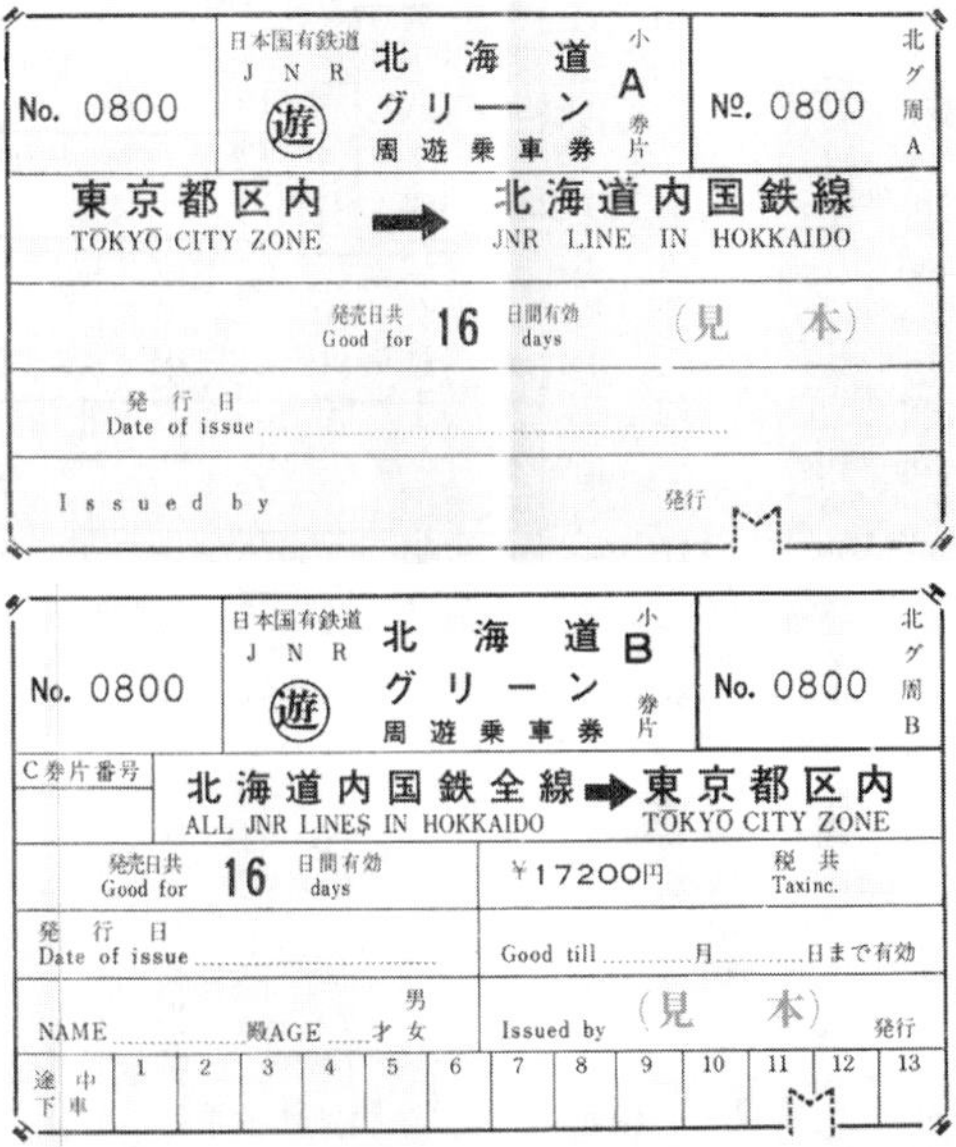

グリーン車用北海道均一周遊券の見本（有効期間と価格の記載は実際のきっぷと異なる）。　上のA券片が往路用、下のB券片が復路用で、自由周遊区間内は急行ロザの自由席を利用できた（日本国有鉄道刊『われらの国鉄』より転載）

現在販売されているフリーきっぷは、一切の乗車変更ができないルールになっていますから、グリーン車用のフリーきっぷでも、ロザを利用しなかったからといって差額の払戻しを受けることはできません。ところが、1等の均一周遊券の場合、ロザを連結した列車が運転されていない区間を除いて下級変更が可能だったのです。

その結果、わざとロザなしの列車に乗って下級変更を繰り返すと、払戻し額が元券の金額を上回り、場合によっては2等用の均一周遊券より結果的に安くなるというおかしなケースが発生したため、昭和41年3月の運賃・料金改訂時に下級変更を認めないルールに改められています。

均一周遊券は、自由周遊区間までの往復と自由周遊区間内で急行の自由席ハザを利用できました。グリーン車用の場合は急行の自由席ロザも利用できますが、現在のように１両まるまる指定席ですと、ほかに急行券と指定席券が必要となるため、ロザが１両の場合は半室を指定席とする扱いが続けられていたわけです。

グリーン車用の北海道均一周遊券の場合、東京発は有効期間が21日間で、価格は２万８００円でした。東京～根室間を急行ロザの自由席で単純に往復した場合の運賃・料金は１万８５７０円（往復割引込み）でしたから、周遊券との差額はわずか２２３０円。往路・復路で各１日分を費やすとしても、19日間・２２３０円で急行ロザの自由席が乗り放題となることを考えると、まさにスーパー級なグリーン車用フリーきっぷだったわけです。

しかし、そんなお得なきっぷも昭和45年10月に廃止となっています。レールファンからしてみればなんとも悔しい限りですが、ＪＲ移行後はＪＲ北海道で「北海道フリーきっぷ」のグリーン車用、ＪＲ九州では「豪遊券」が発売されていたことがありました。

このほか、ロザを利用できる周遊券としては、「ことぶき周遊券」もありました。

これは新婚旅行客向けの周遊券で、国鉄線のロザやロネを６０１キロ以上利用し、周遊指定地を2カ所以上訪れる場合、国鉄運賃が2割引、バスや私鉄など付帯する運賃が1割引になるもので、送迎用の入場券が10枚付いていました。昭和44年11月にはグリーン料金も2割引となりましたが、A寝台料金が無割引だったので、どれだけ旨みのあるきっぷかは疑問です。

昭和39年に海外渡航が自由化されて以来、新婚旅行は年々海外志向が強まり、昭和50年代に入ると相次ぐ国鉄の運賃・料金値上げもあって、この周遊券も有名無実化していたようです。

そのため、昭和56年4月に「グリーン周遊券」に改められ、利用距離が２０１キロ以上に緩和、A寝台料金も割引の対象になりましたが、同じ年の10月に「フルムーン夫婦グリーンパス」（第二章90〜93ページ参照）が発売されてから人気はさっぱりで、平成10年（１９９８）3月に廃止となっています。

（注）▼**均一周遊券**……元祖は昭和8年に発売された「北海道遊覧券」「九州遊覧券」。遊覧券は戦時中に廃止されたが、昭和31年には同じコンセプトの均一周遊券がスタートした。昭和45年には自由周遊区間を小さくした「ミニ周遊券」も発売。均一周遊券は昭和49年に「ワイド周遊券」に改称、昭和57年までには自由周遊区間内に限り特急の自由席も利用できるようになったが、平成10年には「ミニ周遊券」とともに現在の「周遊きっぷ」に改められた。

第二章　グリーン車のトリビア

グリーン車の「グリーン」は信号機の色が発祥だった⁉

グリーン車を語る時、「そもそも、グリーン車の『グリーン』って何なのだ？」と一度は思ったことがあるでしょう。この章ではそんなグリーン車にまつわる、なにげない雑学（トリビア）を探っていきたいと思います。

「グリーン」という言葉が選ばれたのは、昭和44年（1969）1月22日付けの交通新聞によると「安全と快適さを表すイメージに通じる」というのが理由なのだそうです。しかし、鉄道に詳しい人の間では「グリーン車の前身である1等車（ロザ）が淡緑色の帯を付けていて、1等の乗車券も同じ色にしてあったから」という説が根強いようです。

仮に、1等車を「パープル車」とか「イエロー車」という名前に変えていたら、これまでの帯やきっぷの色を、すべて紫色や黄色に変更しなければいけなくなるわけですから、すでにあるものを有効活用するという意味で、淡緑色と乗車券の関係説は的を射ているかもしれません。

では、グリーン車の前身である1等車のシンボルが淡緑色であったのはなぜでしょうか？　その背景には、人間が識別しやすいと言われている「光の三原色」や「色の三原色」があったようです。

世界で初めて旅客用の鉄道を創業したイギリスでは、鉄道開通からまもなく信号を色で識別するために、見やすい色を実験で調査しました。

その結果、該当する色は見やすい順に白・赤・緑・青の４色となり、上位２つの白と赤を信号の色に採用したそうです。また、アメリカは、世界で初めて電気式の信号機を設置しましたが、この時は赤・黄・緑の３色が採用されました。日本に存在する現在の車道用信号機は、アメリカから輸入したものを基に発展しています。

こうした経緯で出てきた赤・青・黄・緑・白のうち、赤・緑・青は「光の三原色」と呼ばれるもので、現在ではテレビやパソコンのディスプレイなどの発光体に使われています。

一方、赤・青・黄は「色の三原色」と呼ばれるもので、写真や印刷物（書籍や雑誌）に使われています。どちらも人間が識別しやすい基本的な色と言われており、実際、社会のあらゆる分野で使われています。

それは、鉄道の世界も例外ではありません。

いわゆるＵＩ（ユーザーインタフェース）は、旅客サービス上、重要な要素として考えられています。日本の鉄道が黎明期にあった明治時代でもそれは同じで、明治29年（１８９６）11月、私鉄の関西(注)鉄道が客車の等級を識別しやすくするため、イザに白、ロザに青、ハザに赤の帯を付け、きっぷの色もそれに応じたものにしました。

当時、関西鉄道は、名古屋～大阪間で国鉄と熾烈な旅客獲得競争をしていましたから、このようなUIの導入は重要なサービス向上策のひとつだったのです。国鉄も翌年11月には関西鉄道と同じUIを導入しています。

この時に採用された3色は、イギリスの実験調査結果と符合しています。昭和初期以前の鉄道車両は、限りなく黒に近いダークブルーばかりだったので、白・青・赤の3色は重ね合わせても地色に溶けないから理に叶っていました。

以来、この3色は、日本の鉄道で等級を識別する色として定着しましたが、昭和15年（１９４０）年頃には塗装工程の合理化によりハザの赤帯を廃止。終戦後には、白帯が連合軍の専用車に付けられた関係で、1等車には黄色に近いクリーム色の帯が付けられました。

昭和35年7月には、鉄道創業以来の3等級制から2等級制に改められましたが、イザは、ロザに統合される形で廃止。2等車（ロザ）は1等車、3等車（ハザ）は2等車となりました。そして、翌年7月から1等車の帯は順次、緑となりました。白・赤・緑・青のなかから、過去に使われていないものを消去法で選んだようです。ただ、この時に使われた緑は彩度を落とした淡緑色が使われました。当時は、特急型以外の車両に等級帯を付けていましたが、その車体色がぶどう色だったため、濃い緑だと識別が難しかったからだと思われます。

そんな等級帯も、時代が進むと消されるケースが多くなってきました。

特急型車両では、昭和31年11月以降に東海道本線の「つばめ」「はと」用の客車がライトブルーに塗り替えられてから省略されるようになりました。昭和50年代に入ると、急行型や一般型の車両で工場入場のたびに、細い帯を塗り直すのが面倒になり、昭和53年から順次、等級帯が消されるようになりました。

最後まで等級帯が残っていたのは北海道の夜行客車急行で使われていたスロ54形だったようです。

（注）▼**関西鉄道**……現在のＪＲ関西本線の前身。明治40年10月に国有化され、明治42年10月に関西本線となった。

ロザの仕切り扉が「開き戸」であった理由

デッキ付きの列車に乗り込んだ時に最初に接する車内設備といえば、客室とデッキを仕切る壁に設けられた扉でしょう。これを「仕切り扉」、または「仕切りドア」と言います。
仕切り扉の自動化が進んだ現在、デッキを持つ車両は扉を横にスライドさせて開ける「引戸」になっていますが、国鉄時代は、ほとんどのロザが手前に引いて開ける「開き戸」になっていました。

ロザを見たさに、遠く離れた車両から何枚もハザの扉を開けて、目的地にたどり着いた時、ハザとは仕切り扉が違うので異様な緊張感を覚えたものです。しかも、扉のガラスが磨りガラスなので、開けてよいものかどうか、心の準備がなかなかできません。それでも、満を持して開けた途端に、ロザの客が向ける視線といったら……。磨りガラスに書かれた「グリーン車」の文字が抜き文字だったので、そこから目を凝らして覗き込むように車内を見たこともありました。もちろん、車掌からトントンと肩を叩かれる恐怖に脅えながら。

ロザの仕切り扉が開き戸になっていた理由は定かではありません。ただ、ロザの場合、座席の快適性や冷房のほかに、寝台車並みの静寂性も求められるので、騒音の素となるドアレールがない開き戸が選ばれたのではないでしょうか。

引戸の場合、ドアを閉める時の「ガチャン！」という音が耳障りでした。急行型の電車や気動

↑ロザの仕切り扉はデッキ側から手前に引いて開ける構造になっていたので、ノブに「ひく PULL」の文字が付いていた

←車内からは押して開けるが、窓が磨りガラスなので外の様子をよく確認しないと、デッキにいる人とぶつかってしまうことも……

車などにこのタイプが多く、最後に思い切り力を入れないと閉め切ることができない構造が原因でした。

旧型客車の場合は、それほどひどい音ではなかったのですが、大抵の扉がドアノブでロックする方式だったため、建て付けがひどくなると扉の閉まりが悪くなり、ドアレールを這う「ガラガラガラガラ……」という音を何度も立てながら扉を閉め直すことが多かったものです。

こういう騒音は車両の中間にいるとそれほど気になりませんが、車端部にいると、ただでさえほかの乗客の通行が気になるのに、騒音まで食らうわけですからたまったものではありません。

ちなみに、昭和39年（1964）に東海道新幹線が開業した時、後に「0《ゼロ》系」と呼ばれた新幹線車両のロザも最初は開き戸でした。

新幹線車両の場合、最高時速２１０キロ（当時）の高速で走るため、トンネル突入時に発生するいわゆる「耳ツン」を抑える気密構造が採用されていました。ところが、当初は気密化されていたのが客室のみだったので、デッキとの気圧差で仕切り扉が勝手にドッタンバッタンと音をたてるトラブルが後を絶たなかったのだとか。そこで昭和40年度に登場した３次車からは、デッキも便・洗面所も気密構造にしています。

さらに昭和41年度に登場した４次車からは仕切り扉が自動化されました。この時に、ロザの仕切り扉が引戸になったようです。仕切り扉に自動ドアを採用した国鉄車両は、クロ１５１（１８１）形とモハシ１５０（１８０）形を除けば、０系が初めてでした。

ハザはともかくとして、高い料金を払っているロザの客が騒音の我慢をしなければならない道理はありません。

ハザの場合は、定員を確保する必要から、ロザのように手前にドアを引いて開ける方式ですとデッドスペースが生まれてしまい適当ではありませんが、定員に余裕のあるロザの場合は、多少のデッドスペースが生まれても支障はないですし、開き戸は引戸のように建て付けが悪くなるようなことは少なかったようです。

急行型のロザで二連の下降窓が定着した理由

昭和36年（１９６１）１月、国鉄に斬新なロザが登場しました。「サロ１５２形」という車両です。元来、国鉄のロザは、ひとつの窓に対して座席を１組割り当てる方式が原則でした。これは、昭和25年にリクライニングシート付きの〝特ロ〟が登場しても引き継がれました。

しかし、サロ１５２形はその原則を覆しました。

車内をできるだけヨーロピアンで明るいインテリアでまとめようと、センターピラーで区切った大窓ひとつに２組の座席を割り当てたのです。この窓を「二連窓」と言います。それだけではありません。窓は上へ持ち上げて開く「上昇窓」ではなく、下へ落として開く「下降窓」が採用されたのです。これらは後に登場する電車のサロ１６５形やサロ４５１・４５５形、気動車のキロ27・28形やキロ58形へ受け継がれ、急行型のロザと言えば「二連の下降窓」というスタイルが定着しました。

下降窓は、窓を支える窓枠の構造を簡略化できるメリットがあり、国鉄では、古い木造客車や、旧性能電車のサロ85形にも使われていました。ただ、古い方式の下降窓は、ストッパーを外すと

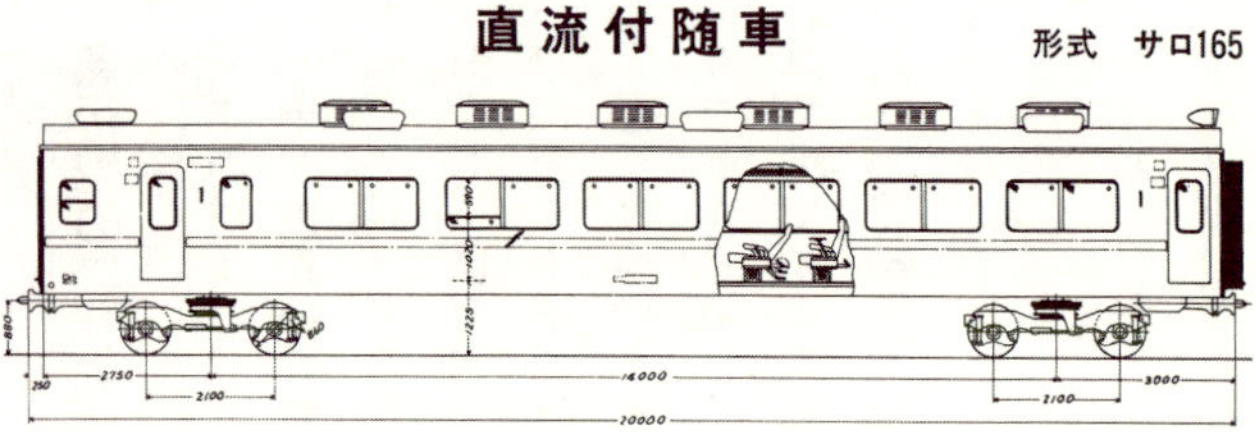

二連の下降窓を採用した典型的なロザ、サロ165形（JR東海発行「サロ165形ご乗車記念」より転載）

いきなりストン！　と落ちる構造だったので、使い勝手はいまひとつでした。そこで、サロ152形の下降窓には「バランサー」と呼ばれるものが付けられました。これはゼンマイの張力を利用して窓が重力で一気に落ちないようにする機構で、窓を閉める時もスムーズに持ち上げられるようアシストしてくれます。

従来のような上昇窓ですと、腰に力を入れて窓を持ち上げ、金具のストッパーを窓枠の穴に留めて固定するという力業が必要でした。窓枠が錆びついていると、とても女性や子供の力では開閉できず、車内が暑くても窓を開けることを我慢することもありました。

サロ152形は最初、東京～大阪間の電車急行「なにわ」「せっつ」「金星」に投入されましたが、当時の電車急行は、ビュフェを除けば、ロザといえども非冷房でした。冷房完備の特急型車両ですと、開閉できない固定窓でも問題はありませんが、非冷房のロザではそうもいきません。

上昇窓の場合、窓を開けると進行方向に座った人はまともに風圧を受けますが、下降窓なら半開状態でも風が上部に流れていくので、座っている限り風圧を受ける心配がありません。ですから、冷房のない急行型のロザでは好都合だったのです。

ただ、下降窓にも大きな欠点がありました。それは雨水でした。雨が降ると下降窓が落ちる「戸袋」部分に雨水が浸入しやすくなり、車体の腐食を早める原因を作ってしまいます。上昇窓ですと上部に戸袋があるため、あまり問題にはなりません。

当時の鉄道車両は大半が鋼製ですからこの問題は深刻で、国鉄時代は、両数が多いハザではほとんど採用されませんでした。そこで、昭和50年代に入ると一部のロザで下降窓を急行型電車のハザと似たような上昇窓（139ページの写真参照）に取り換える改造工事が施されています。

JR移行後は、ハザでも下降窓が採用されるようになりましたが、これは、腐食に強いアルミまたはステンレス製の車体が普及したからです。

リクライニングシートの枕カバーはなんのためにあるのか？

国鉄時代のロザで、見た目の豪華さを醸し出しているものといえば、シートに掛けられた白い枕カバーでした。特急ではハザにも掛けられていますが、この枕カバー、果たして見栄えの良さだけで付けられていたものなのでしょうか？

シートの枕部には当然、毛髪が触れますが、シャンプーで洗ったばかりのサラサラヘアーから、整髪料でガチガチに固めた髪までさまざまです。特に、後者は整髪料の臭いと頭皮の臭いが混じり合って、人によってはなんともいえない臭気を発することがあります。

それだけならまだしも、整髪料の成分がシートにこびりついてしまうと、次に乗った客が不快に感じる怖れもあります。

戦前から戦後まもなくにかけては、男性の整髪料としてポマードが大流行しました。これは油性で、しかも粘性が強く、余計にシートにこびり付きやすかったのです。枕カバーを装着するようになったのは、整髪料に伴う不快感を防ごうという意図がありました。

また、昭和25年（１９５０）４月に登場した〝特ロ〟では、シートの表皮ともいうべきモケットの色にエンジが使われましたが、当時のモケット生地は、織ってから染めていたため、夏場に汗をかくとシートの色が衣服に写ってしまうという欠点がありました。

いざ、降りようとしたら白いワイシャツに赤い染みがベッタリ付いて、国鉄がクリーニング代を弁償することがしばしばあったそうです。後に、糸を染めてから織る方式の生地に変更されたため、こうしたトラブルは少なくなりましたが、抜本的な対策が行なわれるまでは、腰の部分まですっぽりと被さるような枕カバーが使われていました。

このタイプの枕カバーは、昭和30年代までよく見られましたが、初期の〝特ロ〟では、シートの背ずり裏に紐を通して結んで固定していたので、洗濯後の伸縮で結びにくくなったこと、背ずり全体にカバーが被さるわけではないので、袋式に変更されています。

当時のカバーは座席番号も印刷されていましたが、これも洗濯をした時に色褪せること、肘掛け下にある座席番号と照合して装着させるのが面倒なことがネックとなっていたので、シートの背ずり上部に座席番号を取り付け、カバーの上にこれに合うように丸い穴を開けて被せる方式に変更されています。

袋式の枕カバーは、昭和50年代に入るとほとんど見られなくなっています。座席番号が窓側の上部にプレートで表示されるようになったことや、列車の折返し時間が短くなり、素早く外せない点が嫌われたようです。代わって、１枚もののカバーの裏面とシートの背ずり後部に面ファスナーを付けて脱着するものに変更されています。

ＪＲのロザもこの方式を受け継いで、現在に至っています。

ＪＲ東日本のグリーンアテンダントは車掌なのか?

平成22年（２０１０）10月、上総《かずさ》一ノ宮から東京まで総武快速線のグリーン車に乗りました。

グリーン車Suicaシステムの要である車内のリーダー（総武快速線サロE217形のもの）

上り普通列車からの乗継ぎだったので、上総一ノ宮での乗換え時間はわずか2分しかなく、仕方なくグリーン券を買わずに車内へ。北海道にはない「グリーン車Suica（スイカ）システム」を試すことはできませんでした。

平成16年10月から始まったグリーン車Suicaシステムは、Suicaまたはモバイル Suica（携帯情報端末対応）でSuicaグリーン券を購入すれば、あとは車内で専用のリーダーにカードまたは端末をかざせば検札が済むという便利な仕組みです。

しかし、私のようにSuicaグリーン券を購入していない者には、通常どおり検札が行なわれます。やって来たのは男性の車掌ではなく、「グリーンアテンダント」と呼ばれる若い女性でした。

「グリーン券をお持ちではないですね？」とやんわ

り確認された後、上総一ノ宮から51キロ以上のグリーン券（休日用）を購入することに。

Ｓｕｉｃａと違って紙の券が出力されるのは嬉しいのですが、車内購入になるので、事前購入より２５０円高い金額を請求されました。「せめて乗換え時間が5分あれば、ホームで安いＳｕｉｃａグリーン券を買えたのに……」と言いたくなる気持ちを抑えて、１０００円を支払いました。

乗車したのが日曜20時過ぎの上り列車だったせいか、サロＥ２１７形の２階席は私を除いて乗客ゼロ。発車後しばらくしてから、アテンダントは小さなバッグのようなものを持って再び現れました。

どうやら車内販売のようですが、それにしてはずいぶんと簡素。ＪＲ北海道の特急車内で発売しているようなカップのコーヒーが欲しかったのですが、買ったのはあいにくの缶コーヒー。湘南新宿ライン（東北本線・高崎線と東海道本線・横須賀線の直通列車）や宇都宮線（東北本線）、高崎線の普通列車でグリーン車の営業が開始された頃はカップのコーヒーが発売されていたのですが、年々合理化されて姿を消していきました。

紙のカップにコーヒーを注ぐには、ある程度の大きさのポットとワゴンが必要ですから、２階席もあった関係で、カップのコーヒーはなくなったのでしょうか。一時は朝刊や夕刊の発売も行なっていたそうですが、これもいつの間にか打切りになっています。

女性グリーンアテンダントによる車内販売。最近は男性のグリーンアテンダントも採用されているという

しばらく車内でアテンダントの動きを見ているうちに、ふと疑問が湧きました。それは彼女がJRの車掌なのか？　ということです。車掌はおろか、運転士も女性の進出が珍しくないご時世なので、彼女が車掌であってもまったく不思議ではないのですが、調べてみると実際は違いました。

正式にはJR東日本の関連会社である「日本レストランエンタプライズ」（NRE）の契約社員です。同社ホームページに掲載されていた平成24年9月採用分の募集要項には、その業務内容が次のように書かれていました。

「JR東日本の普通列車（湘南新宿ライン、東海道本線、横須賀線、総武快速線、高崎線、宇都宮線、常磐線）のグリーン車内における◇グリーン券の確認及び発売業務◇列車の時刻、乗換え等に関する案内業務◇飲料及び菓子等の販売業務◇それに付帯する業務」

応募資格には「乗り物酔いしない方」と書かれていましたが、いかにも列車内を職場とする求人らしいですね。

グリーンアテンダントの勤務基地は「グリーンアテンダントセンター」と呼ばれ、東京、上野、新宿、大船、千葉、国府津《こうづ》、土浦、小金井、籠原にあります。チーフリーダー、リーダー、一般のグリーンアテンダントの3職階があり、最上位のチーフリーダーは各グリーンアテンダントセンターの管理職として、乗務の指導や管理、補助を行ないます。

平成24年9月採用新人の場合、9月1日の入社後、9月3～6日の4日間に集合研修があり、9月7日以降に各グリーンアテンダントセンターで研修、10月上旬から本乗務開始とありました。入社から1カ月で実戦に投入されるわけですから、かなりタイトな仕事といえそうですね。

ただし、雇用契約は1年ごとの更新で、4回までしか更新できない規則になっていますから、最長でも5年間しか働けません。勤務時間が変則的で、しかも泊まり勤務もあることが考慮されているのでしょう。グリーンアテンダントで鉄道の現場を肌で知ってもらい、働ける気構えができたら、ＮＲＥの正社員かＪＲの本職を目指してほしいということなのかもしれません。

東北新幹線「はやぶさ」「はやて」「やまびこ」のグランクラスには、同じＮＲＥのグランクラスアテンダントが乗務していますが、普通列車グリーン車のグリーンアテンダントの採用とは別枠で、併願はできないそうです。やはり最上級のもてなしを謳うグランクラスでは、研修上の教育メニューも違うでしょうし、採用のうえでも別格とされているのは頷けます。

グリーン車Ｓｕｉｃａシステムが導入される以前、グリーン車の検札は「乗客専務」と呼ばれる車掌が行なっていました。しかし、１本の列車には必ずドアの開閉や発車合図、後方確認などを行なう運転車掌が必要なので、首都圏のグリーン車付き普通列車の場合、最低でも２人の車掌を必要としていました。

グリーン車Ｓｕｉｃａシステムの場合、座席の着席ランプを確認するだけで検札が済むようになるので、専務車掌の手間を大幅に省くことができます。そうなると、あえて専門の車掌でなくても業務をこなすことができますし、車内販売や付帯サービスを拡充させることもでき、一石二鳥です。こうして生まれたのがグリーンアテンダントだと思われます。

登場からすでに８年。グリーンアテンダントは、首都圏グリーン車のサービスの顔としてすっかり定着した感があります。

普通列車のグリーン車は京浜東北線のロザが元祖だった

グリーンアテンダントが乗る首都圏のグリーン車の元祖が「京浜東北線のロザだった」と言うと、鉄道に詳しくない人はびっくりするかもしれません。現在の京浜東北線にはグリーン車が連結されていないのですから、なおさらです。

京浜東北線の前身は、大正３年（１９１４）12月に東京〜高島町《たかしまちょう》（現在の横浜）間で運転を開始した京浜線(注)でした。

開業に際しては50両の木造電車が用意され、そのうち30両が「デロハ」「サロハ」と呼ばれる合《ごう》(注)造車《ぞうしゃ》タイプのロザで、ハザのみの「デハ」と呼ばれる車両を連結して２〜３両編成、時にはたったの１両で運転されていました。Ｅ２３３系１０００番代が数分おきに疾駆する現在の京浜東北線からは、まったく想像できない姿です。

京浜線のロザは、ロザといってもロングシートでした。ハザもロングシートでしたが、こちらは背ずりが板張りだったのに対して、ロザの背ずりはモケット張りで、クッションも多少良かったようです。同時代のハザのシートは、現在、鉄道博物館に保存されている「ナデ６１４１」という大正生まれの電車で体験できますが、これよりやや上等といえば想像できるでしょうか。

　山手線や中央線では、京浜線に先駆けて電車運転が始められていましたが、ロザは連結されませんでした。電車化当時、山手線はまだ環状運転が始まっていませんでしたし、中央線は吉祥寺《きちじょうじ》までの運転でした。京浜線だけにロザが連結されたのは、当時の電車としては運転距離が長かったこと、東京〜横浜間が要人も乗車する重要区間であったことがおもな理由でした。それだけ、京浜線は首都圏の電車区間としては格上な路線と見なされていたのです。

　首都圏の電車区間で京浜線の次にロザが連結されたのは、昭和５年（１９３０）３月から電車運転を開始した横須賀線でした。

　沿線に皇室の葉山御用邸や日本海軍の横須賀基地がある関係で、客車時代からロザが連結されていました。電車化当初は京浜線用のロングシートのロザが使われていましたが、昭和６年からクロスシートとなった専用のロザが連結されるようになりました。普通列車用のロザで初めて全室車が登場したのも横須賀線で、皇族用のロザも用意されていました。

昭和9年7月には、東海道・山陽本線吹田《すいた》～須磨間で電車運転が開始され、関西地区にもロザが登場しましたが、戦前の普通列車のロザはこの時が全盛でした。

昭和13年10月には、前年に起こった日華事変の影響で京浜線のロザが廃止。太平洋戦争開戦後の昭和17年11月には関西地区のロザが廃止されています。軍関係の往来がある横須賀線のロザは最後まで残っていましたが、戦争末期には廃止と復活を繰り返す有様でした。廃止後のロザは編成から外されることなくハザの代用として使われ、クロスシートのロザはロングシートに改造されています。

昭和20年8月の終戦時、国鉄車両の荒廃はすさまじく、ロザといえども、まともに整備された車両は皆無に等しい状態でした。

そんななかで、米国をはじめとする連合軍による日本進駐が始まり、同年12月には首都圏の電車区間（いわゆる国電区間）に連合軍専用車が登場しています。専用車は比較的状態が良いハザが選ばれただけなので、設備的には〝一般のハザ〟と同じでした。日本人が乗るハザと区別するためにシートの色が変えられましたが、その程度では誤乗が絶えず、翌年1月からは車体側面に大きな白帯と2等車を示す「2」の文字、それに「ＡＬＬＩＥＤ　ＦＯＲＣＥＳ　ＳＥＣＴＩＯＮ」

「連合軍専用車」などの表記がなされました。白帯は本来、1等車に付けられていたものですが、このことがきっかけでクリーム色に変更されています。

連合軍専用車は、俗に「白帯車」と呼ばれ、昭和22年10月からは日本人の乗車も許されています。ただし、『思い出の省線電車』（交通新聞社刊）によると、白帯車の乗車券は各駅で1時間ごとに1枚しか発売されていなかったということですから、自由に開放されていたとは言い難い存在だったようです。

白帯車の設備はハザと変わりませんが、ロザの扱いになったので、しっかりロザの運賃を取られました。これは〝ボッタクリ〟と言われても仕方がありませんが、当時、専用車以外のハザは窓ガラスがあるだけでもマシなほうで、窓(注)は板張り、ドアは半開状態は当たり前というお粗末さでした。それでもラッシュ時は超満員となり、乗客は危険と隣り合わせの通勤・通学を強いられました。

昭和21年6月には、中央線東中野付近のカーブで、ラッシュの列車から乗客がドアごと放り出され、大雨で増水していた神田川で水死する痛ましい事故が起きています。

そんな状況ですから、いくらハザと同じ設備といっても、詰め込まれないだけ白帯車はマシでした。一般のハザでは東中野の事件のように命に関わるので、我が身大事な人は、ボッタクリと

国鉄クロハ55形（クロハ55806）

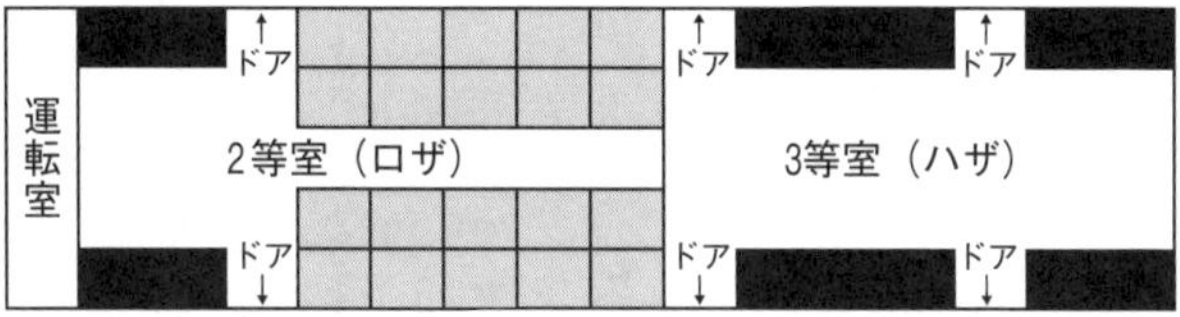

黒い部分はロングシート、灰色の部分は転換式のクロスシートで、クロスシートは最前部と最後部が固定式だった

わかっていても、泣く泣く白帯車を利用していたのではないでしょうか。

白帯車は、昭和27年4月にサンフランシスコ講和条約が発効するのを機に、正規のロザとなり、昭和26年12月から関西地区で、昭和27年3月から京浜東北線と中央線でロザの連結が復活しています。

その際、白帯車時代は乗客から不評を買っていたので、室内をピンク色の明るい塗装とし、枕カバーや扇風機も付けるなど、ロザらしい高級感を出す工夫が凝らされました。また、1両だけは上図のように、座席の一部をロングシートからクロスシートに変更したこともありました（後にロングシートに変更）。

京浜東北線のロザは南行《なんこう》の先頭（東京から見て横浜方）に連結され、すべて「クロハ」と呼ばれた合造車でしたが、全列車に連結されていたわけではなく、時刻表には「約4、5本毎に連結」と表記されていました。ロザを連結した列車では、前面の運行番号表示が青く光るようになっていました。

国電区間では、ハザの客がロザへ紛れ込みやすいので、ロザとハザの仕切り扉をロックし、ロザの側扉に車内改札用の専務車掌を立たせる念の入れようでしたが、昭和30年代に入って国電のラッシュが殺人的にひどくなると、さすがに限られた人が乗る優雅な車両を連結する余裕はなくなり、京浜東北線と中央線のロザは昭和32年6月に廃止。旧ロザは「老幼優先車」として使用されるようになりました。

（注）▼**京浜線**……運転初日は架線トラブルで立ち往生する列車が続出し、12月26日に運転をいったん中止。翌、大正4年5月10日に再開している。無理な突貫工事が原因だといわれている。当時、集電用のパンタグラフは先端がロール状になっていたので、道床が充分固まらないと架線と集電部がうまく噛み合わなかった。このトラブルで得た教訓から、集電部は現在のようなすり板状に変更された。

▼**合造車**……ひとつの車体に異なる設備がある車両をいう。「クロハ」の場合はロザとハザの合造車となる。反対に、ひとつの車体に同じ設備しかないものを「全室車」という。

▼**窓は板張り**……昭和22年に封切られた黒澤明監督の東宝映画「素晴らしき日曜日」の冒頭に、窓が板で囲われた超満員の国電がいきなり登場する。

ジョイフルトレイン以外でオールグリーン車の列車があった

「オールグリーン車の列車があった」と言うと、「な〜んだ、今だって、ＪＲ東日本やＪＲ西日本にあるじゃないか」と返されそうですが、ジョイフルトレインのグリーン車は、座席車のグリーン車とは出自(注)が異なるので、本書ではあえて「グリーン車」に含めないことにしています（ただし、ＪＲ北海道のジョイフルトレインは多客臨時列車に使われるケースが多いので、例外的に取り上げています）。

座席のグリーン車に限定すると、代表的なものに上野と中軽井沢を結んでいた臨時急行「軽井沢グリーン号」がありました。運転開始は昭和45年（１９７０）で、この時は、スロ62、スロフ62形の７両編成で運転されていました。皇族の静養先に軽井沢が選ばれていたことから、その足として「軽井沢グリーン号」がしばしば利用されていたようです。

一方、九州方面へは「南九州グリーン号」という列車が昭和46年の秋から運転を開始しています。当時、代表的な新婚旅行先であった宮崎を指向した列車で、運転区間は、下りが広島〜西鹿児島間、上りが宮崎〜広島間。大阪発着では全車Ａ寝台車の「ことぶき」が運転されていましたが、広島、山口県内が深夜時間帯にかかっていたため、両県を利用しやすい時間帯に収めた新婚旅行列車が望まれました。そこで登場したのが「南九州グリーン号」だったのです。

翌、昭和47年の運転ではＡ寝台車も連結されるようになり、編成のうえでは先輩格の「ことぶき」と肩を並べるようになりましたが、宮崎への新婚旅行需要は、海外旅行人気で先細りとなり、「南九州グリーン号」はこの年が最後の運転となりました。「ことぶき」も昭和48年の運転を最後に設定がなくなっています。

記憶に新しいところでは、ＪＲ移行後に京都〜高知間で運転されていた「ムーンライト高知」があります。平成元年（１９８９）8月から運転を開始した列車で、カーペット敷きのオロ12形、3列シートのオロ12、スロフ12形の3両編成でした。運転日は、毎週末とゴールデンウィーク、夏休み、年末年始が中心で、お盆など、特に混雑が予想される時には定員不足を補うために普通車が連結されていたので、オールグリーン車とならない日もありました。この列車は、利用率の低下と車両の老朽化に伴い平成21年に廃止され、車両は第三セクターの若桜《わかさ》鉄道へ譲渡されています（２００〜２０３ページ参照）。

これらは、一般の多客臨時列車として運転されたものですが、団体臨時列車まで含めると、昭和50年に「筑紫観光団」と題した列車が、日光〜福島間でスロ62、スロフ62形の6両編成で運転された記録が残っています。

一方、新幹線では、オールグリーン車の列車が運転されたことはありませんでした。昭和50年代まで東海道・山陽新幹線唯一の系列だった0系のグリーン車15・16形は中間車で、先頭車のグリーン車がなかったからです。しかし、海外からのVIPを招いた特別列車では、16両編成のうち4両を除いてグリーン車という列車がありました。

これは昭和49年に開催された「列国議会同盟会議」の一環で行なわれた京都視察旅行のために仕立てられた列車で、10月に東京～京都間で運転されました。

新幹線の車両は、1度編成に組み込まれると外すのが厄介なうえ、定期列車の運用にも支障が生ずるため、12両がグリーン車という超変則編成は実現しにくいものですが、当時は、翌年3月に控えた山陽新幹線博多開業用に、0系増備車の製造が急ピッチで進められており、編成に組み込まれる前の15・16形が残っていたため実現可能だったのです。

（注）▼**出自が異なる**……ジョイフルトレインのグリーン車は、基本的には団体やグループ向けに企画される車両が多く、特別2等車をルーツに持つ現在のグリーン車（普通列車用を除く）とはまったく違った流れで生まれた。

グリーン車のフリーきっぷで「フルムーンパス」が〝ひとり勝ち〟した理由

第一章で紹介したグリーン車用の均一周遊券が廃止された後、しばらくグリーン車のフリーきっぷは発売されませんでした。しかし、昭和50年代に入ってグリーン料金が急騰し、グリーン車はすっかり空気を運ぶ車に。そんな状況に光明が差したのが、昭和56年（１９８１）10月から発売された「フルムーン夫婦グリーンパス」（以下、フルムーンパス）でした。

国鉄時代から発売されているトクトクきっぷでは、「青春18きっぷ」と並ぶ超ロングセラーであり、ＪＲ移行後は、グリーン車乗り放題のトクトクきっぷが相次いで廃止されるなかで、群を抜く人気で生き残っています。

当初のフルムーンパスは、夫婦など男女カップルの年齢があわせて88歳以上なら、７日間、国鉄全線のグリーン車が乗り放題となっていました（ただし、国鉄バスと寝台は利用不可）。

発売額は７万円で、発売前は２万枚程度の売上げを見込んでいましたが、蓋を開けてみると、その23倍もの46万６０００枚も売り上げてしまいました。相次ぐ運賃・料金値上げで沈滞ムードだった国鉄も、この大ヒットにはびっくりで、翌、昭和57年10月から２回目の発売を開始。この時は、前回より５０００円高くなった代わりに、次回購入時に５０００円オフとなる割引証が付きました。

割引証は、昭和58年10月から始まった3回目の発売ではいったん廃止され、なぜか代わりに「青春18きっぷ」を抽選でプレゼントということになってしまいました。この時に10日間９万円タイプの発売を始めています。

昭和59年10月から始まった4回目の発売では、夫婦など男女カップルのどちらかが70歳以上なら一般用より５０００円割安となる〝シルバー用〟が登場。一般用は７日間８万円、10日間10万円となり、前回の発売で割引証が付かなかったこともあって、７万枚ほど売り上げが落ちてしまいました。この発売では割引証が復活しています。

昭和60年10月から始まった5回目の発売では5日間用が登場し、現在のフルムーンパスのラインナップがほぼ確立しました。

ＪＲ移行後は、フルムーンパスの人気にあやかろうとしたのか、ＪＲ北海道の「北海道フリーきっぷ」(後に「北海道フリーパス」と改称)、ＪＲ東日本の三連休パス、ＪＲ九州の「豪遊券」といったグリーン車乗り放題のフリーきっぷや、女性グループを対象にした「ナイスミディパス」(注)

も発売されていましたが、現在はいずれも廃止となっています。そんななかで、なぜフルムーンパスだけが生き残ったのでしょうか。

発売ごとに割引券を配布していることも大きな理由ですが、もうひとつは「あわせて88歳以上」という条件が受けているのではないかと思います。

初期のフルムーンパスのイメージキャラクターとして登場した、上原謙と高峰美枝子のカップルを見ると、定年退職でリタイアした還暦以上の利用をイメージしてしまいますが、極端な話、70歳と18歳の組合せでも利用可能です。

年齢を証明できる書類さえあればよいという柔軟なルールも人気を後押ししているのでしょう。

さて、現在のフルムーンパスは、東海道・山陽・九州新幹線「のぞみ」「みずほ」は、グリーン車はおろか、普通車自由席も利用できないという大きな制約があります。また、同じグリーン車でも、ＪＲ東日本の「グランクラス」、ＪＲ九州の「ＤＸグリーン車」は利用できません。

Ｂ寝台車は利用できますが、個室は2人用のみとなっています。新幹線の並行在来線で第三セクター化された鉄道を通過する場合は、別途、運賃が必要となりますが、ＩＧＲいわて銀河鉄道と青い森鉄道が運営している盛岡～青森間を「北斗星」で通過する場合や、青い森鉄道の青森～

八戸間、青森〜野辺地間、野辺地〜八戸間を途中下車なしで通過する場合、別途運賃は不要となっています。

（注）▼ナイスミディパス……30歳以上の複数の女性が同一行程で旅行する場合、一部の例外を除いて国鉄線（後にＪＲ線）が3日間乗り放題となるきっぷ。2人用と3人用があり、それぞれにグリーン車用、普通車用があった。発売開始は昭和58年で、グリーン車用は平成17年から、普通車用は平成21年から発売されていない。

なぜ、国会議員はグリーン車にタダで乗れるのか？

国会議員といえば、私たち国民の代表であるというのは周知の事実です。一方で、庶民から見れば雲の上の人たちであり、政治の世界に入ってみなければわからないことはたくさんあります。

それでも、「国会議員が〝議員パス〟というものでＪＲのグリーン車にタダで乗れる」ということはよく知られています。

なぜ、そんな特典が認められているのか？　それはズバリ「偉いから」……というのは理由になっていません。

「国会議員の歳費、旅費及び手当等に関する法律」において規定されているからです。この法律の回りくどい条文には、「ＪＲ各社の列車に運賃や料金を支払うことなく乗車することができる特殊乗車券の交付を受けることができる」というようなことが書かれています。特殊乗車券とは、「ＪＲパス」と呼ばれる「議員パス」のことですが、これで「グリーン車に乗ることができる」とは書かれていません。それなのにグリーン車が無料になるのはなぜでしょう？

昭和62年（１９８７）３月まで、国会法第37条で次のようなことが規定されていました。

> 議員は、別に定める規則に従い、会期中及び公務のため自由に日本国有鉄道の交通機関に乗車することができる。

「別に定める規則」というのは、議員パスの支給を定めた「国会議員の歳費、旅費及び手当等に関する法律」と、グリーン車に乗ることができることを定めた(注)「国会議員日本国有鉄道無賃乗車令」（以下、無賃乗車令）です。

国会議員に国鉄を無料で利用させるには、政府が国鉄に対してなんらかの対価を支払うのが道理だと考えるのが自然だと思います。ところが、驚くべきことに、国鉄の分割民営化前は、すべて国鉄の〝自腹〟だったのです。

両数も定員も多いガラ空きの普通車に国会議員を数名乗せたところで、それほど問題ではないでしょう。しかし、グリーン車の場合は1列車に1両というケースが多いですし、そもそも定員が少ない。人気のある列車での利用や、お盆、正月の帰省シーズンで利用されると、単価の高い一般客をみすみす取り逃がすことにもなりかねません。そのようなことから、市川房枝をはじめとする革新系議員が、過去にそのことを(注)国会で問題視したことがありました。

無賃乗車に疑問を抱いた人は議員だけではありません。国鉄の等級制度廃止と同時に退任した国鉄第5代総裁・石田禮助氏は、退任後に記した著書『いいたいほうだい』（日本経済新聞社刊）で次のようなことを述べています。

「これは国鉄の負担において国会議員のパスを出すというのは間違っていると思うなあ。これはやはり政府は公私を区別する意味において政府が出すべきもんですよ。」

国鉄総裁といえば、政府から任命される、いわばお墨付きの役職であるのに、これだけのことを言いたくなるのは、よほど腹に据えかねるものがあったからでしょう。国鉄は破滅的な赤字でも、独立採算だから国からの援助はなし。それでいて、国権の最高機関に集う国会議員が国鉄無料では、筋が通らないというわけです。

国からすれば、国会議員が自由かつ円滑な活動をするには、国の財産である国鉄を無償で活用するのが当然という意識がありますし、なにより国会法第37条という、水戸黄門の印籠より強力な〝錦の御旗〟があります。

そんなわけで、さすがの石田さんも「といっていかに図々しい私でも政府に対して出せなんというのは政府を侮辱するようなもんですからね。私はいわんです。」と本音を避けるようなことも述べています。道理ではおかしいけど、立場としては如何ともしがたいという葛藤を見て取れます。

こうしたしがらみのなか、国会議員の無賃乗車は延々と続けられていたわけですが、昭和62年4月には国鉄が分割民営化された関係で、国会法第37条は削除。無賃乗車令も廃止されました。国が音頭を取って国鉄の長期債務問題に取り組もうとしているのに、国会法と無賃乗車令を楯に民間会社が運営する〝旧国鉄〟を利用することは本末転倒ですし、国鉄時代と同じことが行なわれると、将来の株式上場に障害が残ります。そこで、JR移行後は、政府が国会議員の運賃・料金を負担することになり、「国会議員の歳費、旅費及び手当等に関する法律」が改正されました。

しかし、グリーン車の無料化は、国鉄時代の慣習を受け継ぐ形で残されました。当時のJR各社が100パーセント日本国有鉄道清算事業団（現・解散）が株主となる特殊会社であったことが最大の理由と思われます。

ちなみに、政府からＪＲ旅客６社への支払い総額は、毎日新聞の平成18年（２００６）10月29日付け報道によると、年5億ということです。この額は「過去の利用や議員数を念頭にして算出している」ということですが、改札口でパスを見せるだけで、空席に適当に座っている議員もいるので、厳密な利用状況を把握することは難しいようです。なかには議員活動とは関係がない私的利用に使う議員もいて、しばしば社会問題になっています。

公私を区別することは難しく、仮に私的利用が発覚しても、「国会議員の歳費、旅費及び手当等に関する法律」には罰則がないので、面と向かった規制をしにくいというのが実状のようです。


そんな議員の特権も、平成23年3月から東北新幹線「はやぶさ」で営業を開始した「グランクラス」には通じなかったようです。

ＪＲ東日本からの強い申入れにより、議員パスで利用する場合は、特急料金＋グリーン料金との差額ではなく、特急料金＋グランクラス用料金が別に必要になりました。わずか18席しかない「グランクラス」を国会議員が安価に占有することは、すでに上場しているＪＲ東日本としても大きな損害ですから、とうてい容認できないものだったのでしょう。

実は、国鉄時代にも似たような事例がありました。

無賃乗車令が改正される昭和33年11月までは、特急のロザが対象外でしたし、東海道本線の特急「つばめ」「はと」の1等展望車は、昭和35年6月に廃止されるまでずっと乗車不可でした。列車のなかにも、権力が届きにくい〝聖域〟というものが昔からあったようです。

（注）▼**国会議員日本国有鉄道無賃乗車令**……昭和24年9月に制定。昭和44年5月までに計4回改正され、昭和62年4月に廃止された。昭和44年の改正は、1等車がグリーン車へ移行することに伴うものだった。
▼国会で問題視……昭和33年10月29日に開かれた第30回臨時国会の衆議院運輸委員会では、委員の市川房枝議員と永野護運輸大臣（当時）との質疑応答で無賃乗車令改正案が取り上げられている。これまで議員パスでは特急の2等車（ロザ）を利用できなかったが、特急増発に伴い利用可能にする改正を行ないたいという大臣の答弁に対して、一般利用客への影響が強すぎると市川議員が反対意見を述べている。

マロネロやスロシ、奇妙なロザが存在した理由

そもそも議員パスは、大正14年（1925）に発せられた「帝国議会各議院議長副議長及議員国有鉄道無賃乗車規則」という勅令がきっかけで始まりました。これが戦後になって「国会議員

日本国有鉄道無賃乗車令」につながっていきます。ただ、議員の鉄道無料は、明治時代の鉄道国有化時から非合法に行なわれていたので、この勅令はそれを法的に追認するために出されたようです。

戦前の議員パスによる無賃乗車の威光はすさまじかったようで、父親が国会議員だった宮脇俊三氏は、著書『時刻表昭和史』（角川書店刊）でこう述懐しています。

「改札口にはいくつかの行列ができていたが、父は空いた口を見つけると『パス』と言っただけで通り抜けた。今日でもそうであるが代議士には国鉄全線パスが支給されていた。それは知っていたし、現物を見せてもらったこともあるけれど、見せずに改札口を通り、改札係もそれをとがめないのには驚いた。」

宮脇議員は、昭和17年（１９４２）の東条内閣による翼賛選挙で落選し、議員パスを失った後もロザを利用し続けたそうです。『時刻表昭和史』には「いまさら三等に乗る惨めさを味わいたくはなかったのであろう」とありますが、〝選挙に落ちたタダの人〟にも、ロザの需要は高かったようです。

国鉄　スロシ38形

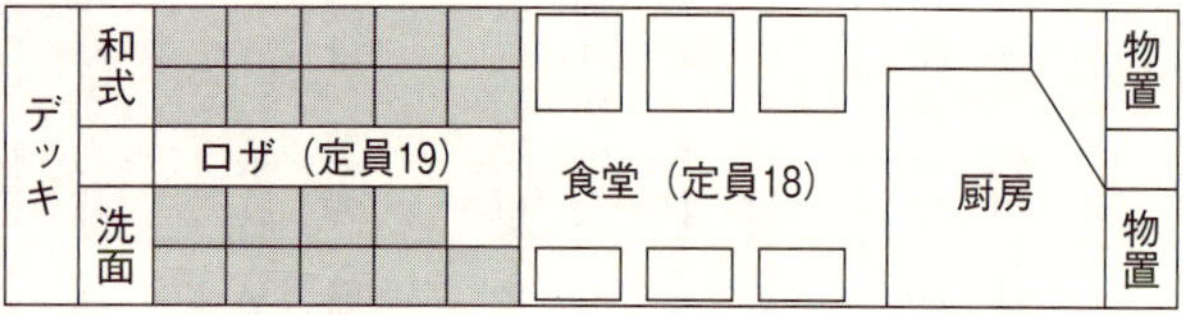

国鉄　マロネロ38形

明治、大正時代から昭和30年代にかけて、交通機関のステイタスシンボルはまさに鉄道のロザでした。日本の民間航空は大正末期にようやく飛び立ちましたが、数人が乗れる程度の輸送力しかありませんでしたし、もちろん高速道路もありません。

交通手段の選択肢が鉄道以外にほとんどなかった時代、議員の遊説《ゆうぜい》は、どこへ行くにも鉄道のロザでした。国鉄側も、そうしたことを踏まえて、現在では考えられない線区にロザを連結した列車を走らせていました。たとえば北海道では、留萌本線や富良野線、日高本線などがあり、寿都《すっつ》(注)鉄道や夕張鉄道といった、現在は廃止されている私鉄にまでロザを連結した列車がありました。

しかし、編成が短い列車が多い地方では、1両まるまるロザにすると輸送力が落ちてしまうので、「スロシ」や「マロネロ」といった奇妙な形式の合造車を連結することがありました。「スロシ」はロザと食堂車の合造車、マロネロはロザとロネの合造車というわけです。

　スロシのロザ部分は、戦後、ハザに改造されてしまいましたが、マロネロは昭和41年まで生き延び、最後は札幌〜稚内間の夜行準急「利尻」で幕を閉じています。さすがにこの時代になると、ロザでもリクライニングシートが主流になり、転換シートのマロネロでは時代遅れとなってしまいましたから。

　議員をはじめとするステイタスの高い人のためには、どんな地方の線区にもロザを用意しなければいけなかった、という国鉄の苦労が合造車から伺えます。

（注）▼**寿都鉄道や夕張鉄道**……寿都鉄道は函館本線の黒松内《くろまつない》と寿都を結んでいた鉄道で昭和47年5月に廃止されたが、実際は豪雨被害のため昭和43年8月に休止となっていた。夕張鉄道は函館本線の野幌《のっぽろ》と夕張本町《ゆうばりほんちょう》を栗山経由で結んでいた鉄道で、昭和50年4月に廃止されている。

Column

全部で4種類あった時刻表のグリーンマーク

現在、『ＪＲ時刻表』や『ＪＴＢ時刻表』といった市販の時刻表では、グリーン車を連結している列車をグリーンマークで表していますが、このマークが最初に登場したのは昭和44年（１９６９）5月に発売された時刻表からでした。ただし、第一章でも触れたとおり、本文の編集が間に合わなかったため、日本交通公社（現在のＪＴＢ）が発行していた『国鉄監修時刻表』では巻頭の「国鉄運賃・料金改訂のご案内」に掲載するに留まっています。本文にグリーンマークが掲載されたのは次の6月号からでした。

この当時のグリーンマークは、左上のように①と③の2種類がありました。どちらも実際のグリーンマークと同じく、葉の部分に地色が入ったものですが、現在と大きく違うのは、グリーン車の自由席を示す地色のないタイプ②④がなかったことです。

では、指定席と自由席の区別をどのように表記していたのかというと、指定席には着席状態を模したマークを併記していたのです。そのマークには、左下のようにグリーン車のみが指定席の場合に使う、座席部分をすべて塗りつぶしたタイプ、グリーン車と普通車の両方に指定席がある場合に使う、座席部分の半分を斜めに塗り潰したタイプ、全車指定席を示す「全」の文字が入ったタイプの3種類がありました。

グリーン車登場当時は、急行のグリーン車指定席に乗る場合、指定席券も別に必要になっていたので、このような表記が使われていたようですが、現在から見るとかなりややこしい感じがします。そこで、昭和47年12月号からは特急・急行のグリーン車指定席を①、急行のグリーン車自由席を②、普通列車のグリーン車を④とし、指定席マークによる区別をなくしています。ちなみに、グリーン車の指定席が指定席券不要となったのは昭和49年10月の料金改訂時からです。なお、③のマークはその後も指定席のグリーン車を連結する臨時快速にしばしば使われていました。

弘済出版社（現・交通新聞社）が刊行していた『ダイヤエース時刻表』や『大時刻表』なども『国鉄監修時刻表』と同じ表記になっていましたが、昭和62年3月に同社から発売された『JNR時刻表』では、普通列車のグリーン車用に④のマークではなく、特急・急行用と同じ②のマーク（指定席は①のマーク）を使うようになりました。これは、続いて発刊された現在の『JR時刻表』にも受け継がれています。

●時刻表上のグリーンマーク

①現在のグリーン車指定席用マーク

②現在のグリーン車自由席用マーク

③昭和47年まで使われていた普通列車グリーン車用マーク

④現在、『JTB時刻表』に使われている普通列車グリーン車用マーク

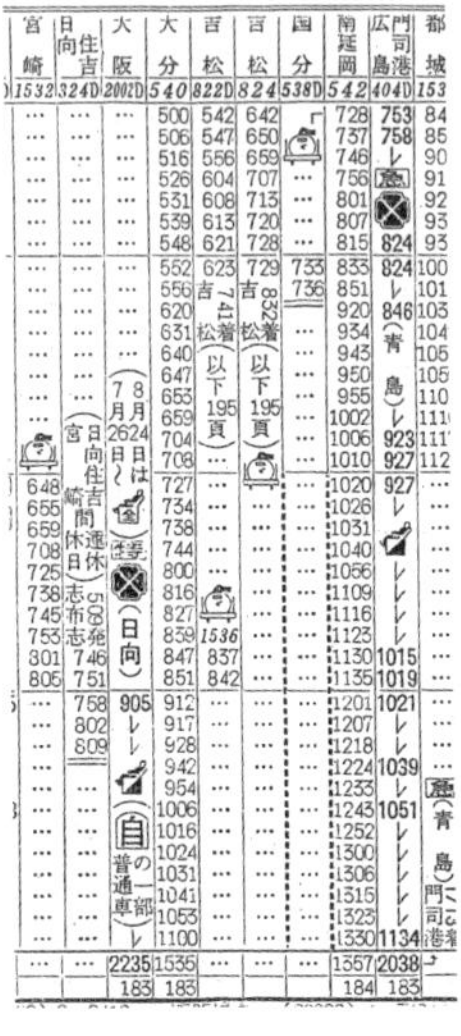

宮崎	日向住吉	大阪	大分	吉松	吉松	国分	南延岡	広島／門司港	都城
1532	324D	2002D	540	822D	824	538D	542	404D	153
…	…	…	500	542	642	┌	728	753	84
…	…	…	506	547	650		737	758	85
…	…	…	516	556	659		746	レ	90
…	…	…	526	604	707	…	756	急	91
…	…	…	531	608	713	…	801		92
…	…	…	539	613	720	…	807		93
…	…	…	548	621	728	…	815	824	93
…	…	…	552	623	729	733	833	824	100
…	…	…	556	吉松741着（以下195頁）	吉松832着（以下195頁）	736	851	レ	101
…	…	…	620				920	846	103
…	…	…	631			…	934	（青島）	104
…	…	…	640			…	943		105
…	…	（7月26日～8月24日は	647			…	950		105
…	…		653			…	955		110
…	（日向住吉宮崎間休日運休）		659			…	1002	レ	111
			704			…	1006	923	111
		）	708	…		…	1010	927	112
648			727	…	…	…	1020	927	…
655			734	…	…	…	1026	レ	…
659			738	…	…	…	1031		…
708			744	…	…	…	1040		…
725			800	…	…	…	1056	レ	…
738	志布志509発	（日向）	816		…	…	1109	レ	…
745			827		…	…	1116	レ	…
753			839	1536	…	…	1123	レ	…
801	746		847	837	…	…	1130	1015	…
805	751		851	842	…	…	1135	1019	…
…	758	905	912	…	…	…	1201	1021	…
…	802	レ	917	…	…	…	1207	レ	…
…	809	レ	928	…	…	…	1218	レ	…
…			942	…	…	…	1224	1039	…
…	…		954	…	…	…	1233	レ	急（青島）門司港
…	…	（自 普通車の一部）	1006	…	…	…	1243	1051	
…	…		1016	…	…	…	1252	レ	
…	…		1024	…	…	…	1300	レ	
…	…		1031	…	…	…	1306	レ	
…	…		1041	…	…	…	1315	レ	
…	…		1053	…	…	…	1323	レ	
…	…	レ	1100	…	…	…	1330	1134	
…	…	2235	1535	…	…	…	1357	2038	
		183	183				184	183	

グリーン車の指定席、自由席の別は、着席状態を模した指定席マークの併記で表していた（『ダイヤエース時刻表』昭和44年9月号）

このマーク改編は、『国鉄監修時刻表』を見慣れた身としてはかなりの違和感を覚えました。というのも、国鉄末期、グリーン車付きの特急が途中から普通列車となる列車が何本か登場しましたが、これが特急から普通列車に変わっても、指定席が自由席になるだけで、料金は特急・急行用のものが適用されると勘違いしそうになったからです。

『JR時刻表』が時刻表の標準となってからは、こちらを買う機会が多くなり、違和感はなくなっています。時どき、『JTB時刻表』で④のマークを見ると、〝昭和〟と〝国鉄〟を感じてしまうほどです。

第三章

リクライニングシート物語

明治時代にもリクライニングシート付きの車両があった!?

現在のグリーン車は、リクライニングシート付きの車両が常識となっています。
その原型を築いたのは、昭和25年（１９５０）４月に東京〜大阪間の特急「つばめ」に登場した「スロ60形」という車両で、以後、ＪＲ時代の現在まで、さまざまなリクライニングシート付きのロザが登場しています。この章では、そんなロザの歴史を「リクライニングシート」という視点から見ていきたいと思います。

スロ60形が登場した当時、国鉄ではリクライニングシート付きのロザを〝特ロ〟と呼んで区別しました。特急の場合、ロザはすべて〝特ロ〟とされましたが、急行では〝並ロ〟と呼ばれる、リクライニングシートではないロザも一緒に連結されることになったからです。〝特ロ〟は、旅客案内上「特別2等車」と呼ばれましたが、〝並ロ〟は単に「2等」と呼ばれていたようです。

〝特ロ〟が計画されたのは、当時、日本の占領政策を担っていたＧＨＱ（連合国軍総司令部）から命令があったからです。アメリカの長距離列車では、寝台車や展望車といった特殊な車両を除けば、リクライニングシート付きの車両が常識でしたから、日本も米国に倣《なら》い「リクライニングシート付きの車両を造れ」というわけです。

では、〝特ロ〟誕生まで日本の国鉄（またはその流れを汲む私鉄）にリクライニングシート付きの車両がなかったのかというと、そうではありません。戦後初の特急「へいわ」に連結されていた「スイテ38・39形」という1等展望車には、車内の中央部に1人掛けのリクライニングシートが設けられていましたし、四国には「ナロハ21形」という木造客車のロザに、座席を深く傾斜させることができる転換式のシートが備えられたことがあったそうです。

もっとも、これは〝特ロ〟誕生に近い昭和の話で、もっと遡《さかのぼ》ると、明治時代の中期にもリクライニングシート付きの車両があったようです。

現在の山陽本線は、明治21年（１８８８）4月に設立された私鉄の山陽鉄道が建設を進めました。明治政府の財政は、明治初期の西南戦争に代表される不平士族の反乱などで圧迫されていましたから、全国の幹線は民間資本の豊富な資金力で建設が進められていたのです。

なかでも、山陽鉄道はサービス精神が旺盛で、明治32年以降、日本の鉄道に初めて寝台車や食堂車を登場させました。

山陽鉄道の寝台車は1・2等（イネ・ロネ）のみで、ロネは、ベッドが線路と平行に2段並ぶものだったそうです。

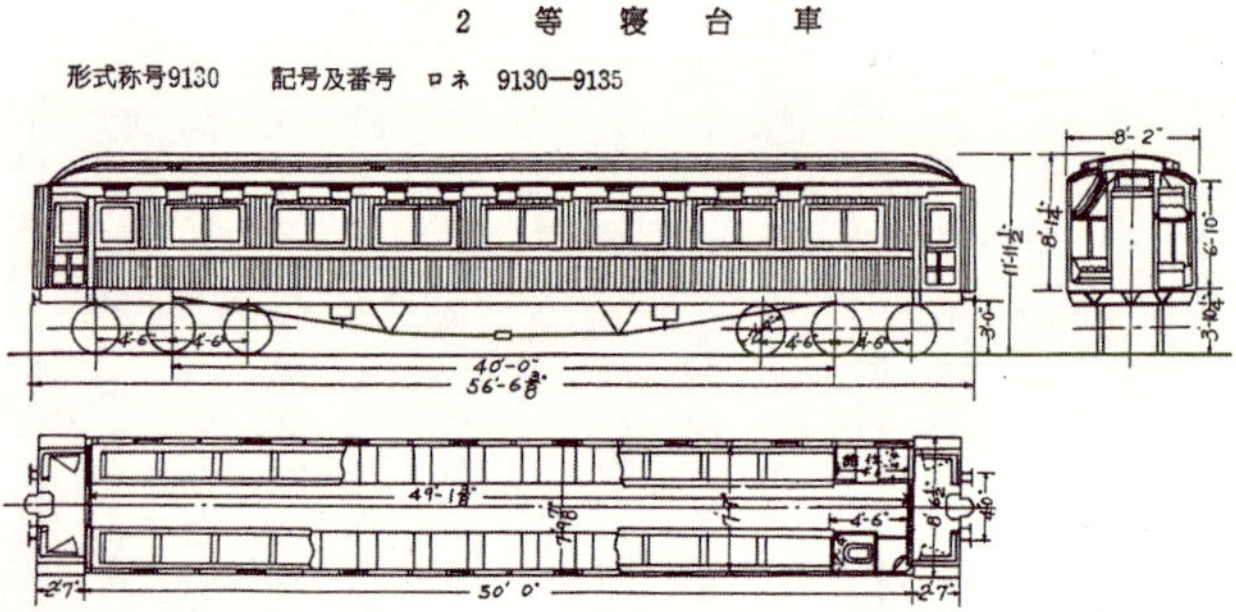

日本におけるリクライニングシート車のルーツとおぼしき山陽鉄道のロネ9130形（日本国有鉄道刊『日本国有鉄道百年史』より転載）

平成24年（２０１２）3月まで大阪～青森間の特急「日本海」に連結されていた「オロネ24形」と呼ばれるA寝台車の原型と言えそうですが、『日本国有鉄道百年史』に掲載されている山陽鉄道のロネの竣工図と思われる図面（上図参照）を見ると、寝台車としては寸法的におかしいことに気が付きます。

山陽鉄道のロネは、「ロネ９１３０形」と呼ばれるものが６両製造されました。客室全体の長さはトイレ、洗面所、乗務員室部分を除いて、45・４フィート。メートルに換算すると約13・８メートルです。定員は52人で、上段にある明かり窓の数から判断すると、ベッドは13区画ということになります。

13・８メートルの長さで13区画ですから、１区画当たりの長さは約１０６センチ。いくら当時の日本人の平均身長が低いといっても、これでは寝台とは言えません。

『日本国有鉄道百年史』の記述をよく読むと、「下段の寝台は実質的には背摺りを傾斜させた椅子に近いものであって、極力定員の増加をはかっているところに特徴がある。」と書かれているので、これで少し合点がいきます。要するに、下段は寝台と言いながら、実はリクライニングシートだったのではないかと。国鉄標準のリクライニングシート付きロザのシートピッチは１１６センチですから、スペース的にはそれより若干狭い程度です。

ただ、当時の日本の鉄道は、北海道以外はイギリスやドイツの影響を強く受けていますから、昭和の〝特ロ〟のように、アメリカ流のリクライニングシートが採用されていたとは考えにくいでしょう。

それより、気になるのは上段寝台です。『日本国有鉄道百年史』の記述では、上段について触れられていないのでフラットなベッドだったのかな？　と推測してしまいますが、それにしては、あまりにも短すぎて腑に落ちません。線路と直角に配置されていたとしても寸足らずなので、本当に寝台として機能していたのかどうか、謎が深まります。

この点について、山陽鉄道について詳しい『山陽鉄道物語』（ＪＴＢ刊）によると、上段も下段と同じくリクライニングシートのような構造となっており、前の席の背ずりの下に後ろの人が足を潜り込ませるように寝る形になっていたということです。上半身を起こすことができる介護用ベッドのような形だったのかもしれません。これですと、不自然な寸法でも納得がいきます。べッドを完全にフラットにさせないことで定員を稼いでいたというわけです。

ちなみに『山陽鉄道物語』では、１８２２〜１８３３という12両の3等車にリクライニングシートのようなものが付いており、夜行列車に使われていたようだという記述が見られます。山陽鉄道は食堂車や寝台車に限らず、あらゆる車両で先見性を持っていたようです。

現在と真逆、ロザの元祖はロングシートだった

昭和25年（１９５０）に〝特ロ〟が登場してから、〝並ロ〟は設備的に一挙に劣るものになりました。しかし、歴史的には〝並ロ〟のほうがずっと長く、その始まりは明治5年（１８７２）10月の鉄道創業時まで遡ります。

当時は、グレード順に上等・中等・下等の3等級でした。後に上等は1等、中等は2等、下等は3等となり、2等はロザ、3等はハザとして現在に至っています。

鉄道創業時の客車は、すべてイギリスから輸入したもので、車内の構造はイギリス流の「区分室型」と呼ばれるコンパートメントタイプでした。各区画にはドアが付いていて、外から施錠する仕組みになっていました。明治時代の列車の映像を見ると、列車が完全に停車しないうちに、駅員が列車に駆け寄ってきて、ドアの鍵を片っ端から開けるシーンを見ることができますが、区

画ごとにドアがあるわけですから、列車が停止してから開閉したのでは、時間がかかって大変だったのでしょう。

座席は、中等と下等が客車の幅一杯に線路と直角に並ぶタイプで、下等は5人掛けが向かい合わせになっていました。これは現在、「クロスシート」と呼ばれるものです。中等もほぼ同じ構造でしたが、下等よりは定員が少ないため、スペースに余裕がありました。

最もグレードが高い上等は、座席が線路と平行に並んでいたそうです。現在でいうロングシートのようなものでした。当時の客車は、車内設備で差を付けるというよりは、スペースのゆとり具合で差を付ける考え方が主流でしたから、中央に大きなスペースを作りやすいロングシート型は理に叶っていたわけです。

中等や下等に採用された区分室型は、客車が大型化された明治10年代に入っても造られ続けました。大きくなった分、さらにいくつかの大部屋に区切って座席が設けられていましたが、明治22年7月に東海道線が全通してからは、現在のように両側にボックスシートを設ける「貫通路型」と呼ばれる構造が登場しています。この形が、結果的に区分室型より定員を増やすことができるということがわかったからです。

一方、上等のほうは、ロングシートタイプが頑なに守られていました。中等は、上等と下等の折衷ともいうべきもので、次ページの図のように片側がボックスシートで片側がロングシートになった車両が現れています。これは、現在、東北で運転されている(注)７０１系５０００番代のようなアコモデーション（車内設備）と思ってよいでしょう。

現在、首都圏を走る普通列車は、ロングシートがハザ、クロスシートがロザとなるケースが多いのですが、明治時代はまさにその逆だったわけです。

上等から変じた1等（イザ）は、大正2年（１９１３）10月に主要幹線を走る優等列車以外のものが廃止されたのを機に、大半がロザに格下げとなったので、しばらくの間はロザにオールロングシートタイプが残っていたようです。北海道では、同年12月にこのロザを使った「(注)ハイカラ列車」という愛称名付き列車が札幌～手宮《てみや》（現・廃止）間で運転されたそうです。

ロザがハザと同じクロスシートタイプとなったのは大正時代末期のことでした。昭和に入ってから〝並ロ〟といえば、転換式のクロスシートか固定式のボックスシートというパターンになっています。

〝特ロ〟が登場しても、〝並ロ〟は一緒に急行に連結されていましたが、昭和33年10月には、急行のロザが基本的に〝特ロ〟に統一されることになり、〝並ロ〟は準急以下の列車に連結されることに

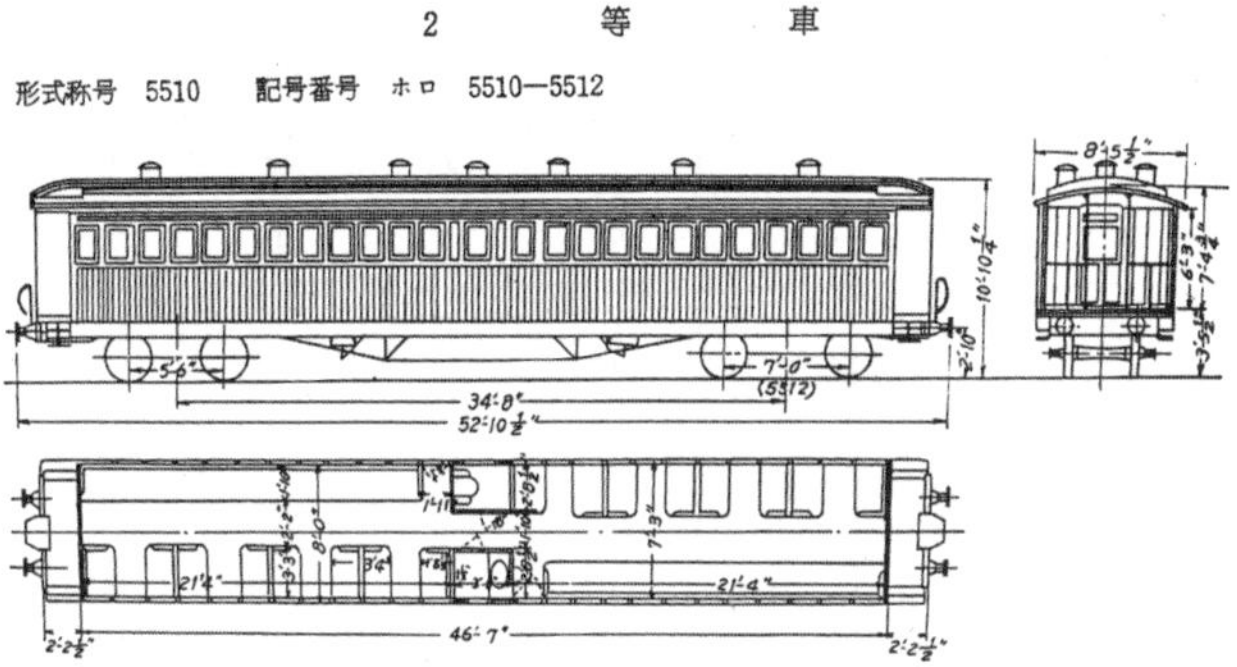

明治時代中期のロザ。ロングシートとボックスシートが千鳥状に配置されていた（日本国有鉄道刊『日本国有鉄道百年史』より転載）

なりました。昭和36年10月には、東北を走る一部の列車を除いて準急のロザも〝特ロ〟化され、戦前から走っていた〝並ロ〟の客車は、昭和30年代後半には相次いでハザか荷物車に改造され、姿を消しています。

ただ、電車や気動車では、昭和30年代にも〝並ロ〟が登場しています。

電車では、昭和33年に東海道本線を走る準急「東海」用に、特急普通車並みの回転クロスシートを備えた「サロ１５３形」が登場。気動車では、昭和29年にボックスシートタイプの「キロハ４７０００形」（後にキロハ18形）、昭和33年にはサロ１５３形と同じタイプのシートを備えた「キロ25形」「キロハ25形」という車両が登場しています。

昭和30年代前半は、急行以上が〝特ロ〟、準急以下が〝並ロ〟という厳然とした区別がありましたから、もともと準急用に製造されたこれらの車両は、リクライニングシートでなくても問題はありませんでした。
ところが、急行の電車化、気動車化が進んだ昭和30年代後半以降は、車両運用の都合で急行に使われるケースも出てきました。

昭和35年に「サロ１５２形」、昭和36年には「キロ26・27・28形」といった急行型のリクライニングシート車が登場すると、電車・気動車のロザにも客車と同じ格差が生まれるようになり、キロハ18形は真っ先に消滅。サロ１５３形は昭和43年までに普通列車用に改造。キロハ25形はグリーン車への移行直前にハザに格下げとなっています。

キロ25形は、グリーン車への移行後もしばらく生き残っていましたが、昭和44年中にはハザに格下げとなっています。

〝並ロ〟の流れを汲む車両で、最後まで残っていたのは、昭和37年に登場した「サロ１１１形」でした。こちらは快適性より定員確保が優先された首都圏の普通列車用ロザとして製造されましたが、昭和51年に簡易リクライニングシート付きのサロ１１０形１２００番代が登場すると次第に影が薄くなり、平成5年（１９９３）までにすべて廃車となりました。これにより、〝並ロ〟の流れを汲む車両はすべて姿を消しています。

（注）
▼701系5000番代……平成9年3月に秋田新幹線が開業したことにより、標準軌となった区間（盛岡〜大曲〜秋田間）を走行するために登場した在来型電車。701系はオールロングシートが主流だが、5000番代ではクロスシートとロングシートの千鳥配置となっている。
▼ハイカラ列車……『みんなの国鉄』（国鉄札幌鉄道管理局刊）によると、この愛称名が大正2年12月の時刻表に掲載されているという。国鉄の愛称名付き列車の起源は、一般には昭和4年9月に登場した特急「富士」「櫻」と言われているが、特急以外の列車を含めると、その16年も前に愛称名付きの列車が登場していたことになる。

本格的なリクライニングシートはGHQ中佐の横暴さから生まれた!?

話が戻りますが、昭和24年（1949）9月、国鉄はGHQより「リクライニングシート付きのロザを造れ」と命令されました。製造するとなると、1両当たりの価格が、当時の額にして2000万円ほど割高でしたし（当時、公務員の初任給は5000円弱でした）、まともなリクライニングシート付きの車両といえば1等展望車のスイテ38・39形しかありませんでしたから、国鉄は、相当困惑したそうです。

そこで、この命令に対しては1等展望車の1人掛けシートを2人掛けにすることで対応しようとしました。もちろん、従来のロザとはあまりにも格差があるので、等級はあくまで1等として考えていました。

ところが「そんなことでは手ぬるい！」と横槍を入れてきたのが、ＧＨＱの民間運輸局で鉄道部長に就任していたドン・シャグノン中佐（以下、シャグノン中佐）でした。

「民間運輸局」というのは、昭和21年9月、軍関係以外の海運（日本の商船を除く）や陸運の運輸施策を連合軍最高司令官へ助言するために生まれたＧＨＱの一セクションで、「ＣＴＳ」（Civil Transportation Section）とも呼ばれていました。国鉄に対して財政改革や機構改革を強硬に迫ったいわくつきの部署で、「実質的な国鉄総裁室」とも呼ばれていたのだとか。

占領時代の国鉄に関するエピソードに詳しい(注)『桜木町日記〜国鉄をめぐる占領秘話』（駿河台書房刊）によると、シャグノン中佐は、かつてイリノイ・セントラル鉄道の営業所主任を務めた経歴を持ち、昭和23年頃にＣＴＳ陸運部門の鉄道部長に就任。穏やかで涙もろい反面、非常に疑い深く、極端なことを平気で言う人物だったそうです。

それだけに、国鉄に対しては破天荒な強権を振るうようになり、一時は国鉄のことを「マイレールウェイ」と豪語していたのだとか。

国鉄の財政改革や機構改革に熱心で、その場での決断を迫ったり、下山初代国鉄総裁の自宅に押しかけ叱責したことも。国鉄の格安すぎる定期券に対しては「入挟する方式にして1日1回しか使えないようにしろ」という常識外れな主張をして、マスコミから非難を浴びる一幕もあったそうです。

『鉄道公安官と呼ばれた男たち』（交通新聞社刊）によると、鉄道公安職員の拳銃携帯を画策したのもシャグノン中佐で、アメリカの銃器メーカー「コルト」社の幹部を紹介しているそうです。自国企業の利益誘導にも熱心だったようです。

横暴さがあまりに目立つため日本での評判は悪く、ＧＨＱも次第に彼のやり方を無視できなくなりました。

そこで、講和条約の調印を機に帰国が命令されましたが、これに慌てたシャグノン中佐は、国鉄と付き合いがあった企業へ顧問として雇うよう画策したそうです。しかし、ＧＨＱから引導を渡された人物が相手にされるはずはなく、昭和26年8月、誰からの見送りもなく淋しく帰国したそうです。

こう見ていくと　リクライニングシート付きのロザも、シャグノン中佐の強引なやり方から生まれたといってよいかもしれません。

彼は、「カーベン社」というアメリカの会社がリクライニングシートの特許を持っていることを楯に、アメリカ型のシートを導入することを主張。持参した設計図を示して強引に採用を迫った結果、国鉄は1等展望車のシートを改良する方法を捨てざるを得なくなりました。

もっとも、この特許はすでに効力が切れていたそうで、国鉄はまんまとペテンに掛けられたのです。

導入が決まったアメリカ型のシートは、小糸製作所がその製造を一手に担うことになりました。当時の国鉄は資材納入に入札制を採るのが建前でしたが、小糸製作所は国鉄客車初の蛍光灯照明を開発した実績があり、指名が叶ったとも考えられます。同社の社史『小糸製作所50年のあゆみ』には次のようなことが書かれています。

「ドッジ政策によって鉄道車両の修理、および車両部品の需要を極端に減少され、経営困窮状態にあった当社にとっては、まさしく旱天《かんてん》の慈雨《じう》であった」

当時の小糸製作所は、給与の17パーセントカット、従業員の4割を人員整理せざる得ない状態だっただけに、この記述は、シャグノン中佐に救われたことを正直に物語っているような気がします。シャグノン中佐が去った後も、小糸製作所はリクライニングシート製造を続け、アルゼンチンやフィリピン、韓国などへリクライニングシートの輸出を盛んに行なっています。

救われたのは小糸製作所だけではありません。国鉄の方針を強引に転換させなければ、グリーン車時代でも〝並ロ〟レベルの車両が幅を利かせていたのかもしれません。

その意味で、シャグノン中佐はグリーン車の利用者にとっても恩人と言えるでしょう。

（注）▼イリノイ・セントラル鉄道……シカゴ〜ニューオリンズ、バーミングハム間を主要路線に持つ鉄道。総距離は約５０００キロ。

利用率は9割以上、〝特ロ〟は上々の滑り出し

シャグノン中佐にアメリカ流のリクライニングシートを押し付けられた国鉄は、既存の客車にシートを取り付ける検討を進めました。これには窓が広い「スハ42形」というハザが選ばれました。大型で重量があるリクライニングシートを既存車両に設置するには、窓からシートを搬入する必要があり、広窓でないと都合が悪いからでした。

ところが、スハ42形のリクライニングシート化は頓挫しました。ＣＴＳ側から要求があった男

女別の便・洗面所や荷物保管室の設置を考慮すると、座席定員が減少した分、シートピッチが広すぎてしまうからです。逆に詰めてしまうと、座席の区画と窓割が一致しなくなります。

車両を新製すればよいのですが、占領下ではインフレ政策の影響もあって、国鉄の独断で車両を新製することは許されていませんでした。

そこで、次善の策として考えついたのが、木造客車の鋼体化工事に〝便乗〟することでした。鋼体化工事は、昭和24年（１９４９）1月、木造客車の安全性をＣＴＳから勧告されたのを機に始まっていました。

一方、こんな矛盾したこともありました。昭和23年頃、ＧＨＱで軍輸送を担っていたＭＲＳ（第三輸送司令部）の車両部長が、総司令部の許可を得ないまま車両メーカーに軍用の新しい寝台車の製造をもちかけ、実際に製造してしまったのです。

国鉄の１・２等寝台車は、戦後すぐに接収されてしまいましたが、寝台の長さが１７８センチ程度と短かったため、アメリカ人の体格にあった長いベッドが必要だったのです。しかし、この新しい寝台車は結果的には総司令部に追認されず、接収をしないなどの条件で国鉄が買う羽目に。そして、これが戦後初の1等寝台車「マイネ40形」としてデビューすることになりました。

表では「新製はＮｏ！」と言われながら、裏では都合によって新車を押し付けられる……。当時

鋼体化客車から生まれたスロ60形（写真は近代化改装後の姿）

の国鉄の悲哀が目に浮かびそうな出来事です。

そんなわけで、本格的なリクライニングシート車の第1号は、大正時代の木造客車を鋼体化した「オハ60形」と呼ばれる客車の台枠などのパーツを流用することで対応しました。これをベースにシートピッチ1250ミリ、定員は44人というスペックに合わせた車体が造られたわけです。

国鉄側ではこれを1等車「スイ60形」として構想していましたが、アメリカではリクライニングシート付きの車両は2等が常識であったため、シャグノン中佐は「ロザにするべし！」と強硬に主張。そこで「スロ60形」に変更されました。

昭和25年1月末には「特別2等車」という名が付けられることになりました。これが後に「特2」「特ロ」

国鉄　スロ60形

洗面	2	6	10	14	18	22	26	30	34	38	42	乗務	男子	デッキ
	1	5	9	13	17	21	25	29	33	37	41			
女子	3	7	11	15	19	23	27	31	35	39	43	荷物	洗面	
	4	8	12	16	20	24	28	32	36	40	44			

便・洗面所の配置はアメリカ流の男女別となっており、洗面所は女子トイレ側が女性専用、男子トイレ側が男子専用。
荷物保管室の向かい側には列車給仕が乗務していた

と呼ばれるようになった所以です。

　国鉄側としては、シャグノン中佐のゴリ押しを呑んだものの、〝特ロ〟と〝並ロ〟は設備格差がありすぎたため、〝特ロ〟を通常の「2等」扱いにすることは到底承服できなかったのでしょう。「特別」という2文字を付けたのは、ギリギリの妥協の産物といえます。

　〝特ロ〟の登場で、国鉄は料金面で〝並ロ〟との差の付け方に頭を悩ませたようです。

　ＣＴＳからは、昭和25年4月までに特急「つばめ」のロザをすべて特ロ化せよと命令されていたので、特急では〝並ロ〟との差を考えなくてもよかったわけですが、急行では車両数の関係もあって〝特ロ〟と〝並ロ〟の両方を連結せざる得なかったため、なんらかの料金差は必要でした。

　当時の国有鉄道運賃法によると、特ロ料金は明文化されていないため、国会での審議が必要な運賃法の改訂を待たなくてはなりません。

しかし、それでは急行の特ロ営業が遅れてしまいます。そこで、昭和25年9月には「客車指定券の設定について」と題した通達が国鉄総裁から出されています。〝特ロ〟の利用には、2等運賃・料金のほかに100円の「客車指定券」を必要とすることで、〝並ロ〟と格差を付けることになったのです。国鉄の座席指定制は、戦前から観光向け列車で採用された前例があったので、この方法はいちばん導入しやすかったのでしょう。

100円という額は、〝特ロ〟と〝並ロ〟の設備差を考えると常識外れの安さでしたし、4月には2等運賃が3等の3倍から2倍に値下げされていたこともあって、〝特ロ〟の利用率は相当高かったようです。

特別二等車も好調

十月一日の時刻改正から全国主要線区にリクライニングシートで好評の特別二等車が四十四両登場するが、十月末には更に五十六両が増加し百両が各線に配属され旅客サービス向上に明るいニュースを提供している、従来の特別二等車は定員四十四名であつたが今度お目見得する車両は定員四十八名と五十二名の二種類で普通二等車の六十四名に比べるとまだ劣るが車両設計の上にも大きな改善が施されている、十月末における百両の配置両数は使用両数七十七両、予備並びに観光団用廿三両となつており東海、山陽、東北、奥縦貫、九州、北海道の各線に配属される

なお国鉄では廿九日から特別二等車に対し客車指定券（百円）を発売したが、これによる年間の収入は百両使用として六千万円が見込まれている

特ロの人気に対応して客車の増強を伝える当時の新聞記事（交通新聞　昭和25年9月30日付け）

昭和25年12月、第10回通常国会で衆議院に提出された「特別二等車の新設並びに三等車の利用者に関する質問主意書」にある、「特別二等車設置以来、鉄道収入はふえたのか、減ったのか」という質問に対して、「二等客の増加は著しく、特別二等車の乗車効率も平均九〇%を上回っているので、鉄道収入は増加している」という答弁が載っており、〝特ロ〟のプラチナチ

ケットぶりが想像できます。

　そんな〝特ロ〟を増収に利用しない手はありません。昭和26年10月には国有鉄道運賃法が改訂され、次の条文が追加されています。

「日本国有鉄道は、客車に寝台その他特別の設備をした場合には、これらの設備の利用について、寝台料金その他の特別の料金を定めることができる。」

「その他特別の設備」とは、もちろん〝特ロ〟のことで、翌11月には「特別2等車料金」が設定されました。

　これはキロ地帯を4区分に分け、価格は３００キロまでが２００円、９００キロまでが３００円、１２００キロまでが４００円、１２０１キロ以上が５００円とされ、３００キロまでの料金には2割の通行税が課されていました。昭和28年1月には新たに６００キロまでのキロ地帯を設定し、通行税の課税率を改訂。昭和29年4月には、全キロ地帯で通行税2割が課せられるようになり、最後の改訂が行なわれています。

　昭和33年10月には急行のロザが全面的に〝特ロ〟化されたため、特別2等車料金は準急以下の〝特ロ〟に適用されるようになりましたが、2等級制へ移行した昭和35年7月に廃止されています。

90度回転は禁止！　リクライニングシート初期の顛末

さて、昭和25年（1950）4月に登場した〝特ロ〟の人気は、アメリカ流の初モノに慣れない日本人乗客の姿も浮き彫りにしていたようです。

なかでも、座席の回転機構は〝並ロ〟にはなかったものだけに、不慣れな日本人が誤った使い方をよくしていたようです。180度回転させて向かい合わせにすることが本来の使い方なのに、蓋を開けてみると、90度回転させて窓に向かって座ろうとした客が後を絶たなかったのだとか。

国鉄時代のリクライニングシートは、90度でロックできる仕組みにはなっていませんし、初期のリクライニングシートの回転機構には「偏心回転」と呼ばれる特殊な機構が付いていたので、誤った使い方をされるとダメージが心配でした。

偏心回転は、狭軌のため車体幅が狭い日本の鉄道車両に向けて開発されたもので、リクライニングシートを製造した小糸製作所が特許を持っています。シートをそのまま回転させると壁にぶつかるため、いったんシートを通路側へせり出した後に回転させる仕組みでしたが、90度に向けると座席の安定性が損なわれるため、後に乗客自身が回転操作することが禁じられました。その際、国鉄が配布した〝特ロ〟の説明用チラシには次のように書かれていました。

クロ212形の車内。こんな使い方は御法度だったリクライニングシートも、40年近く経ってようやく許されるようになった

「この腰掛は列車の進行方向に向けて揃えることになっております。もし、お連れの関係で四人向い合せを御希望の方は給仕に御申し出て下さい。この場合、足掛は御使用になれないことになります。なお、回転装置を御自身で操作なさることは御遠慮下さい。」

長編成の寝台特急や新幹線を除いて、車掌の１人乗務が当たり前になった現在のＪＲでは考えられない措置で、リクライニングシートの歴史を見るうえで、なかなか興味深い〝お達し〟です。

リクライニングシートの使い方は昭和40年代の時刻表にも掲載されていましたから、普及が進んでも正しい使い方を理解していない人はそれなりにいたのではないでしょうか。

ちなみに、このチラシにはリクライニングシートに座る乗客の挿絵が入っていましたが、これを描いたのは、当時、国鉄の車両設計事務所に籍を置き、後にグリーンマークをデザインした黒岩保美氏だったそうです。

昭和63年4月、リクライニングシートの90度回転は、岡山～高松間の快速「マリンライナー」にデビューした「クロ212形」というパノラマタイプのグリーン車で実現しています。

瀬戸大橋から瀬戸内の風景を堪能してもらおうという趣向で設けられたものですが、リクライニングシートの誤った使い方が40年近くも経って実現するとはおもしろい話です。

国鉄時代の車両は、部品や資材を可能な限り共通化していたので、イレギュラーはほとんど認められていませんでしたが、JR移行後は各社が独自色を出すようになったため、このクロ212形のようなグリーン車が登場するようになったようです。

歴史は展望車の1人掛けから――国鉄リクライニングシートの変遷①

導入当初はさまざまなエピソードを抱えたリクライニングシートも、普及するにつれて細かな改良が施されていきました。ここからは、国鉄時代に登場したロザのリクライニングシートを中心に、その流れを追っていきたいと思います。

国鉄のリクライニングシートは「R型」（Rは「reclining seat」の頭文字）と呼ばれ、基本的に130〜131ページに示すような構造を保ちながら発展していきました。

R型は、1人掛け用と2人掛け用があり、前者は数字一桁、後者は数字二桁で形式を表しています。国鉄では基本的にR1以降が1人掛け、R11以降が2人掛けでした。

1人掛けはR1〜4と改良型のR2A、R3A、R4Aがあります。

R1は、戦後まもなくに復旧した1等展望車・スイテ38・39形などに採用されたもので、配置は片側1列、片側2列。白いカバーがシート全体を覆っており、背ずりの傾斜は15度、35度、45度の3段階に切り換えることが可能。ふくらはぎを乗せるレッグレストを装備していました。1等展望車付きの列車は編成ごと車両の向きを変えるため、このシートには回転機構が付いていませんでした。

1等展望車は、2等級制へ移行した昭和35年（1960）6月にすべてロザに格下げとなりましたが、一般の営業列車に就くことはなく廃車となってしまいました。

R2は、昭和35年6月に登場したクロ151形の開放室に採用されたシートです。このシートは第四章174〜176ページで詳しく紹介していますが、当初はレッグレストが分離され、斜め28度の位置に固定された形となっていました。これをシートと一体化したものがR2Aで、翌年に登場しています。

R3以降は、昭和60年に登場した100系新幹線の1人用グリーン個室で採用されたものです。こちらは第四章187~194ページで紹介していますが、R3は試作車116形で採用したもの。R3AとR4、R4Aは量産車の149形で採用したものです。

2人掛けでは、スロ60やスロ50~54形に採用されたR11~14が最初期のシートで、部内では「自在腰掛」とも呼ばれていました。

いちばん最初に登場したR11は、車端部のシートに折畳み用のテーブルがありませんでしたが、次に登場したスロ50形から取り付けられるようになりました。灰皿はリクライニングレバーの下に引き出して使うものが取り付けられていましたが、着脱式のためか盗難が多く、後に肘掛けに内蔵されるようになりました。

R11~13は、背ずりの枕部分に厚みが付けられていましたが、スロ54形の昭和30年以後の増備車では厚みがなくなったR14となりました。

R11~14の背ずりは、ただ傾斜するだけだったので、長時間座っていると、座ぶとんからお尻

●国鉄のグリーン車用リクライニングシートの構造

（キロ26形のＲ22Ｔシート）

①ここに枕カバーが付けられる。キロ80形のＲ20は上下が可動。

②収納時は肘掛けの横に畳み込む外付け式。Ｒ16とＲ17は肘掛けへの差込み式だった。車端部は妻部に固定されていた（右下）。

③ここにもカバーが掛かる。

④側肘掛けを安定させるもの。

⑤押すことで傾斜角度を５段階に切り換えられる。

⑥いわゆるクッション。Ｒ15のナロ10から座面が前方にスライドすると後方が沈み込むタイプとなった。

⑦背中を受け止めるクッション。昭和40年代までは枕カバーですっぽり覆われることが多かった。

⑧初期のものはリクライニングレバーの下にあり、取り外しが可能だった。

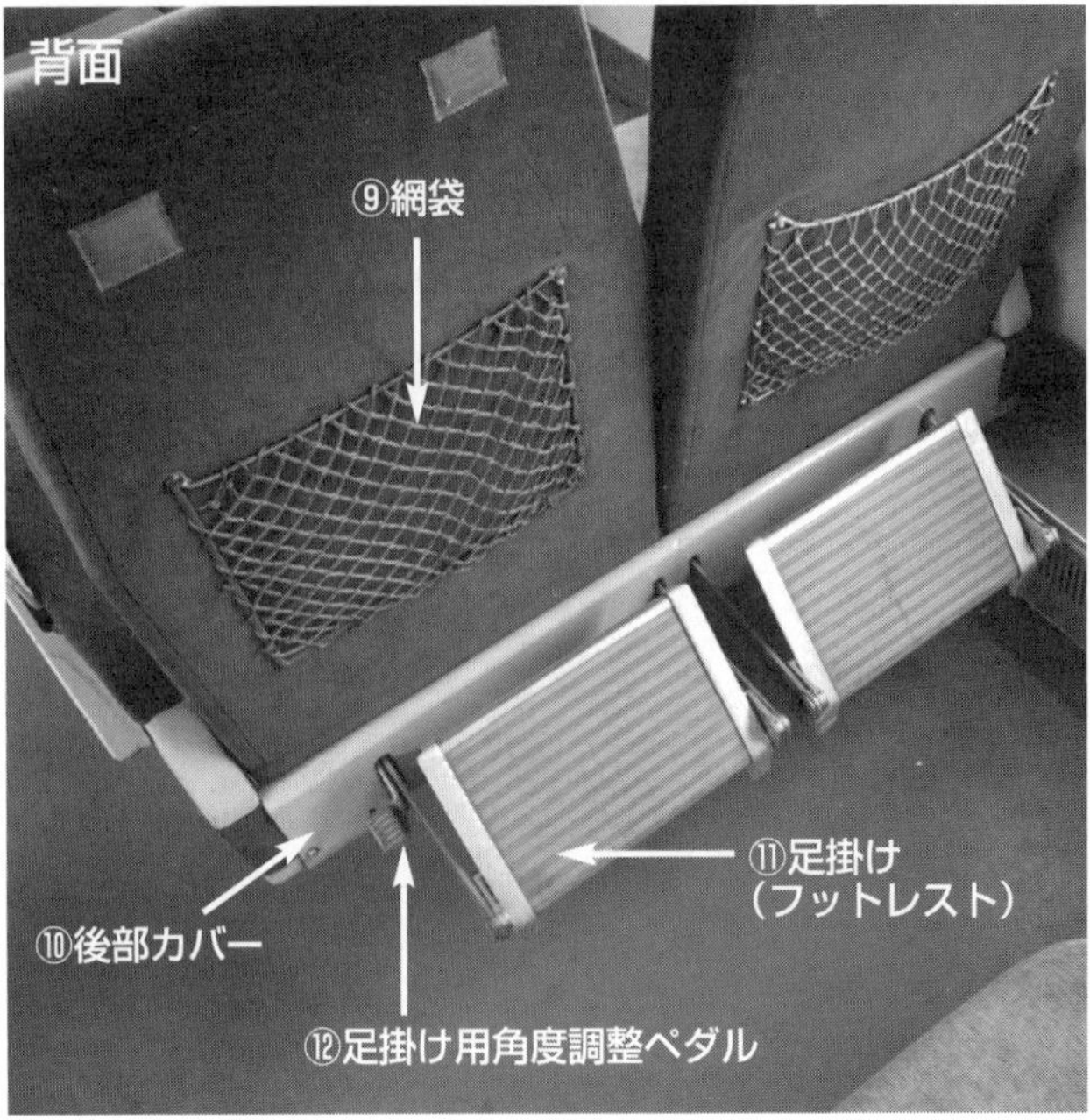

⑨R 16・17ではモケットの色と同じ布ポケットで、下部に忘れ物防止の覗き穴があった。ビニール製のタイプもある。最近の座席ではマガジンラック式になっているものが多い。
⑩リクライニング機構を隠す金属製のカバー。
⑪裏面はモケット張りになっており、手前に倒すと靴を脱いで足を乗せることができた。
⑫足掛けの角度を上下２段に調節する。

当時としては斬新だったサロ25形の段モケットシートR17

が前にずれやすくなる問題がありました。そこで、昭和32年に登場したナロ10形からは、背ずりを傾斜させると座ぶとんが前へスライドして、後方が沈み込む構造が採用されました。この改良座席がR15で、R14以前のシートと比べて30パーセントほど軽量化されています。後にフットレストの構造を変更したR15Aも登場しています。

翌、昭和33年には、「走るホテル」と呼ばれた特急型寝台客車20系が東京〜博多間の特急「あさかぜ」に登場していますが、そのロザであるナロ20形には着脱式のサイドテーブルと背ずり部にポケットが付いたR16A・Bが採用されています。

この年は、「こだま形」と呼ばれる、国鉄初の特急型電車に「サロ25形」（後のサロ151形）というリクライニングシート付きの車両が登場しています。こちらは客車用のR11〜14より大幅なバージョンアップが図られたＲ17が採用されています。

サロ25形では、Ｒ11〜14のエンジ１色のモケット（椅子の生地）をやめて、エンジ系の段付きモケットが採用されています。肘掛けには差込み式テーブルとラジオを備えていました。ラジオはイヤホンと一体となったもので、肘掛け下にはイヤホンを収納する菱形の袋が付けられていました。また、Ｒ16と同じく背ずりにはポケットがありましたが、忘れ物を防止するために、下部に覗き穴が付けられていました。それでも忘れ物を完全に防止できなかったため、後にビニール製の袋も登場しています。

電車のリクライニングシート車は、昭和34年にも登場しています。こちらは日光準急用のサロ１５７形に採用されたＲ18で、Ｒ17からシートラジオを省略した形式です。

ただし、モケットは準急用であることからエンジ１色に戻され、素材は純毛から合成繊維に変更、簡略化が図られました。

人間工学や難燃構造を採り入れたシートも――国鉄リクライニングシートの変遷②

昭和35年（１９６０）には、気動車にもリクライニングシート付きのロザが登場しています。「はつかり形」と呼ばれた特急型気動車キハ80系に連結されたキロ80形です。

この車両に採用されたのはＲ20で、枕はスライド式となっており、１００ミリ程度移動させることができました。背ずりのポケットは出し入れする部分にファスナーが付いており、Ｒ17同様に肘掛け下にラジオが装備されました。ただし、イヤホンは消毒の手間を省くため、耳差し式ではなく耳掛け式となっていました。モケットはＲ18と同じ合成繊維となったため、柄はエンジ１色となっています。

翌、昭和36年には、急行型電車のロザにもリクライニングシート付きが登場しています。東京～大阪間の電車急行に使われたサロ１５２形（第二章71～73ページ参照）で、シートはテーブルが省略されたＲ21が採用されています。モケットはエンジ１色で、これは以後に登場する急行型電車、気動車に引き継がれています。

同じ年には、急行型気動車にもリクライニングシートが付いたキロ26・27・28形が登場しています。こちらもテーブルは省略され、背ずりのポケットが網袋にグレードダウンしたＲ22が採用されました。ポケットの網袋化は特急型のキロ80形増備車にも及び、この時、ラジオも廃止されています。テーブルは、差込み式から肘掛けの横に畳み込む外付け式に変更され、シートの形式はＲ23となりました。

当初、急行型電車、気動車のロザで省略されたテーブルは、昭和37年以降に登場した急行型交直両用電車のサロ４５１形や急行型直流電車のサロ１６５形に取り付けられるようになり、これらのシートはＲ21Ｔと呼ばれました。昭和38年にはキロ26・27・28形、キロ58形にテーブルを取り付けたＲ22Ｔが登場しています。

昭和39年10月、東京〜新大阪間に東海道新幹線が開業し、新幹線車両に「15・16形」と呼ばれるロザが登場しています。このロザに採用されたシートはＲ25で、「ゴールデンオリーブ」と呼ばれる明るい色のモケットが使われています。テーブルは、肘掛けに内蔵された、いわゆる「インアームテーブル」と呼ばれるもので、ＪＲ世代のロザにも広く採用されています。

昭和40年代以降は、人間工学を採用したシートやモケットを難燃化したシートが登場しています。

人間工学を取り入れたシートは、急行型電車のサロ１６５形、サロ４５５形に採用されたＲ26、急行型気動車のキロ28形に採用されたＲ28が最初で、いずれも昭和41年に登場しています。昭和43年には特急型のサロ１８０形・１８１形、サロ４８１形、サロ５８１形にも採り入れられ、こちらはＲ27と呼ばれました。この年は、特急型気動車に久々に新型のロザが登場しています。大出力のエンジンを備えたキハ１８１系のキロ１８０形で、こちらのシートはＲ28をベースとした

Ｒ28Ａを採用。キロ80形のような枕は備えられませんでした。

　在来線グリーン車のモケットに難燃構造を採用したのは昭和47年からで、最初はサロ１８３形、サロ１８９形、サロ４８１形・４８９形、サロ５８１形といった特急型のロザに採用されました。こちらは「Ｒ27Ｎ」と呼ばれました。従来のＲ27を難燃化したものであることから、末尾に難燃をローマ字読みした頭文字「Ｎ」が付けられています。

　Ｒ27Ｎは、その後、回転機構を改良したＲ27ＡＮが登場。昭和55年に登場したサロ１８５形やキロ１８２形には、モケットが段付きモケットからワインカラー１色となったＲ27Ｂが採用されています。ちなみにＡ、Ｂの文字は同じ座席形式のマイナーチェンジを表しています。

　昭和48年には、国鉄に初の振子式電車３８１系が登場していますが、このロザであるサロ３８１形に採用されたのがＲ30でした。振子式電車はカーブでの揺れに対応するため、通路側のシートに取手が付けられたのが大きな特徴で、後にこれを難燃化したＲ30Ｎも登場しています。

　昭和51年には、「サロ１１０形１２００番代」という普通列車用のロザが登場しています。

　普通列車用ロザの新製車としては初のリクライニングシート付きでしたが、その中身は14系座席客車などに採用されていたものとほぼ同じ、Ｒ51ＡＮという簡易リクライニングシートでした。傾斜角度は、Ｒ11以降のフルリクライニングシートの直立状態と同じ15度のため、当初は最大傾斜の途中でリクライニングを止めるフリーロック機構がなく、背中の力を抜くと背ずりが勝手に直立状態に戻ろうとして、その度に「バタン、バタン！」という不快な音を響かせていました。そこで昭和53年頃から順次、フリーロック付きに改良されたＲ51ＢＮに置き換えられています。

昭和57年には、東北新幹線が開業したことにより、新幹線としては第二のロザとなる２００系２１５形が登場しています。シートはブラウン系のモケットを使ったＲ31が使われました。東海道新幹線のＲ25とは異なり、こちらはテーブルが背ずりの背面に取り付けられるようになりました。東海道新幹線のシートもこのシートに交換されており、後に軽量化したＲ32が登場しています。

昭和60年には、東海道新幹線の第二世代車となる１００系が登場しましたが、試作車はオーディオ用パネルとインアームテーブルを備えたＲ33と、それを一部軽量化したＲ34を採用。量産車はＲ33・34にフットレストを付けたＲ33Ａ・34Ａとなっています。

現在、首都圏の普通列車用グリーン車で、唯一、平屋構造で残っているサロ２１０・２１１形が登場したのもこの年で、フリーロックが付いたＲ54というシートが採用されています。

国鉄末期の昭和61年には、特急型気動車として北海道にハイデッカー構造のキロ１８２形５００番代、四国にキロハ１８６形が登場しています。

キロ１８２形５００番代のシートは、背ずり部に大型テーブルが設けられ、側肘掛けを支える「そで体」と呼ばれる部分（１３０ページ参照）に内蔵式のテーブルを埋め込んだR36Aで、キロハ１８６形もこれとほぼ同じ仕様のシートとなっています。

優秀な普通車がリクライニングシートの流れを変えた

国鉄のリクライニングシートの流れを見ていくと、部分的に細かい改良はされているものの、基本的にはスロ60形の時代から変わっていないことがわかります。

これは、車両にまつわる部材を徹底的に共通化していたためで、汎用性という面では優れていましたが、弾力的運用という面では時代遅れ感は否めませんでした。

航空機や高速バスとの競争が激しくなった昭和50年代後半になると、国鉄の普通車にもリクライニングシートの導入が急速に進み、グリーン車の格下げ使用やシートの普通車への転用が目立つようになりました。かつて国鉄が、グリーン車へ移行する理由として挙げていた「ハザとの設備差がなくなってきた」ということが、10年以上経って現実味を帯びてきたわけです。

この傾向は、ＪＲ移行後さらに強くなり、国鉄のグリーン車と同等かそれ以上の豪華さを持つ普通車が相次いで登場しています。

2両目にグリーン車の格下げ車を連結した四国の急行

ＪＲ北海道では、特急型気動車キロ１８２形のリクライニングシート（Ｒ27Ｂ）を転用したオハ14形５００番代が登場し、「ドリームカー」の愛称で急行「まりも」の普通車指定席に使われるようになりました。この車両はシートピッチがグリーン車標準と同じ１１６０ミリ、読書灯まで付いている破格さで、現在も青森～札幌間の急行「はまなす」に使われています。

ＪＲ東日本でも、グリーン車のシートを転用した普通車が急行型の１６５系電車に登場し、新宿～村上間の快速「ムーンライトえちご」に使われるようになりました。こちらは現在、特急型の４８５系電車に置き換えられ、グリーン車を営業しています。

ＪＲ西日本やＪＲ九州には究極とも言える普通車が登場しています。

かつて関西～九州間の寝台特急「あかつき」「なは」

グリーン車に迫るJR北海道789系「スーパーカムイ」の「uシート」

に使われていた「オハ14形３００番代」と「オハ24形３００番代」です。どちらも夜行バスを意識した独立３列シートで、過去のグリーン車にはなかった仕様です。オハ14形の場合、シートピッチはグリーン車標準とほぼ同じ１１００ミリで、傾斜角度は最大60度。シートは電動式で、オーディオ装置や読書灯まで付くという、至れり尽くせりの内容でした。

特にＪＲ北海道とＪＲ九州は、高速バスとの競争が激しいだけに、近年もグリーン車を超えるかそれに肉薄する普通車が登場しています。ＪＲ北海道では、特急型電車の７８５系、７８９系、近郊型電車の７２１系に「ｕシート」と呼ばれる指定席車を連結しています。座席の広さやシートピッチは、首都圏の普通列車用グリーン車をも超えており、ロザを超えたハザと言えるかもしれません。

ＪＲ九州では、日南線の観光列車「海幸山幸」にグリーン車と見紛うばかりの１＋２列シートが登場していますし、普通車しかない九州新幹線の８００系では、３＋２列が常識だった普通車に、グリーン車と０系や７００系７０００番代の一部普通車にしか採用されていなかった２＋２列が導入され、「グリーン車要らず」とさえ言われました。

普通車がこれだけ進歩してくると、苦しくなるのはグリーン車です。どのように普通車にはない付加価値を加えるのか、創意工夫が必要になります。画一化した国鉄時代のＲ型シートのままではとても対応できないため、ＪＲ移行後は、列車ごとに国鉄時代の形に囚われない独自のシートが登場するようになりました。

ＪＲのグリーン車が、普通車と差を付けるうえでまず行なわれたのがＲ型シートの改善です。Ｒ型は、枕部分が薄いため、身体のホールド性がいまひとつでしたが、シート全体を身体をすっぽりと埋めるようなバケット形状に改良することで、座り心地の改善を図りました。

国鉄から継承したサロ４８１形で使われていたＲ27がよい例で、中肘掛けを設けたり、国鉄時代は肘掛けに折り畳むように収納していたテーブルを撤去して、背ずり背面に大型テーブルを設置したり、肘掛けの内部に「インアームテーブル」と呼ばれるテーブルを収納し、膝のうえに展開させる機構を採用するなどの改善も行なわれています。

シート配置の見直しも大きな改善のひとつで、国鉄時代は、１等展望車やクロ１５１形、１００系新幹線の個室などを除いて、２人掛けのシートが並ぶ２＋２列が守られていました。しかし、ＪＲ移行後には、ＪＲ東日本で使われていたクロハ４８１形１０００番代で２＋１列とする３列化改造が行なわれています。

以来、ＪＲ時代に生まれた新車や改造車を含めて、特急型のグリーン車は２＋１列が常識となり、これらは「グレードアップ車」と呼ばれました。なかには、２５３系「成田エクスプレス」で使われていたクロ２５３形のような１＋１列も登場しており、２＋２列のグリーン車は、首都圏の普通列車用以外では、相当肩身が狭い存在になっています。

さらに豪華なグリーン車では、リクライニングシートの角度調整が電動式になったシートや、着席時の姿勢をさらに楽にする可動式のヘッドレストやレッグレスト、レッグウォーマー、ランバーサポート（背ずりの腰椎が当たる部分に設けた支え）まで備えたシートも登場しています。

東海道・山陽新幹線Ｎ７００系のグリーン車７７５〜７７７形、７６６形のシートには、「シンクロナイズド・コンフォート」と呼ばれる、より座席のホールド性を高めた新機構が採用されており、身体を起こすことなくリクライニングの角度を調整できるようになっています。

進化するハザに対応してJRのロザは新幹線用や普通列車用を除いて3列化が常識となった（JR北海道のキロハ182形）

最近では、見た目の豪華さも重要視されてきています。

ＪＲ北海道の「スーパー宗谷」「スーパーとかち」で使われているキロハ２６１形や「スーパー白鳥」で使われているクロハ７８９形、ＪＲ東日本のＥ５系「グランクラス」、ＪＲ九州の「かもめ」に使われているクロハ８８４形などのシートは革張りになっていて、旅客機のエグゼクティブクラス的な空間が演出されています。

従来のモケット張りに慣れていると、あのツルッルした感触に違和感を感じる人もいるとは思いますが……。

反面、普通車との差別化で盛んに導入されたオーディオ装置は、１９９０年代後半から次第に姿を消しています。

オーディオサービスに熱心だったＪＲ北海道やＪＲ九州の在来線では全面的に廃止されており、現在は東海道・山陽新幹線のＮ７００系などに残るのみとなっています。ＦＭ波による放送サービスが普及したことと、音楽を楽しめるスマートフォンの急激な普及が原因ともいわれていますが、オーディオ用のために特別な配線が必要になり、保守が煩雑になることが現場に嫌われていたようです。

昭和33年（１９５８）11月、東京〜大阪間にデビューした特急「こだま」のロザには、肘掛けの下にラジオが取り付けられましたが、当時はイヤホンの品質が悪く、断線によく悩まされたそうです。トランジスタラジオの普及もあって、昭和37年頃には使われなくなったそうですが、「歴史は繰り返す」という言葉は、グリーン車のオーディオサービスにも当てはまるようです。

オーディオサービスの延長線上で提供された衛星放送受信装置も、現在はグリーン車では見られなくなっています。

衛星放送は、シートの肘掛けに設置された液晶テレビで視聴するもので、ＪＲ東日本の「スーパーひたち」用サロ６５１形や、ＪＲ東海の「あさぎり」用サロハ３７１形、「あさぎり」用で御殿場線内はグリーン車として営業していた小田急電鉄サハ２００５０形に採用されました。

しかし、衛星機器の都合や、ワンセグの普及、地デジ化の影響もあって、サロ651形からは1990年代後半頃に撤去され、「あさぎり」用の2車（平成24年3月改正で引退）は、晩年は衛星放送受信設備は撤去されていました。この設備が残っているのは、上野～札幌間の寝台特急「カシオペア」など、ごくわずかです。

JR北海道が平成23年秋から進めているグリーン車のリニューアルで使われているリクライニングシート。大型の中肘掛け、左右の手すりに取り付けられたドリンクホルダー、ホールド性の高い可動式の枕（ヘッドレスト）、枕横に内蔵された読書灯、背面のテーブル、フットレスト、ラック式の収納袋など、JR時代のグリーン車にふさわしい要素が詰め込まれている

Column

リクライニングシートの３大要素

グリーン車の居住性を考えるうえで、リクライニングシートの傾斜角度、シートピッチ、座席幅は３大要素といえるでしょう。

特に傾斜角度は、リクライニングシートの最も〝売り〟になるポイントで、これが大きいほど寝台に近くなり、快適性が増します。

スロ60形に採用されたＲ11シート以後のリクライニングシートは、直立状態15度、最大傾斜50度が標準でした。ＪＲ東日本Ｅ１～６系やＪＲ東海・西日本の７００系、Ｎ７００系など現役の新幹線車両は、最大傾斜が26～31度、Ｅ５系の「グランクラス」でも45度ですから、国鉄時代のリクライニングシートはかなり傾斜が深いことがわかります。ＪＲ世代のリクライニングシートでこれを上回るものはＪＲ九州の「ＤＸグリーン車」（72度）で、国鉄～ＪＲを通じて最大の傾斜角度です（詳細は第五章２１９～２２１ページを参照）。

シートピッチは、国鉄時代の標準が１１６０ミリでした。１人掛けのＲ２シートが並ぶクロ１５１（クロ１８１）の開放室も標準的なロザとシートピッチは変わりません。在来線のロザは、車体長20メートル、定員48人を基準とする時代が長く続いていましたから、自ずと１１６０ミリに決め打ちされていたようです。

国鉄時代の例外は青函連絡船のロザでしたが、これは船舶という特殊な空間ゆえの広さでした。ＪＲで最大のシートピッチが確保されているのはＥ５系の「グランクラス」と「スーパービュー踊り子」のクロ

●傾斜角度の比較

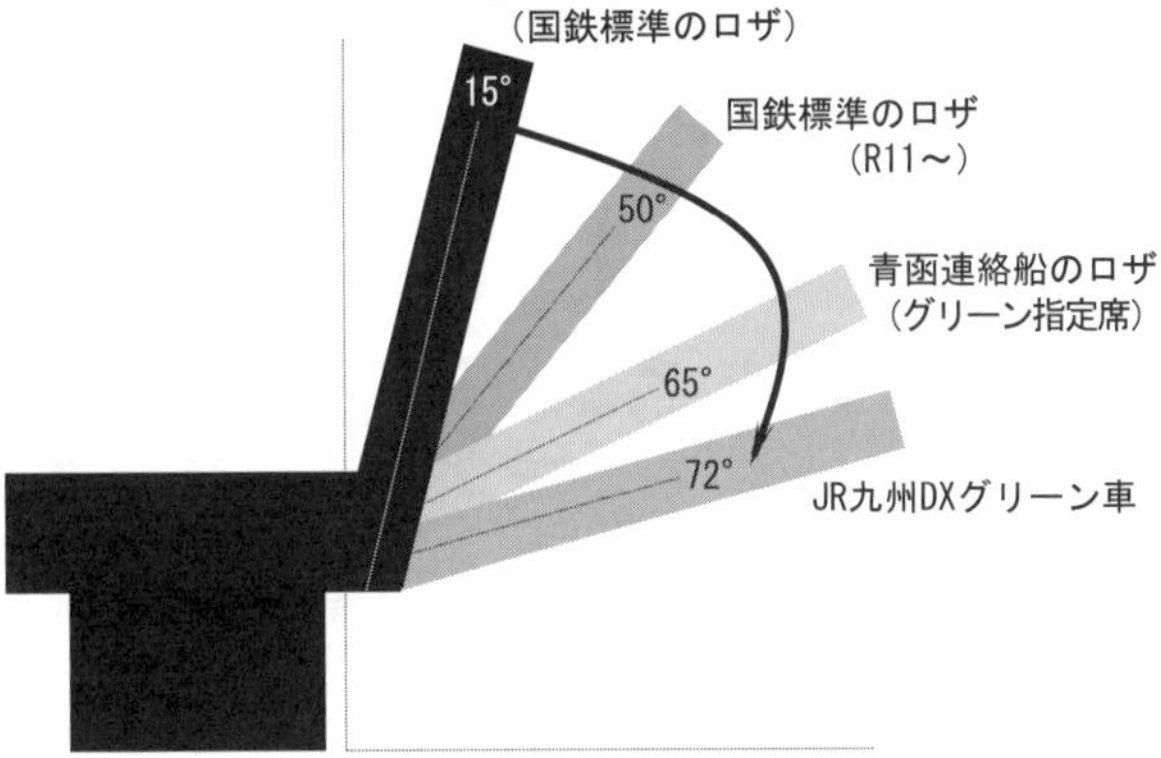

●シートピッチの比較

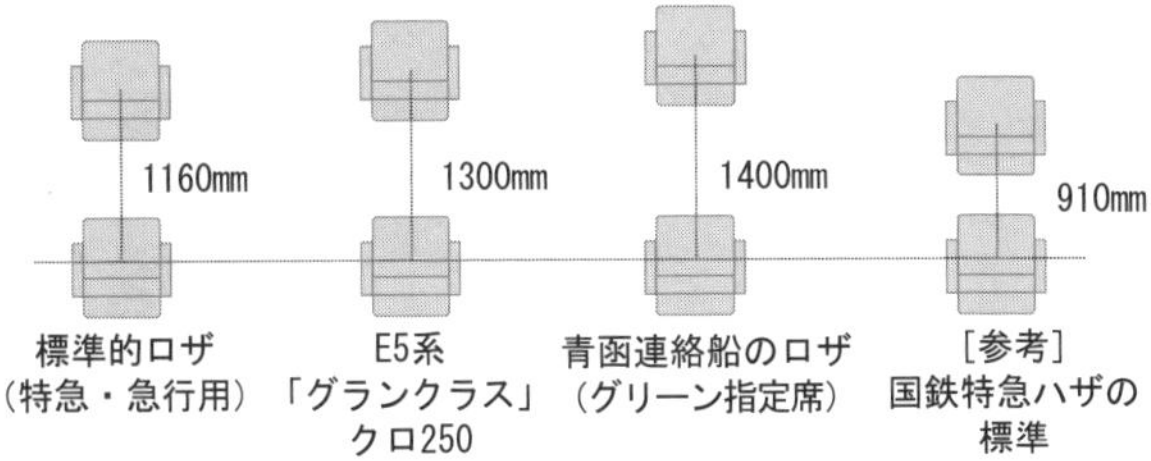

●座席幅の比較

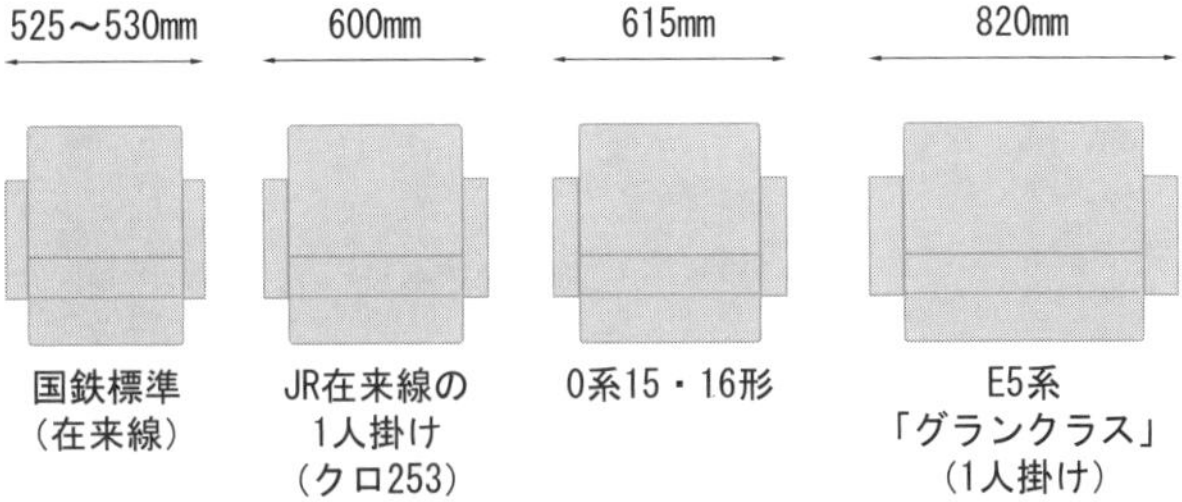

２５０形展望席で、青函連絡船のロザに迫ります。

座席幅は、肘掛けと肘掛けの間の幅を前提とすると、国鉄の標準は２＋２の座席配置が基本だったため５２５～５３０ミリで、在来線用車両より車体幅が広い０系新幹線車両15・16形は、これより80ミリ以上も広い６１５ミリでした。ＪＲ移行後は、２＋１の３列配置が多くなったため７００ミリ台が珍しくなくなり、Ｅ５系「グランクラス」は１人掛け席が８２０ミリ、２人掛け席が７３４ミリとなっています。

リクライニングシートの３大要素を数字だけ見ていくと、国鉄時代のロザが優位に見えますが、トータルな掛け心地ということになると、最新技術がふんだんに採り入れられたＪＲ世代のロザが優位と言えます。これは、バケットタイプのシートが普及したことに加えて、自家用車に使われていたランバーサポートやシンクロナイズド・コンフォートなど、身体をシートにホールドしやすくすることで、疲れを和らげる仕組みが採用されているためです。

第四章

懐かしの珍・名グリーン車

急行廃止反対運動で延命した最後の急行型ロザ――キロハ28形

この章では、グリーン車誕生以降のロザで、個性的と思われる珍車や名車を紹介したいと思います。サロ581形とキサロハ182形550番代を除いて、いずれも現存しない車両です。

第二章では「合造車」について触れました。昭和30年代までは割と見られたロザとハザの合造車は、昭和40年代に入ると急速に姿を消し、グリーン車誕生当時はクロハ181形（179～183ページ参照）のみとなっていました。この車両は山陽本線の特急で使われていましたが、[注]485系への置換えに伴い、昭和48年（1973）5月に引退しています。

以来、国鉄に車籍を持つグリーン車からロザとハザの合造車は姿を消していましたが、約2年後の昭和50年3月改正で四国の高徳《こうとく》線（当時は高徳本線）を走る「阿波」という急行で復活。キロハ28形という車両が連結されるようになりました。

この車両は全室ロザのキロ28形を改造したもので、わずか1両だけが登場。ロザは前部の24人分を残して、後部の28人分がハザとなりました。ロザが前部に残されたのは、後部にトイレと洗面所があり、ハザの客が用足しのためにロザの車内を通ることを嫌ったからだと思われます。

急行「阿波」に登場したキロハ28形。外観はキロ28形とまったく同じで一見すると“珍車”とは言い難いが、わずか１両であったことや格下げになったことなど、生い立ち的に充分珍車に入るだろう

合造車となったため、ロザとハザの境目には仕切りが設けられました。扉はロザ側からハザ側へ押して開ける開き戸となったため、ハザ側の扉付近のボックスシートには、細いパーティションが取り付けられました。

ハザ側は、リクライニングシートに合わせた窓割の部分にボックスシートを置いたため、シートピッチが通常の急行型ハザより１４７ミリ広くなりました。その分、座席と窓割の位置が食い違っている箇所があり、奇妙な印象を受けました。

四国内では、昭和50年まで高松発着急行のうち、徳島を結ぶ列車にだけはグリーン車が連結されていませんでした。高松〜徳島間の営業距離はわずか74・8キロ、所要時間は最速で1時間19分でしたから、普通車だけでも充分と考えられていたのでしょう。
そんな区間にわざわざ改造してまでグリーン車を投入した理由には、「四国内の県庁所在地間で往来が多い高松～徳島間にグリーン車がないと、大企業やお役所に勤める〝お偉方〟がグリーン料金で出張旅費の計算ができなくなるから」という説があるようですが、うがった見方をすれば、出張費目当て（?）に少しでも料金収入を上げたいという国鉄の思惑があったのではないでしょうか。

しかし、そんな思惑も、昭和51年11月にグリーン料金の大幅値上げが断行されたせいで利用者は増えず、３両編成の「阿波」は、混雑時に１両の半分が〝空気の溜まり場〟と化し、ハザの客から相当苦情が出たのではないでしょうか。

当時の高松～徳島間の特急・急行用グリーン料金は２０００円でしたが、これは運賃＋急行料金（１００キロまで）の２倍以上に相当する額でした。「楽をしたかったらグリーン車を利用すればよい」と言われても、１時間少々の乗車時間ではあまりにも費用対効果が薄く、ほとんどの利用者は二の足を踏んでいたことでしょう。

昭和55年10月のダイヤ改正では、四国内の急行グリーン車が廃止されていますが、それも、こういった背景があったからではないでしょうか。

このダイヤ改正直後に、私は四国ワイド周遊券を使って初めて四国へ渡りました。キロハ28形を含む旧グリーン車は普通車に格下げとなりましたが、座席はリクライニングシートのままで、枕カバーが布製からビニール製に変わっただけでしたから、非常に「乗り得」でした。急行の場合、格下げグリーン車は普通車指定席となったので、指定席券のほかに急行券も必要でしたが、普通列車では自由席になるので、ワイド周遊券だけで利用可能でした。

高松～窪川、中村間には格下げグリーン車を連結した夜行快速も運転されていたので、〝毎晩の宿〟として重宝したものです。

当時は、四国総局も国鉄らしくない思い切ったことをするものだと感心しましたが、その後、九州や北海道でも急行グリーン車が廃止、リクライニングシートは普通車に転用され、サービスアップが図られています。

普通車となったキロハ28形は、「キハ28形５３００番代」と形式変更されたものの、昭和60年には廃車されています。これで最後の1両であった珍車が消えてしまったと思いきや、ＪＲ移行後の昭和62年12月には、岡山と鳥取を津山線、因美《いんび》線経由で結ぶ「砂丘」という急行で復活しました。「砂丘」にはもともと全室車のキロ28形が連結されていましたが、山陽と山陰を結ぶ急行では

急行「砂丘」「つやま」に連結されていたキロハ28形100番代。前部（右側）がロザ、後部（左側）がハザ。ロザとハザの間に仕切りがあった関係で、中央部の窓がやや小さくなっていたのが四国車との大きな違いだった

利用率が低いため、半室車に改造されたのでした。四国にキロハ28形があったので、こちらは１００番代に区別され4両が登場しています。

車内のレイアウトはほぼ四国のものと同じでしたが、ロザのリクライニングシートはグリーン系のバケットタイプに変更。ハザ側には改良したボックスシートが取り付けられました。こちらは後に0系新幹線で使われていた簡易リクライニングシートに取り換えられています。

この車両はその後、アイボリー地にライトブルー系のストライプが入った明るい色に塗り替えられましたが、平成9年（１９９７）11月には「砂丘」が廃止されることになり、存続のピンチに立たされました。

ところが、ここで思わぬ〝助け船〟が。

JR西日本　キロハ28形100番代

←津山

和式	デッキ	15A〜D	13A〜D	11A〜D	9A〜D	7A〜D	6A	5A	4A	3A	2A	1A	乗務	デッキ
							6B	5B	4B	3B	2B	1B		
		ハザ（定員40）					ロザ（定員24）							
洗面		16A〜D	14A〜D	12A〜D	10A〜D	8A〜D	6C	5C	4C	3C	2C	1C	乗務	
							6D	5D	4D	3D	2D	1D		

ＪＲ西日本が津山市側に「砂丘」の廃止を打診したところ、商工会議所が猛反対。沿線には「津山地域ＪＲ急行砂丘号廃止反対協議会」が発足したのです。

津山市といえば、岡山県内では岡山市、倉敷市に次ぐ第3の都市です。岡山と倉敷には新幹線が停車するのに、津山には急行すら来なくなるのはイメージダウン必至、到底容認できないというわけです。

そこでＪＲ西日本は、「砂丘」を廃止する代わりに津山止まりの「つやま」を新設しました。車両は「砂丘」時代のままだったので、当然、キロハ28形１００番代も残りました。

岡山〜津山間の営業距離は58・7キロで、急行と快速の時間差はわずか5分程度ですから、常識では急行を同じ速さの快速に置き換えることはサービスアップにつながるはずですが、当時の津山市は〝実〟よりもプライドを取ったようです。

平成11年12月改正で、大阪〜飛騨古川間の急行「たかやま」が廃止されると、「砂丘」改め「つやま」は、ＪＲでグリーン車を連結する唯一の昼行急行になってしまいました。しかも、第二章で紹介した二連窓構造のロザを連結する列車としても最後になったのです。

そんなキロハ28形１００番代も寄る年波に勝てず、平成15年10月に引退。「つやま」は快速に使われていたキハ47形に置き換えられ、二連窓の急行型グリーン車はすべて消滅しています。

その後の「つやま」は、平成19年7月に広島〜三次《みよし》間の急行「みよし」が廃止されるとＪＲ唯一の昼行急行となり、平成21年3月改正では快速に吸収される形で廃止となっています。この時は反対運動は起きなかったそうです。

世はリーマンショック後の連鎖不況に陥り、プライドどころではなくなっていたせいもあるかもしれません。

（注）▼**４８５系**……昭和43年に登場した特急型電車で、交流、直流の別や、電源周波数の別を問わず、全国の電化区間ならどこでも走ることができるオールマイティーさから、国鉄を代表する電車のひとつとなった。先行して登場していた４８１系や４８３系と編成を組んで運転されていた。

現在も車籍が残る北の2階建てロザ——キサロハ182形550番代

ロザとハザの合造車は、キロハ28形のような平屋タイプだけではありません。平成2年（１９９０）には、JR北海道のジョイフルトレイン「クリスタルエクスプレス」に1階がグリーン個室、2階が普通席となった2階建てタイプの合造車が登場しています（第五章２４２〜２４３ページ参照）。

この車両は「キサロハ１８２形５１００番代」と呼ばれ、「フラノラベンダーエクスプレス」「トマムサホロスキーエクスプレス」といった臨時列車に使われています。

「キサロハ」という形式は、国鉄〜JRの歴史始まって以来のもので、「サ」という文字が入っていることからわかるとおり、エンジンがない付随車になっています。2階建てとなったことで、客室スペースが車体断面ぎりぎりに設けられたため、エンジンを吊り下げるスペースがなくなったからです。現在は1階のグリーン個室も普通車扱いとなっているのに、形式は「キサロハ」のままという変わった車両です。

翌、平成3年7月には、同じ2階建てタイプの合造車として「キサロハ１８２形５５０番代」

国鉄時代にはなかった在来線用の2階建て合造車キサロハ182形550番代。2階の窓スペースが小さいのは、この部分に1人掛けのリクライニングシートが4席しか並んでいなかったため。反対側には10列分の窓スペースがある

という車両が登場しています（以下、キサロハ）。

こちちは、1階が普通個室、2階がグリーン室で、グリーン室のシートは2人掛けが10席、1人掛けが中央部に4席ありました。

普通個室は2人用のものが5室あり、線路と直角に転換式のシートが配置されていました。

1階と2階を合わせた総定員は34人。車体長は20・8メートルなので、余裕のある贅沢な造りに見えます。

その割に、普通個室の1部屋当たりの面積は、幅（枕木と平行）が約1800ミリ、奥行（線路と平行）が1270ミリしかありませんでした。普通個室がある1階部分の両側各7メートルほどが機器室と階段のスペースに充てられたためで、高さも1750ミリしかありません。これは標準

よりやや高い身長の男性ですと、屈まなければ室内に入ることができない高さです。

一方、グリーン室の高さは１８８０ミリとなっていました。

普通個室よりは身長が高い人に優しい造りですが、それでも平屋タイプのキロハ１８２形が２０００ミリを超えますから、キサロハ２階の天井も人によっては圧迫感を感じたのかもしれません。１８０センチを超える人ですと、天井に頭をぶつけそうな感覚になったのではないでしょうか。

私は鉄道車両なのに旅客機の機内にいるような錯覚を受けました。

キサロハは、平成3年7月から運転を開始した札幌～帯広間の「スーパーとかち」へ投入されましたが、計画されたのはバブル時代の真っ只中である昭和62年（１９８７）６月に公布・施行された「総合保養地域整備法」がきっかけだと思われます。

この法律は、俗に「リゾート法」と呼ばれるもので、第1条はこのように書かれています。

「この法律は、良好な自然条件を有する土地を含む相当規模の地域である等の要件を備えた地域について、国民が余暇等を利用して滞在しつつ行うスポーツ、レクリエーション、教養文化活動、

JR北海道　キサロハ182形550番代

札幌→

［2階］グリーン席

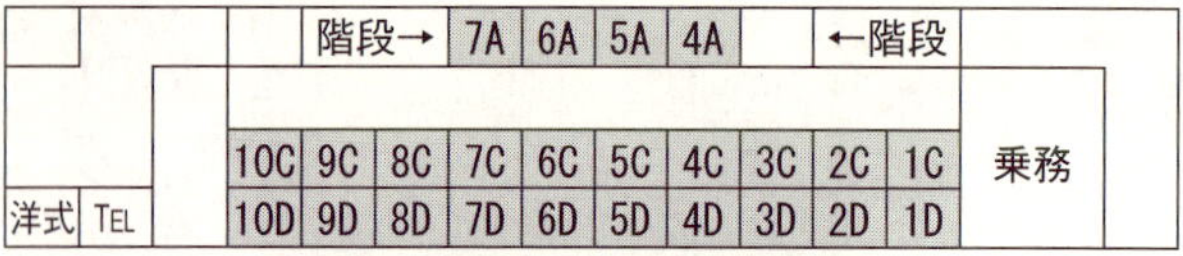

2階グリーン室の車内。平屋のグリーン車と比べるとやや圧迫感があった

［1階］2人用普通個室

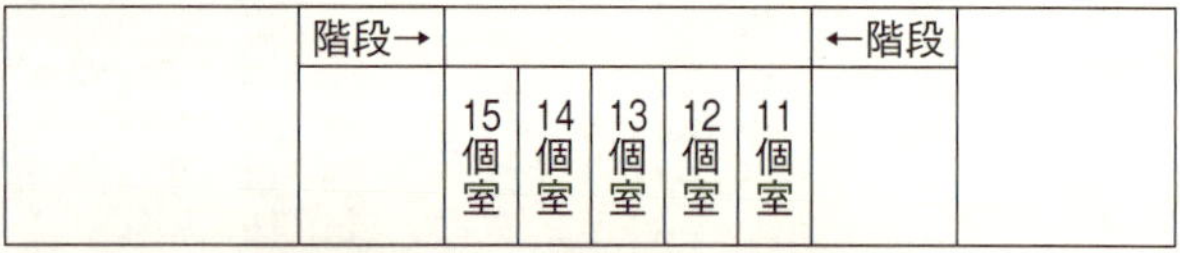

1階普通個室の通路。個室内は2人掛けのソファーが線路と直角に配置されていた

休養、集会等の多様な活動に資するための総合的な機能の整備を民間事業者の能力の活用に重点を置きつつ促進する措置を講ずることにより、ゆとりのある国民生活のための利便の増進並びに当該地域及びその周辺の地域の振興を図り、もって国民の福祉の向上並びに国土及び国民経済の均衡ある発展に寄与することを目的とする。」

リゾート法には、全国の特定施設に民間の豊富な資金力を活用してリゾート地を建設すれば、税制上の優遇を受けることができるメリットがありました。対象となるのは建物などの施設だけではなく、車両、船舶、航空機などの移動施設も含まれていました。

北海道でリゾート法の特定施設に指定されていたのは「富良野・大雪リゾート地域」と「ニセコ・羊蹄・洞爺周辺リゾート地域」でした。前者は、現在の石勝線トマム駅周辺のリゾート施設が含まれており、石勝線が開業した昭和56年にはそんな時代を見越したのか、トマム駅の前身となる石勝高原駅が開業しています。

ＪＲ北海道としても、リゾート法に乗って新車をどんどん投入し、トマム周辺のリゾート地へ集客しない手はなく、平成元年に「リゾートエクスプレス」「フラノエクスプレス」「ニセコエクスプレス」に次ぐ4番目のリゾート車両「クリスタルエクスプレス」を登場させましたが、より多く集客するためには、定期列車にリゾート列車に準じた設備を持つ車両が必要だと判断。そこで誕生したのがキサロハだったのです。

ところが皮肉なことに、キサロハが登場したのはバブル景気が弾けた少し後でした。グリーン室はそれなりに需要があったようですが、普通個室の人気は芳しくありませんでした。

平成9年当時、札幌～帯広間の「スーパーとかち往復割引きっぷ」（1万１０００円）と「スーパーとかち個室オプション券」（片道２０４０円）で普通個室を往復利用すると1万５０８０円でしたが、同区間を特急のグリーン車で往復できる「グリーン&グリーンきっぷ」は1万７７４０円。片道当たり１３３０円高いだけならグリーン車を利用してもよいかな、と思った人は少なくないはずです。

ただ、人気の翳りは価格面だけでもないと思います。

グリーン室では、階段があるために車内販売のワゴンを入れることができないというデメリットがありましたし、眺望性が悪い1階の狭いスペースに普通個室が押し込まれているのも印象を悪くしていた気がします。

もし、普通個室が2階にあったとしたら、1階より倍のスペースを確保できるので、より広くて天井が高い個室を設けることは可能だったでしょう。先輩格のキサロハ１８２形５１００番代が現在も残っているのは、普通席を２階に置いて、セミコンパートメントタイプの広いボックスシートを採用したからだと思います。

平成４年に登場したジョイフルトレイン「ノースレインボーエクスプレス」に連結された「キサハ１８２形５２００番代」という２階建て車も、２人掛けの座席が２階にあり、１階はラウンジ化されています。

普通個室料金は、平成10年頃に１０２０円と半値になりましたが、時はすでに振子特急の時代へ突入。最高時速１３０キロ運転が可能なキハ(注)２８３系が「スーパーおおぞら」へ投入されており、１２０キロに抑えられ、振子機構もないキサロハ付きの「スーパーとかち」は、次第にスピードアップのお荷物になっていました。

平成12年３月改正では「スーパーとかち」がキハ２８３系による振子特急となり、キサロハは札幌～釧路間の「おおぞら」へ転用されましたが、その期間は短く、翌年７月改正で「おおぞら」全列車が「スーパーおおぞら」化されてからは、用途を失ってしまいました。

しかし、それから11年、キサロハは不思議と廃車にならず、釧路運輸車両所に留置されています。用途を失っているので実質的には引退状態なのですが、車籍が残っているので固定資産税はかかったまま。ＪＲとしては得策ではありませんから、何らかの形で再利用するのでは？　という期待が湧きます。

一時は、青森～札幌間の夜行急行「はまなす」への転用が検討されていたそうですが、「はまなす」自体は平成27年に予定されている北海道新幹線新青森～新函館（仮称）間開業で先行きが不透明なだけに、キサロハ復活はいまだに暗中模索といったところでしょうか。

（注）▼キハ２８３系……制御式振子機構を搭載した特急型気動車として平成9年3月にデビュー。札幌～釧路間の特急「スーパーおおぞら」へ投入され、北海道内の特急高速化に貢献した。

グリーン車誕生時のロザで最後まで残る――サロ５８１形

昭和42年（１９６７）10月、世界初の本格的な寝台・座席兼用電車として誕生した５８１系は、昼は座席特急、夜は寝台特急として、「24時間闘えますか?」を地で行くような活躍ぶりを見せていました。

活躍の秘密は、精巧かつ複雑な座席と寝台の転換機構にありました。それは2段ベッドのロネと同じように、４人掛けの座席を線路と平行に並んだ寝台に変えるものでした。これにより、寝台の幅は最大で1メートル超と、それまでのハネより相当広くなり、「狭い、息苦しい」というハ

国鉄時代のサロ581形。屋根の高さが寝台であるほかの車両に合わせられていた

ネのイメージを覆しました。昼間の座席状態も、シートピッチがかつての並ロと同等となりましたが、ボックスシートタイプとなったため、リクライニングシートが常識となった当時では、ハザとしてしか使えませんでした。

　国鉄としては、昼がロザ、夜がロネとなる車両も造りたかったのでしょう。しかし、リクライニングシートを寝台へ切り換える仕組みが複雑過ぎましたし、加えてハネの構造がロネと似ていたので、差の付け方に行き詰まってしまったのでしょう。部内である程度のアイディアは固まっていたというものの実現には至らず、581系の運転開始時にはロザの製造が見送られてしまいました。

　581系は当初、昼は新大阪〜大分間の「みどり」、

●サロ481形とサロ581形の屋根高さの違い

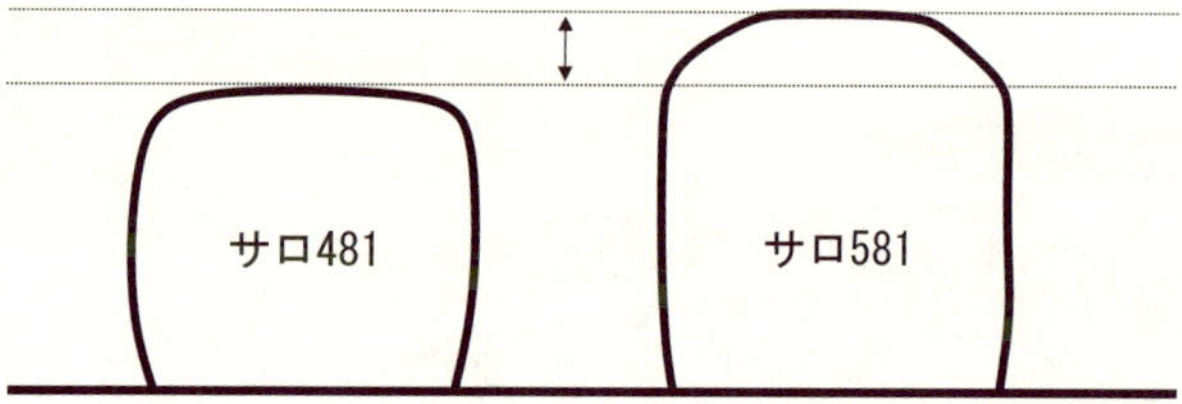

夜は新大阪～博多間の「月光」へ投入されました。夜はロザがなくても寝台のほうが楽なので問題ありませんが、昼はハネムーン客が多い日豊本線を走る特急なのに、ロザがない「みどり」は敬遠される傾向にありました。

　そこで、座席専用のロザが製造されました。昭和43年に登場した「サロ５８１形」です。この車両、座席だけを見ると、同じ特急形であるサロ４８１形やサロ１８０・１８１形と変わりはありません。では、なぜ〝珍〟なのかというと、屋根が異様に高かったからです。

　サロ４８１形の場合、最大高さ（クーラーや床下部分を除く）は２２４０ミリでしたが、サロ５８１形は２７２０ミリ。その差は４８０ミリもありました。

　こうなったのは、限界ぎりぎりに設計された寝台車のクハネ５８１形やモハネ５８２・５８３形（またはモハネ５８０・５８１形）と屋根高さを合わせたためで、食堂車のサシ５８１形も同様に合わせられました。

　細かい部分では、トイレと洗面所の配置もサロ４８１形などと違っていました。サロ４８１形は車両の前後に配置されていましたが、サロ５８１

国鉄　サロ581形

←青森

洗面	洗面	12A	11A	10A	9A	8A	7A	6A	5A	4A	3A	2A	1A	乗務	デッキ
		12B	11B	10B	9B	8B	7B	6B	5B	4B	3B	2B	1B		
洋式	和式	12C	11C	10C	9C	8C	7C	6C	5C	4C	3C	2C	1C	乗務	
		12D	11D	10D	9D	8D	7D	6D	5D	4D	3D	2D	1D		

形は片側だけに配置されていたのです。昭和43年に追加増備された５８３系も含めて、寝台電車は片側にトイレ２つ、洗面所３つが配置されていたので、この形に合わせたわけです。

ただし、ロザの洗面所は、ハザ（ハネ）よりゆとりを持たせるため２つだけとなっています。

窓側の日除けもユニークで、サロ４８１形はロザでは常識だったカーテンでしたが、サロ５８１形では二重構造の窓の間に「ペネシャルブラインド」と呼ばれる巻上げ式の日除けが取り付けられていて、窓側の座席横にはそのためのハンドルが取り付けられていました。

サロ５８１形の車内は、ほかの特急型ロザと比べるとクールに見えましたが、それはカーテンがなかったせいかもしれません。

リクライニングシートの形式は、段付きモケットのＲ27でした。

このシートは、日本人の骨格を分析した人間工学を取り入れたもので、これまでのシートより長時間腰掛けていても疲れない構造となっていまし

急行「きたぐに」で使われていたサロ581形の車内。JR移行後しばらくの間、このように国鉄時代と同じ状態を保っていた

た。

昭和57年頃、青森発上野行きの特急「はくつる」でこのR27に座ったことがあります。客車のR11〜15や気動車のR22などと比べると、座り心地が硬く、座ぶとんの沈み込みが浅かったことをよく覚えています。上野までの9時間、こんな硬いシートに座っていられるのか、正直、不安でしたが、翌朝目が覚めると、お尻の痛みが少なかったことに驚きました。

その時は「さすが、特急のグリーン車は違う！」と思ったものですが、同じ特急型でもキロ80形初期車に使われたR23などは、人間工学を取り入れる前のシートなので、座り心地はサロ581形と雲泥の差がありました。

そんなサロ581形も、昼行で使われる時はともかく、夜行で使われた時は不人気でした。ほかの車

リニューアルされた「きたぐに」のサロ581形。ヘッドレスト付きの改良型シートに交換され、カーテンも付けられた

両はすべて寝台で横になって移動できますし、上野～青森間では電車B寝台の下段料金よりもグリーン料金のほうが高かったからです。

一方、いつも乗っている上野発の普通列車に乗り遅れ、少しでも早く帰りたいと思った通勤客には多少人気があったようで、東北本線では特急「はくつる」のロザがよく使われていたようです。現在の上野～宇都宮間を基準にすると、乗車券、特急券、グリーン券を合わせて５１９０円になりますが、それでも、タクシーで帰るよりははるかに安いですから。

国鉄末期になると、５８１・５８３系の活躍の場は大幅に少なくなりました。座席と寝台の転換が面倒で、そのための要員も確保しづらくなったこと、新幹線や航空機の発達で、寝台列車そのものが見放

JR西日本　サロ581形100番代

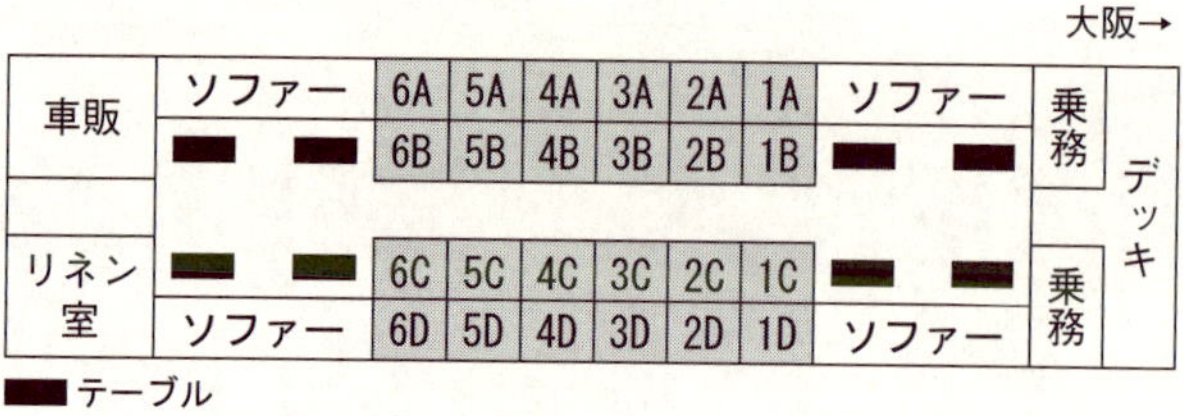

されつつあったことが主な原因で、２０００年代に入ると夜行列車の廃止が加速度的になりました。

そんななかで、不思議と生き残っていたのが５８１・５８３系を使う大阪～新潟間の急行「きたぐに」でした。

「きたぐに」は昭和60年3月改正から５８１・５８３系に置き換えられ、サロ５８１形も連結。ハネを2段化した「サロネ５８１形」というロネもこの時に誕生しました。

平成元年（１９８９）には、サロ５８１形の12列ある座席のうち、各側3列ずつを撤去して、ソファーとテーブルを置いてサロン室としたサロ５８１形１００番代が3両登場しています。

サロン室はフリースペースで、トイレはリネン室に、洗面所は車販準備室に改造されました。両側3列分の座席がなくなっているので、真ん中のシートに座ると、前方がガランとした感じに見えたのではないでしょうか。形を変えた半室グリーン車ともいえるでしょう。

この車両は当初、大阪～軽井沢間の臨時列車「シャレー軽井沢」などに使われていましたが、「きたぐに」にも組み込まれたことがあったようで、いかに夜行列車の利用者が少なくなっていたのかを物語っています。

「きたぐに」は、平成24年3月改正で廃止となり、同年のゴールデンウィークとお盆には臨時列車として設定されました。サロ５８１形を連結した7両編成でしたが、その後も運転される保証はまったくないので、気になる人は臨時列車の運転情報をこまめにチェックしておいたほうがよさそうです。

現行のサロ５８１形が廃車になると、昭和44年5月のグリーン車誕生当時に在籍していたロザの形式は、クロ１５７形を除いてすべて消えることになります。

いまだに憧れる「こだま形」の区分室――クロハ181形①

もし、過去へタイムスリップできるものなら、いの一番に乗ってみたいと思うロザが「クロハ１８１形」です。

この車両はロザとハザの合造車で、ロザは4人用のソファーが並ぶＶＩＰ仕様の区分室となっていました。1等車からグリーン車へ移行した国鉄のロザで、新幹線を除けば最も豪華な車両と言えるでしょう。

　クロハ181形は、昭和48年（1973）5月、山陽本線の特急を最後に引退しているので、北海道に住んでいた私は現物にお目にかかったことはありません。現在は東北新幹線の「グランクラス」など豪華なロザが存在しますが、庶民がそう簡単に手を出せなかったという意味では、クロハ181形の区分室に及ぶものはないような気がします。

　この車両を語るには、その前身である「クロ181形」と「クロ151形」の存在を無視できません。クロハ181形はクロ181形からの改造車で、クロ181形はクロ151形を形式変更した車両であるという経歴があるからです。ただ、車内設備はクロ181形もクロ151形も変わらないので、ここではクロ151形を中心に取り上げたいと思います。

　クロ151形は、昭和35年6月、東海道本線の客車特急「つばめ」「はと」が電車化された際に登場しました。

　形式に「ク」という文字があることからわかるとおり、運転台付きの制御車で、大阪方に連結されていました。車体のスタイルは、前面が巨大なボンネット状となったいわゆる「こだま形」

2×1メートルの大きな側窓が印象的だったクロ151形（1両目）。1等展望車に代わるアメリカ風の「展望車」ということで「パーラーカー」と呼ばれたことも。計画時は「クパロ」「クロテ」という形式名も検討された

というもの。40代後半以上の方なら、子供の頃にブリキの電車で遊んだ経験があると思いますが、その多くが「こだま形」でした。

クロ１５１形がデビューする前日まで、東海道本線で運転されていた特急「つばめ」「はと」には、最後部に1等展望車が連結されていて、一番後ろの展望デッキから流れ去る風景を楽しむことができました。

これは、終着駅で常に方向転換を行なっていた客車列車だからこそできる芸当でしたが、電車となるとそうはいきません。「こだま形」には前後に電動発電機と空気圧縮機を搭載した大きなボンネットがありますから、展望デッキを付けるのは無理ですし、付けることができたとしても、いちいち方向転換を行な

っていたのでは、終着駅ですぐに折り返すことができるという電車のメリットを生かせなくなります。

そこで、クロ151形では、できるだけ展望車時代の眺望性を受け継ぐ工夫が凝らされました。その最たるものが大きな側窓です。サイズは2×1メートルで、当時の国鉄では最大級でした。国鉄のロザは、シート1列につき狭い側窓をひとつずつ割り当てるのが原則でしたから、この大窓は人々の度肝を抜いたことでしょう。あまりに大きいので、停車中はホームから覗かれることがよくあったそうです。大窓が際立つよう、エッジにはステンレス製のカバーも付けられていました。

乗客が乗り込む側扉は車両のやや前部にあって、東海道本線の〝海側〟からデッキに入ると、左手が4人用の区分室、右手が開放室となっていました。

開放室に入ると、左右に各7列ずつ、合計14脚の1人掛けリクライニングシートが並んでいます。これは「R2」と呼ばれる新型のシートで、発車時は進行方向に真っ直ぐ向いていますが、実際は左ページの図のように多方向に回転できました。

シートの柄は、以前の「こだま形」ではエンジ色の段模様でしたが、クロ151形は「エジプ

国鉄　クロ151（181）形

←大阪

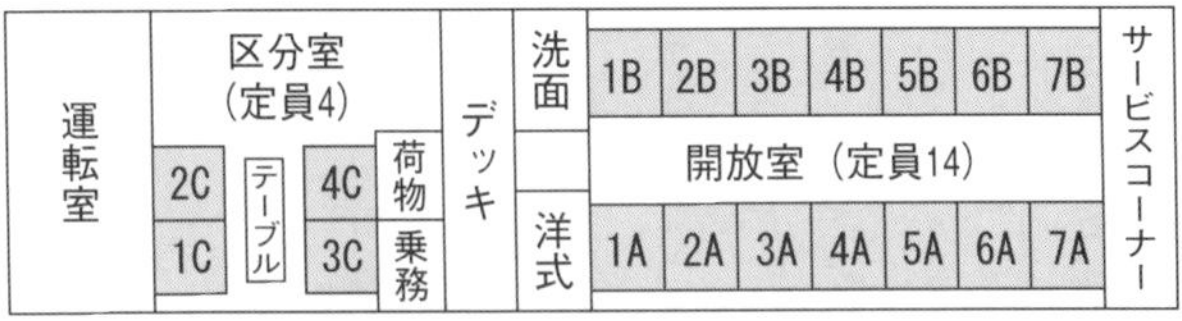

クロ151（181）形の開放室。１人掛けのリクライニングシートが14席設置されていた。窓下には給仕の呼び出しボタン、ラジオと電話のジャックが取り付けられていた

●R2シートの回転方向

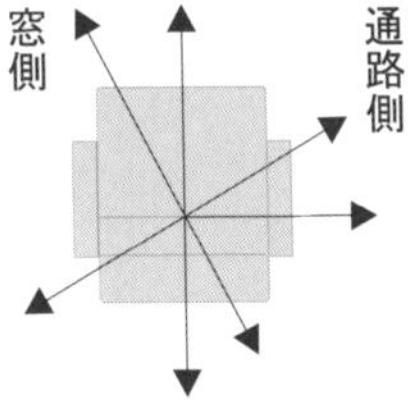

クロ151（181）形の区分室。ソファーの色は奇数番号車が黄色系、偶数番号車が赤系だった。ソファーの背後にはラジオのイヤホンがあり、NHK第一・第二放送を聴取できた。上にある携帯品棚は、欧州の鉄道をモデルにしたというハットラック式だった

ト柄」と呼ばれる格子状のもので、そこに「テトロンレース」と呼ばれる透けた枕カバーが付けられていました。車内の写真を見る限りでは非常に上品な印象で、「とても庶民は手を出せないぞ！」という雰囲気を醸し出していたと思います。

ただ、リクライニングの角度とシートピッチは、従来のリクライニングシート付きロザと同じでした。この点は斬新な設備の割に平凡でした。


当時、「こだま形」では国鉄で初めて車内公衆電話のサービスを開始しました。

通常、通話をする時は、電話室があるビュフェまで行かなくてはいけませんが、クロ１５１形の区分室と開放室には電話機を接続するジャックが装備されていて、列車給仕が持ってきた電話機をつなぐことで、車内から直接通話できるようになっていました。携帯電話が常識化している現在でも、固定電話（実際は無線電話ですが……）を車内からかけることはできないのですから、これは「唯一無二のサービス」と言えるのではないでしょうか。

開放室の後部は、仕切りを挟んでサービスコーナーが置かれていて、当時は珍しかった電子レンジと冷蔵庫が置かれていました。発車すると、ここから帝国ホテルの女性給仕がクッキーやコーヒー、蒸しタオルを提供してくれたそうで、トースト程度の軽食なら、わざわざビュフェや食堂車へ行かなくても、ここから出してもらえたこともあったのだとか。

一方、左手（前部）にあるＶＩＰ仕様の区分室へは「マジックドア」と呼ばれる扉を通って入ります。これは、仕切り扉としては国鉄初の自動ドアでした。内部は、海側に4人用のソファーが並んでおり、山側は運転室への通路となっていました。座席と通路の間に仕切りはなく、マガジンラックが置いてあるだけでしたから、異常時に運転室から乗務員が現れて、思わずＶＩＰに一礼したこともあったのではないでしょうか。

ソファーは2人掛けが向かい合わせになっていて、それぞれにテトロンレースの枕カバーと「オットマン」と呼ばれる床置きタイプのフットレストが。座ぶとんを10センチほど引き出すとリクライニングできるようになっていました。

2人掛けの間には肘掛け式のテーブルがあり、膝上にも差込み式のテーブルを載せることができました。もちろん、向かい合わせの間にも大きなテーブルがあり、部屋中テーブルだらけという印象です。ソファーがある海側の窓際には電気ストーブ、通路となる山側の窓際には電気暖房機を装備。ソファーの背後に電話機のジャックを備えていたので、開放室と同じように電話をかけることができました。

区分室の面積は約2・9×2・9メートル。ほぼ4畳半に匹敵しますから、まさに走る応接間といってよいでしょう。ただ、運転室に近いせいか、先頭となる下り列車の場合、警笛の音がうるさかったそうです。豪華なロザで静寂性が犠牲になっていたというのは意外です。

クロ１５１形は、これまでのロザにはない至れり尽くせりの豪華な設備とサービスを誇っていたため、通常のロザの運賃と料金だけでは利用できず、特別座席料金が必要でした。

発売額は区分室、開放室を問わず１８００円（通行税２割を含む）。これは、当時の特急食堂車で最高額のステーキ定食を３食も食べられる値段でした。ちなみに、第二章で紹介した「議員パス」でもクロ１５１形を利用できましたが、特別座席料金だけは別に必要でした。

東海道本線の電車特急「こだま」「つばめ」の特急券は、当時、ＭＡＲＳ（第一章34ページ参照）による発券を行なっていましたが、区分室だけは手作業による発券でした。

これは、ＶＩＰが飛び込みで乗車してくることに備えたためで、発車日の３日前まで一般発売が行なわれませんでした。そんなことから、おいそれとは窓口で購入できず、売れ残ると専務車掌が空席を管理して、発車間際や発車後の飛び込み乗車に対応していました。

飛び込みのほとんどは議員パスを使う国会議員だったようで、リッチな家族旅行客を想定していた国鉄にとってはアテが外れた恰好になったのではないでしょうか。

一般客では、区分室の存在を知っていたレールファンの利用が多かったようで、なかには運賃・料金が安くなる名古屋～大阪間で利用する猛者も。

貸切状態で利用できたことが多かったようですが、時には外人客と乗り合わせて、密室のなかが英会話教室状態になってしまった人もいたとか。外国人観光客の場合、旅行会社を通して国鉄のきっぷを買うケースが多く、日本語が不自由なことを考慮して区分室をよく勧められていたのでしょう。

天皇乗車の栄誉を受けた反面、事故廃車の不名誉も――クロハ181形②

クロ151形が最もポテンシャルを発揮したのは、昭和天皇が利用した時でした。

昭和38年（1963）9月、岡山大学付属病院に入院していた池田厚子氏（昭和天皇の第4皇女）を見舞った際、天皇皇后両陛下が、宇野発東京行き特急「第2富士」の岡山→大阪間で区分室を利用しています。公務ではお召し列車を仕立てますが、プライベートな旅行では一般列車に乗車していたのです。

天皇が利用するとなると、国会議員とは比べものにならないほど警備を厳重にする必要があります。そこでこの時は、区分室の側窓に防弾ガラスを備えたクロ151-12が使われました。

国鉄泣かせのダンプカー

第一富士と衝突 草薙―静岡間

六両が脱線、旅客4名が負傷

"暴威"ふるう大型トラック

38年度中二一〇件の事故起す

ビルにこだまするマーチ

本社屋上で初公開練習

事故の詳細を伝える交通新聞の昭和39年4月25日付けの記事。当時、クロ151形の乗客は4人が負傷したが、そのうちの3人は外国人だった。ダンプカーの運転手は死亡している

クロ151形の側窓は、4ミリ厚の熱線吸収ガラスを2枚組み合わせたもので、間に圧縮空気を入れて気密性を保つようにしていました。クロ151-12は、昭和36年に国賓級のVIPが乗車するかもしれないということから、急遽、三重式の防弾ガラス付きになったそうで、その厚さは29ミリ。警視庁の射撃場で実際に試射を行ない、性能の良いものが選ばれたのだとか。結局、当のVIPは乗車しませんでしたが、これが後の天皇乗車に生かされました。

天皇乗車という栄誉を受けたクロ151形でしたが、人生、日も当たれば

国鉄　クロハ181形

←下関

陰もありで、国鉄の新性能電車史上、初めて廃車を出してしまったのもクロ151形でした。

東海道新幹線の開業を間近に控えた昭和39年4月、東京発宇野行きの特急「第1富士」が、東海道本線草薙～静岡間の静岡操車場構内にある踏切でダンプカーと衝突し、先頭から6両目までが脱線。先頭だったクロ151-7が大破したのです。

当時の写真を見ると、クロ151-7はボンネット部が半ば潰れるように変形しており、くの字に脱線。区分室の大窓が木っ端微塵に破壊され、当のダンプカーは足回りの一部が下敷きになっていました。

写真では、修繕可能なようにも見えましたが、復帰に4カ月程度かかるということで、結局、9月に廃車されてしまいました。この年の10月に東海道新幹線が開業すると「こだま形」は山陽本線へ転用されて運用減となることから、さっさと廃車を決めたようです。

山陽本線へ転出後、クロ151形の人気は散々だったようです。東海道本線と比べると、ただでさえロザの需要が低いのに、高価な特別座席料金が足

鉄道博物館に残されているクロ151（181）形の1人掛けリクライニングシート と通話イメージ

を引っ張っていたのです。

昭和40年には、バラバラだった「こだま形」の性能を統一するためクロ１８１形となり、特別座席料金は５００円に値下げされましたが人気は回復せず、昭和42年までには10両中2両を残して、開放室をハザに改造したクロハ１８１形となりました。残ったクロ１８１形は、昭和43年10月改正を機に営業運転から離脱し、全室のハザ（クハ１８０-51、クハ１８１-61）に改造。この時点で区分室を持つ車両はクロハ１８１形だけになってしまいました。

なお、昭和44年5月のグリーン車移行後は、区分室の特別座席料金が廃止され、グリーン券の購入だけで利用できるようになっています。

グリーン車となっても、区分室の存在はほとんど知られていなかったようで、発売は依然として手作業。一般のグリーン車も一緒に連結されているので、「1号車のグリーン席」と念を押して言わないと入手できないほどでした。

それだけに一般の利用はほとんどなく、半ば乗務員の溜まり場になっていたようで、電話用のジャックも撤去されてしまいました。

そんなクロハ１８１形も、昭和47年3月改正を機に山陽本線の１８１系が削減、翌年5月には１８１系が山陽本線から撤退したため、昭和49年までに全室ハザ（クハ１８０-52〜55、クハ１８１-62〜65）に改造されています。以後、国鉄時代の在来線にクロ１５１形の流れを汲む豪華なロザは誕生していません。

今にして思えば、これだけ豪華な車両をなぜ1両も保存できなかったのか、疑問に思います。昭和48年といえばＳＬブームのピークで、保存するならＳＬというのが世間の常識のようでしたし、現在ほど車両保存に対する意識が高くなかったということもあったようです。

ただ、幸いなことに、埼玉県の鉄道博物館と大阪府の鉄道科学博物館には、クロ時代の１人用リクライニングシートが残されています。鉄道博物館のものは、スーツを着た黒子が通話をする心にくいシーンが演出されているので、必見です。

B寝台車の片隅でひっそり営業していたグリーン室――オハネ14形５００番代

昭和61年（１９８６）まで、北海道にクロハ１８１形の区分室にちょっと似たロザがありました。北海道では、昭和56年2月に札幌～函館間の急行「ニセコ」へ特急型の14系客車が投入されて以来、急行の新陳代謝が進み、昭和60年3月改正では、これまで気動車で運転されていた札幌～稚内間の昼行急行「宗谷」「天北」も14系に置き換えられました。気動車時代の普通車は4人掛けのボックスシートでしたが、14系は簡易リクライニングシートだったのでサービスアップとなりました。

ただ、この客車化でちょっと困ったことがありました。気動車時代は「キロ26形」というグリーン車が連結されていましたが、14系にはグリーン車の形式がなかったのです。

これまでグリーン車が連結されていた区間にグリーン車がなくなってしまっては、道議会議員や北海道庁の幹部といったステイタスのある方々の出張に影響が出てしまいますし、昭和56年から「フルムーン夫婦グリーンパス」が発売されていたので、いきなりグリーン車を連結しなくなるのは都合が悪い。かといって、わざわざロザの形式を新造する予算もない……というわけで「オハネ14形５００番代」というB寝台車の片隅にソファー付きの4人用グリーン席を設けたので

国鉄　オハネ14形500番代（オハネ14 501～503）

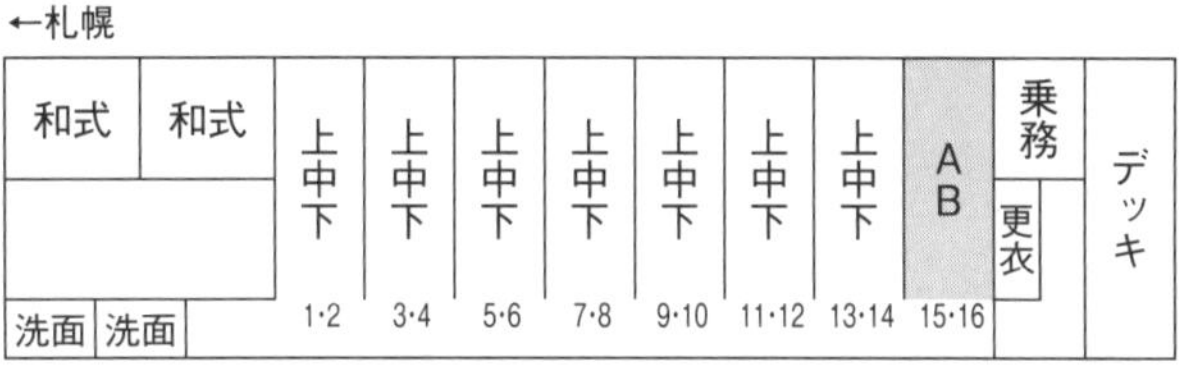

グリーン席付きオハネ14形には、このようなサボが取り付けられていた。「一部グリーン指定席」の文字の左下に小さなグリーンマークが入っていた

す。

昼行急行である「宗谷」「天北」にB寝台車が連結されていたのは、同じ区間を走る夜行急行「利尻」と運用を共通化していたためで、「宗谷」は上りのみ、「天北」は下りのみに連結されていました。

昼間のオハネ14は普通車自由席として使われていたため、このグリーン席は自由席に〝間借り〟していたと言ってもよい状態でした。

そんな後ろめたさ？があったのか、「道内時刻表」にも掲載されていません。おまけに、グリーン券は札幌、旭川、南稚内、稚内の4駅でしか発売されず、しかも手売り。それだけに存在を知っていた人はほとんどいなかったと思われます。

グリーン席が間借りしていたのは、車端にある15番A・B、16番A・Bという区画で、エンジ色の2人掛けソファーが向かい合わせに配置されていました。

ソファーは足がぶつからないよう、やや互い違いに置かれていて、その両脇には肘掛けと木目調の大きなテーブルがありました。クロハ181形の区分室と比べると、4人用である点は似ていますが、区画は普通のB寝台と同じだったので、豪華さは比べものになりません。

オハネ14形はそもそもが寝台車なので、夜行急行「利尻」で使用する時は、グリーン席もB寝台になりました。

当時、グリーン席が設けられていたオハネ14 501~503のB寝台部分は3段式(注)でした。ところが、グリーン席部分の寝台は、ソファーの背ずりを取り外して、背面に格納されている寝台を出して使っていたので、2段になっていました。せり出たベッドは、ソファーのテーブルと外した背ずりが支えとなって固定される仕組みです。現在、2段のB寝台は少しも珍しくはありませんが、当時の北海道では、かなりお得感がありました。

グリーン席は4人利用が原則で、「札幌・稚内グリーンきっぷ」というトクトクきっぷを買えば1人でも利用できましたが、宣伝不足がたたったのか、利用率は芳しくなかったようで、昭和61年10月には〝普通の寝台〟に復元されてしまいました。

以来、札幌～稚内間の優等列車にロザがなくなってしまいましたが、平成12年（2000）3月、特急「スーパー宗谷」がデビューした時に復活しています。

（注）▼3段式……北海道の14系B寝台車は、2段式に改造の際、上段を増設し、元の上段を中段の位置へスライドさせて多客時に3段化する構造が採用された。

まさに〝走る隠れ家〟100系新幹線の個室グリーン車――149形

クロハ181形の区分室に匹敵する個室タイプのグリーン車といえば、昭和60年（1985）10月に営業運転を開始した100系新幹線車両（以下、100系）に連結された個室グリーン車は忘れられない存在でしょう。1・2・3・4人用の4タイプある個室は、在来線車両を含めても100系だけでした。

この時の100系はX編成と呼ばれた試作車で、昭和60年3月に1編成が落成。16両編成のうち、8・9号車に連結された2階建て車168形、149形が目玉で、9号車の149形は2階がグリーン室となっていました。その隣の10号車は「116形」と呼ばれる平屋のグリーン車で、博多寄りの車端に1人用と2人用の個室が計3室設置されていました。身障者用を除けば、これが東海道・山陽新幹線における個室の最初です。

１１６形の１人用個室は、レッグレスト付きの大型リクライニングシートが置かれており、ラジオや時計、読書灯、電(注)話機などの設備もありました。ただ、利用状況によってはいつでも通常の車内に戻せるように、仕切り壁を外しやすい状態にしてあったそうで、X編成の増備車が登場すると撤去されてしまいました。

試作編成の１４９形は、落成当時、階下が空になっていましたが、6月に1人用と3人用が各4室設けられました。このうち、3人用は仕切り壁を動かすことで、2部屋にすることもできました。


東海道・山陽新幹線に個室グリーン車を設ける構想は、昭和50年代後半には既にあったようです。新しい旅客需要を開拓するという名目で「個室ひかり」と題したパンフレットが関係者向けに配られていました。

これを見ると、個室は特別個室と普通個室に分けられています。特別個室はグリーン個室のことで、AとBに分かれていました。Aは大型のリクライニングシートがひとつ備えられており、2人用個室としても利用可としていました。Bはベッドも備えた1人用個室で、ベッドはインテ

国鉄　116形9000番代（100系試作車の10号車）

←博多

デッキ	乗務	1人用	1人用	1D	2D	3D	4D	5D	6D	7D	8D	9D	10D	11D	12D	13D	14D	デッキ
				1C	2C	3C	4C	5C	6C	7C	8C	9C	10C	11C	12C	13C	14C	
	乗務	2人用		1B	2B	3B	4B	5B	6B	7B	8B	9B	10B	11B	12B	13B	14B	
				1A	2A	3A	4A	5A	6A	7A	8A	9A	10A	11A	12A	13A	14A	

リアの都合で上段、または下段のいずれかを使う仕様となっていました。

普通個室は、１・２・４人用があり、いずれもベッドとしての利用も可となっていました。２人用個室は一般的なロネを、４人用個室は２段式のハネをそのまま個室にしたような形で、４人用は２人または６人でも利用可となっていたこともあり「グループ個室」とも言われていました。

当時、東京〜博多間の最速到達時間は6時間56分でしたから、寝て行きたいという要望がかなりあったのではないでしょうか。

この時の個室構想の一部は１００系の個室にも受け継がれていたようです。

翌、昭和61年11月から本格的な営業運転を始めたＸ編成量産車の１４９形は個室が９室あり、１室は３人用、３室は２人用、５室は１人用となっていました。「個室ひかり」のようなベッドは設けられていませんが、１人用ではほぼフルフラットとなるリクライニングシートを装備していました。天井の高さは、新幹線車両らしく2メートル近くあり、ＪＲ北海道キサロハ１８２形５５０番代にある普通個室のような窮屈さはあまりなかったよ

100系X編成の2階建て車149形。階下の小さな窓がグリーン個室

うです。

Ｘ編成では４人用の個室がありませんでしたが、ＪＲ移行後に登場したＪＲ東海のＧ編成に連結された１４９形１００番代には設けられるようになり、線路と直角に並んだ大型ソファーのセンターアームを外すと簡易ベッドに早変わりできました。ただ、Ｂ寝台のベッドより短いので、大柄な人は多少身体を曲げないと横になれなかったようです。

個室グリーン車は、政治家や芸能人などプライベートを重んじる富裕層には歓迎されたようです。政治家は重要な密談に利用できますし、芸能人は、誰にも邪魔されずに休息できるメリットがありました。

とある有名芸能人が、新幹線の車内でサングラスをかけながら寝ていたら、修学旅行の生徒にサングラス

国鉄　149形（X編成量産車）

←博多

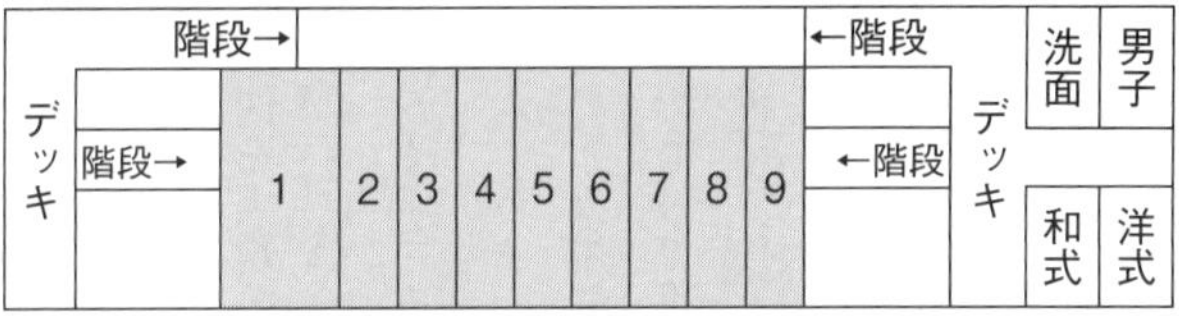

1＝3人用　2～4＝2人用　5～9＝1人用

JR東海　149形100番代（G編成）

←博多

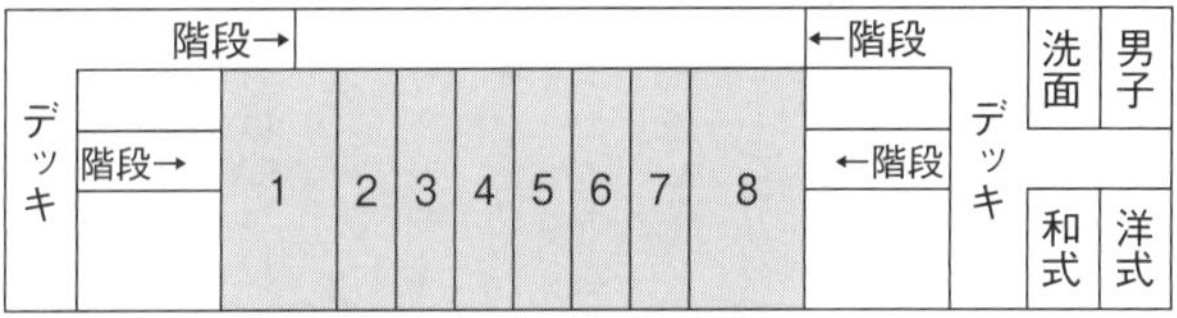

1＝3人用　2～4＝2人用　5～7＝1人用　8＝4人用

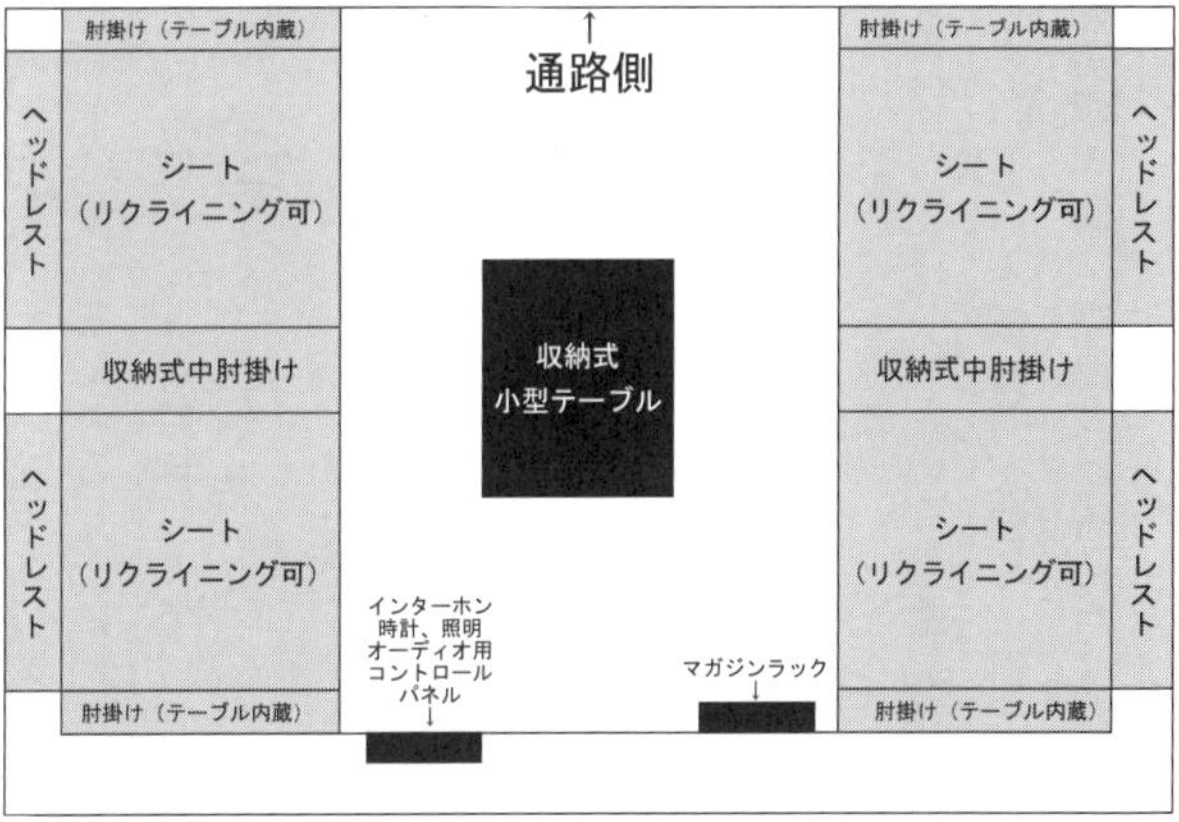

G編成の149形階下にある4人用グリーン個室の見取り図。面積は4.5㎡で8ミリビデオデッキや空気清浄機なども装備されていた。窓が目線のかなり上にあるので眺望性はよくないが、プライバシーを保つには最適な室内だった

を剥ぎ取られてゲラゲラ笑われたという笑えない話もありましたから、個室はありがたい存在だったのでしょう。階下のグリーン個室は、目線のかなり下に位置しているうえに窓が小さいので覗かれにくいですし、窓側、通路側両方をカーテンで締め切ることができるので、完全なプライベート空間を実現できます。これはまさに〝走る隠れ家〟です。

　料金は、東京〜新大阪間の場合、１・２人用が６２００円、３・４人用が５６３０円（いずれも平成14年当時）で、通常のグリーン料金より1〜2割割高な程度でした。「こだま」で利用する場合、トクトクきっぷの「こだま号専用グリーン回数券」を使うと４人で普通車指定席と同じ程度の値段で４人用個室を利用できたこともあったので（東京〜名古屋間の場合）、クロハ１８１形の区分室のように庶民が手を出せないものではなかったと思います。

　ところが、それでも利用率はさっぱりだったようで、最盛期でも東海道新幹線で５割程度、山陽新幹線では３割程度に留まっていました。

　ＪＲ東海では、４人用個室を〝走る会議室〟のように使ってほしいという目論見があったようですが、「新幹線のなかでまで上司と個室状態なんて……」という気持ちが強く、需要にはつながらなかったようです。売る側にも、２人以上の複数人が使う個室で他人と居合わせないようにする配慮が必要で、その確認作業が面倒となる問題もありました。

ただ、利用率以上に個室グリーン車にとって逆風だったのは、平成4年（1992）3月に運転を始めた「のぞみ」だったのかもしれません。

東海道新幹線内で最高時速270キロを維持するには、足が遅い0系はもちろん、100系もやり玉に挙げられました。「のぞみ」に投入された300系では、利用率が低い個室があっさり切られたうえ、重量があって軌道を傷めやすい2階建て車の連結も見送られたので、新幹線に新しいタイプの個室を設けようという芽は完全に摘み取られてしまいました。

1990年代後半以降、東海道・山陽新幹線に、より高速な500系や700系、N700系が投入されると、100系はスピードのうえでますます肩身が狭くなり、グリーン個室を含む2階建て車は平成16年1月に引退。東海道・山陽新幹線の個室は、山陽新幹線内を走る700系「ひかりレールスター」の普通個室のみとなっています。平成24年3月のダイヤ改正では、JR西日本に残っていた100系そのものも引退してしまいました。

ちなみに、新幹線の個室グリーン車は東北新幹線の200系新幹線車両にも存在していました。平成3年3月に登場した「249形」と呼ばれる2階建て車両の階下に設けられた1人用（3室）と2人用（1室）がそれで、4人用の普通個室（セミコンパートメント）5室との合造でした。階上は開放式のグリーン室となっていましたが、249形は平成16年3月に引退しています。

（注）▼電話機……100系グリーン個室の電話機はコレクトコール専用で、食堂車やカフェテリアを呼び出すこともできたが、携帯電話の普及ですっかり鳴りを潜めてしまった。

リクライニングの傾斜角度は国鉄最大、青函航路のグリーン船室

昭和63年（1988）3月、青森と函館を結んでいた青函航路が廃止となり、青函間の輸送は現在の津軽海峡線にバトンタッチされました（青函博開催の関係で、実際は9月が最終運航）。

この時まで残っていた青函航路の旅客専用船は「八甲田丸」「大雪丸」「摩周丸」「羊蹄丸」「十和田丸」の5隻で、いずれも8000トン級の大型船でした。198ページの図のように、遊歩甲板、船楼甲板、車両甲板の3層構造になっており、船底には機械室や発電機室、船員室などがありました。航路廃止後は、大半が廃船または売却されましたが、現在は旧函館桟橋に「摩周丸」、旧青森桟橋に「八甲田丸」が保存されており、展示公開されています。

これらの船は、青函航路近代化のため、昭和39年から登場しました。その第1船が「津軽丸」であったことから〝津軽丸型青函連絡船〟とも呼ばれています。

津軽丸型青函連絡船は、いちばん上の遊歩甲板にグリーン(注)船室があり、船首寄りが指定席のロ

青函連絡船の指定席ロザは、クロ181形なき後、個室を除けば国鉄唯一の1人掛けロザで、脇の荷物置場には救命胴衣が収納されていた。現在、ロザの区画の一部が「メモリアルシップ八甲田丸」に残されている

ザ、船尾寄りが自由席のロザとなっていました。

指定席のロザは1人掛けの大型リクライニングシートが96席並んでいました。シートの傾斜角度は65度で、標準的な特急・急行列車のロザより15度も深く傾斜したので、「座る」というよりは「ふんぞり返る」という言い方がふさわしかったかもしれません。

昭和48年、「津軽丸」でこのロザに初めて乗った時、レッグレストを上げてリクライニングレバーを押すと、思わず後ろへ〝ひっくり返る〟と錯覚したほどで、列車のロザとは比べものにならないゆったりとした座り心地にカルチャーショックを覚えました。シートピッチは国鉄ロザ最大の1400ミリで、まさに「簡易寝台」と言ってもよいシートでした。

旧青森桟橋に係留され、メモリアルシップに使われている津軽丸型青函連絡船の生き残り「八甲田丸」

青函航路のロザは夜間航行時に減光するため、座席の下に床面灯があり、読書灯も付いていました。読書灯は列車のスロ54形にも付いていますが、連絡船のほうはシートの枕横に取り付けられていたので、物珍しさから、無意味に点滅させて遊んだことも……。

さらに前方には、ロネに似た2段ベッドが1区画に2組並ぶ寝台室が5室ありましたが、3時間50分の航海ではいかにも中途半端で、試しに1回利用したことしかありません。深夜便利用でも、指定席のロザで充分過ぎるほど快適でしたから。

一方、自由席のロザは2人掛けのリクライニングシートが１０２席並んでいました（当初は１２０席）。こちらは傾斜角度が49度で、シートピッチはスロ60形と同じ１２５０ミリ。シートピッチとシート幅は列車のロザより若干長く、レッグレストの代わりにフットレストが付いていました。

　正直、指定席のロザの乗り心地を知ってしまうと、自由席のロザは魅力を感じないシートで、一時期、指定席と自由席のグリーン料金が同額だったのが不思議でした。青函航路の晩年は５００円の差があったので、グリーン自由席をよく利用した記憶があります。

　自由席のロザには、指定席のロザにはない桟敷席の「グリーン座席」もありました。こちらは全部で９区画あり、このうち1区画は「婦人専用席」と呼ばれる女性専用区画でした。

　最初にロザの桟敷席を見た時は、ハザ（普通船室）の桟敷席とどこが違うのかよくわかりませんでした。定員を調べてみると、ハザが1区画につき最大25名なのに対して、ロザは10名（婦人専用席は14名）と余裕があり、ハザにはない枕が付いていました。遊歩甲板に位置している分、時化《しけ》の時の揺れが船楼甲板にあるハザより少なかったようです。敷かれているカーペットも厚みのあるもので、空いていれば完全に横になれる分、指定席のロザより快適でした。

　ただ、自由席のロザが空いているということは、ハザも空いているので、桟敷席ならハザへという人が多かったような気がします。桟敷で横になってしまえばロザもハザも関係ないですから、椅子席と比べると費用対効果が薄かったのかもしれません。

　昭和48年頃の青函航路は、年間の旅客輸送量が５００万人近くに達するピークを迎えていただ

●津軽丸型青函連絡船の構造

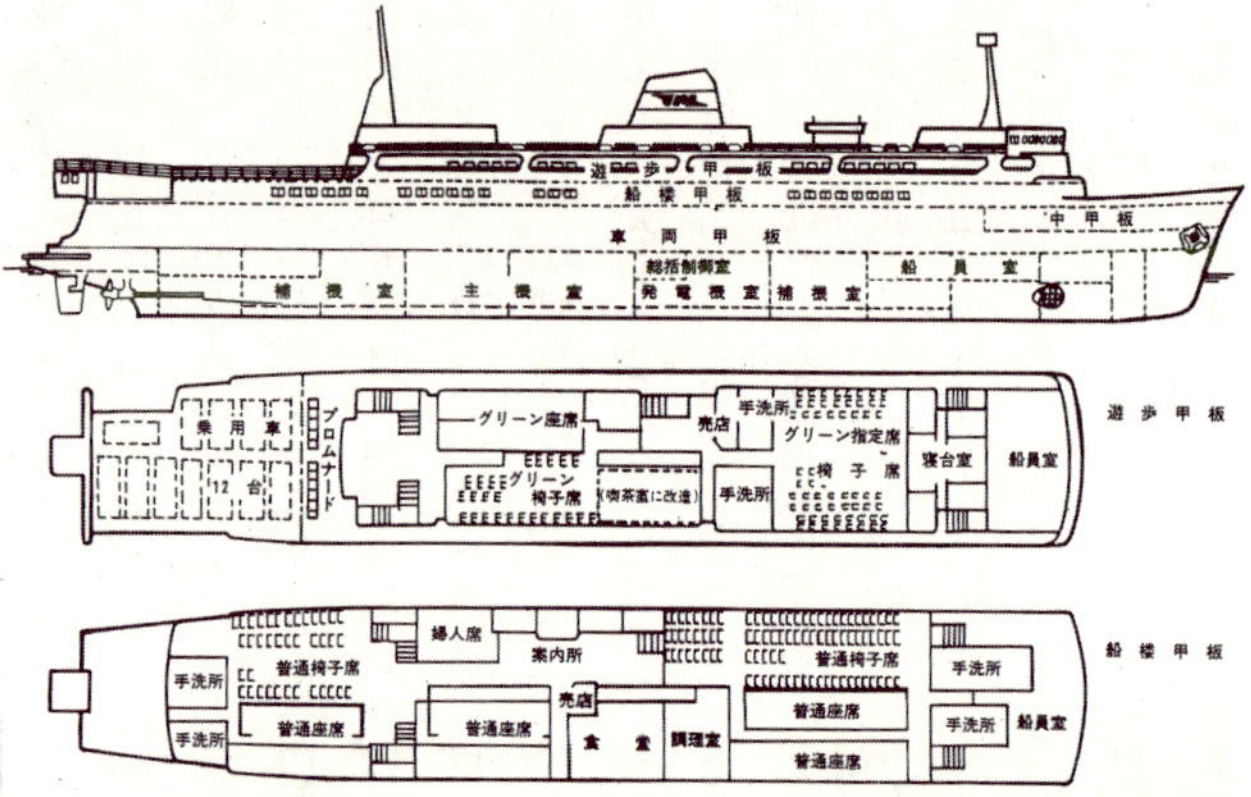

指定席のロザは遊歩甲板の前方に位置しており、その先には寝台室があった（日本国有鉄道刊『航跡 青函連絡船70年のあゆみ』より転載）

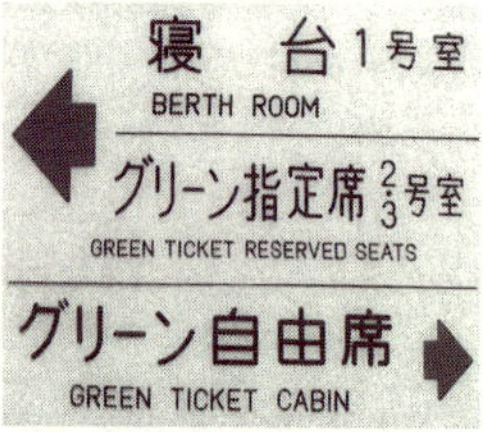

●グリーン船室指定席のシートマップ

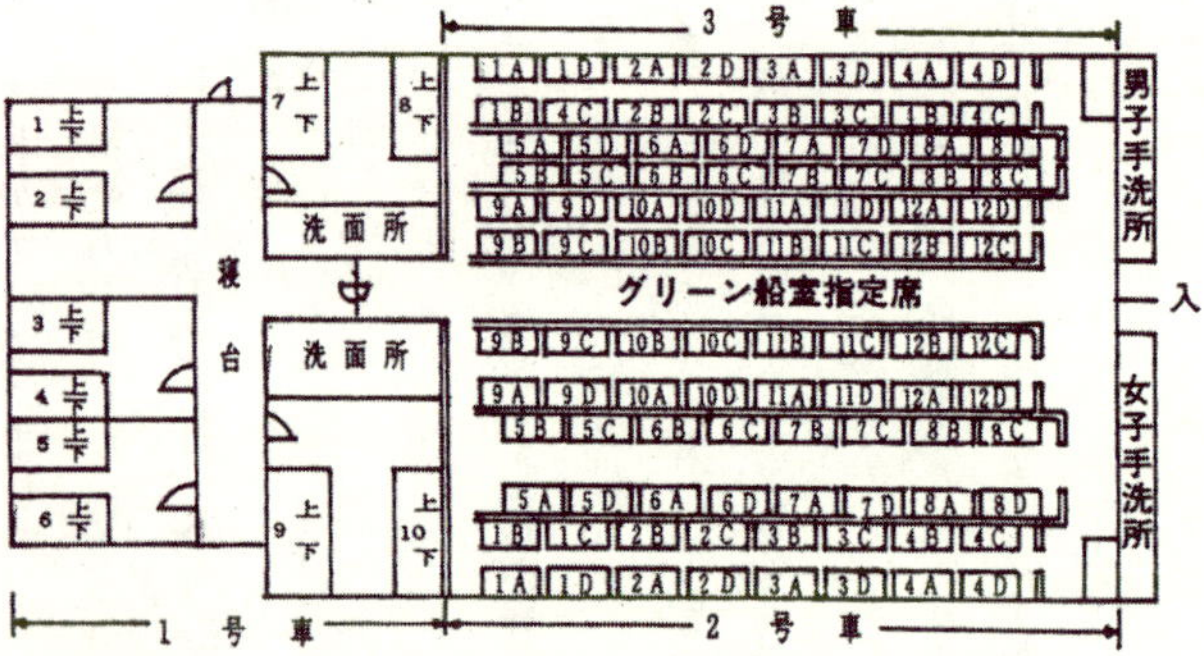

指定券の発売上、左舷は2号車（室）、右舷は3号車（室）と区別されていた（日本国有鉄道刊『航跡 青函連絡船70年のあゆみ』より転載）

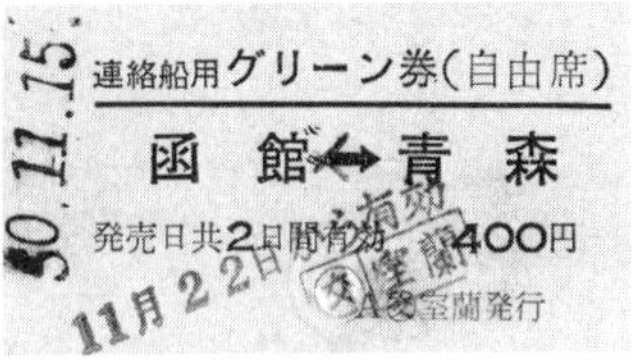

グリーン船室自由席用のグリーン券。発売額が400円となっているが、購入日の日付から5日後には2.5倍も値上げされ、指定席と同額の1000円となった。使用開始日が値上げから2日後になっている部分に注目

けに、繁忙期のハザは芋を洗うような混雑で、乗船改札が始まると、ハザの客は我先にと〝ダッシュ〟していました。ロザの客は、それを尻目に悠然と遊歩甲板のタラップを上ることができ、この時の優越感は、いまでも忘れられません。

グリーン船室のホールに入ると、左手が指定席、右手が自由席と案内され、指定席では数人のクルーが恭《うやうや》しく座席へ案内してくれました。

当時の国鉄は労使の対立が続き、上尾事件[注]が起きるなど殺伐とした雰囲気でしたが、青函航路にはそういうことを忘れさせてくれる一時の優雅さがあったと思います。

（注）▼グリーン船室……青函航路のほか、昭和63年4月まで宇野線の宇野と予讃本線（現・予讃線）の高松を結んでいた宇高航路、昭和57年まで呉線の仁方と予讃本線の堀江を結んでいた仁堀航路にもロザの船室が存在しており、いずれも自由席だった。ただし、仁堀航路のロザは昭和42年6月に廃止されている。

国鉄・JRとは関係ないが、松島を一周する観光船「第三仁王丸」に「グリーン船室」を名乗る上級船室がある。これは国鉄時代から存在しており、「グリーン車」「グリーン船室」が不思議

と商標登録されていなかったことがわかる。ただ、グリーンマークについては平成4年9月にJR東日本が商標登録を出願しており、平成7年7月に登録されている。

▼**上尾事件**……昭和48年3月13日7時頃、高崎線上尾駅で度重なる順法闘争に怒った乗客たちが暴徒と化し、駅や乗務員を襲った事件。暴動は首都圏各地に広がり、社会問題化した。

第三セクター鉄道へ渡ったグリーン車――オロ12形・スロフ12形

平成23年（2011）7月、JR四国に在籍していた4両のグリーン車が、鳥取県にある第三セクター鉄道・若桜《わかさ》鉄道(注)へ旅立ちました。

第三セクターへ渡ったJRのグリーン車としては、JR東日本からわたらせ渓谷鐵道(注)へ譲渡されたものがありますが、これは「やすらぎ」と呼ばれるジョイフルトレインで、一般のグリーン車としては若桜鉄道への譲渡が初めてとなります。

譲渡されたのは、平成21年まで京都〜高知間で運転されていた「ムーンライト高知」に使用されていたオロ12形2両とスロフ12形2両の計4両で、スロフは座席車、オロはカーペット車でした。

若桜鉄道では、途中にある「隼《はやぶさ》」という駅にちなんで、特急「はやぶさ」に使われていた24系客車を譲り受けたかったそうですが、諸般の事情で実現できず、平成22年に廃車となったＪＲ四国の12系に白羽の矢が立ったというわけです。

この4両は元々普通車だったのですが、昭和63年（１９８８）に団体用のグリーン車に改造され、平成元年8月からは、京都～高知間の臨時快速「ムーンライト高知」で使われるようになりました。

座席車は毛布が付いたリクライニングシートで、通路を挟んで片側が1列となった3列配置。カーペット車はフェリーの船室のような桟敷席で、枕と毛布が備え付けられていました。

改造当初の車体はアイボリーと水色のＪＲ四国色となっていましたが、平成7年には国鉄時代の青色に白い帯が2本入った塗色に戻され、貴重な国鉄色の12系としてファンの注目を集めていました。

若桜鉄道入りしたのは平成23年7月3日のことで、オロ12 6を除く3両がさっそく若桜駅構内で開かれた「12系客車誘致記念イベント」で披露されました。オロ12 6は到着したその足で隼駅に留置され、11月からライダーハウス（簡易宿泊所）として活用されています。

JR四国（現・若桜鉄道）　オロ12形、スロフ12形

←京都

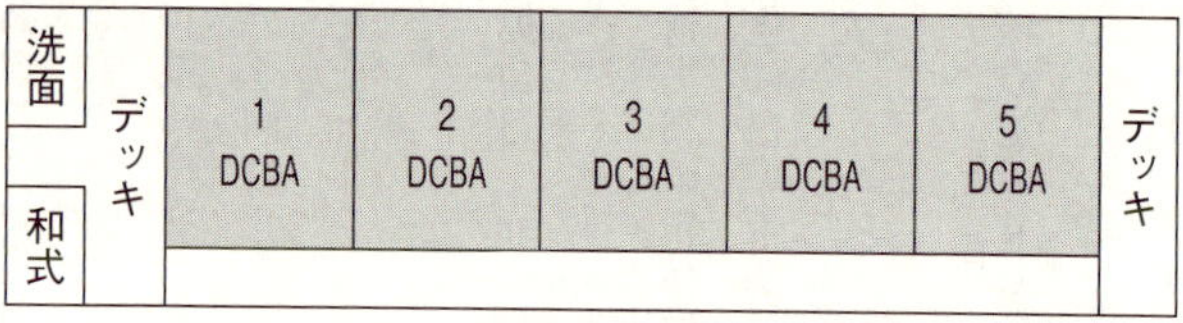

オロ12 6・9（カーペット車）

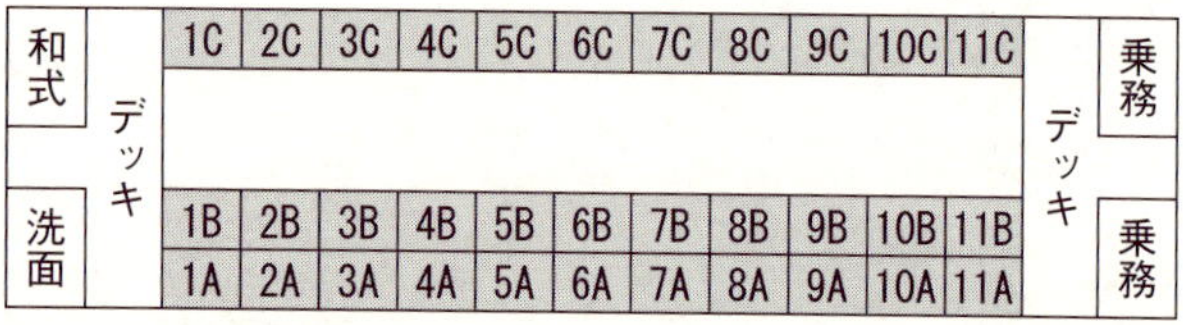

スロフ12 3・6（座席車）

ＪＲ四国からの購入費は、運送代を含めて約４５０万円。到着当時はスロフ12　3の外板がボロボロになっていましたが、現在は修復されています。

若桜鉄道では、この12系を利用して観光列車の運転を計画しています。

平成26年を目途にディーゼル機関車牽引で、さらに平成28年を目途に保有するＣ12型蒸気機関車（Ｃ12　１６７）牽引で行ないたい意向で、12系が到着した日の夜間には、牽引してきたＪＲのＤＥ10形ディーゼル機関車を使って乗務員訓練が行なわれています。

Ｃ12で運転するとなると、必要資金に５億ほどかかる見込みです。幸い、若桜鉄道は、上下分離方式[注]やグッズ販売などの経営努力で、平成21年度から２年連続で黒字化を達成しているだけに希望は持てそうですが、それでも単独での運行は困難と見られています。このため、１

口５０００円からのＳＬ運行募金などを行なっているほか、寄付金付きの「ＳＬ観光列車復活募金募集自由乗車券」（１枚９００円、４枚組３２００円）を発売しています。

（注）▼**若桜鉄道**……因美線の郡家《こおげ》と若桜を結ぶ全長19・2キロの第三セクター鉄道。昭和62年10月、ＪＲ西日本若桜線を転換して誕生した。
▼**わたらせ渓谷鐵道**……両毛《りょうもう》線の桐生と間藤《まとう》を結ぶ全長44・1キロの第三セクター鉄道。平成元年3月、ＪＲ東日本足尾線を転換して誕生した。
▼**上下分離方式**……運行と施設の保有・管理を分離して運営する方式。若桜鉄道の場合、運行は若桜鉄道、施設の保有・管理は八頭町《やずちょう》と若桜町が担っている。

Column

スクリーンに登場した懐かしのロザたち

ここに紹介するのは、ロザが登場する映像で、私が実際に確認したものです。

映像こそ、読んだり聞いたりすることより勝るものはありません。単に車両の構造だけではなく、それを利用していた当時の人々の生態も垣間見ることができるので、想像力をぐっと引き立ててくれます。

紹介している映画作品は衛星放送のスカパー！e2「日本映画専門チャンネル」などでもしばしば放送されているので、入会されている方はチェックしてみてください。

まず、映画作品から紹介しましょう。

■狂った果実（昭和31年・日活）

芥川賞作家で、現・東京都知事の石原慎太郎氏による同名の小説を映画化した作品。「昭和のビッグスター」と呼ばれた慎太郎の実弟・石原裕次郎が実質的なデビューを果たしています。

舞台は、鎌倉や逗子を中心とした真夏の横須賀線沿線。石原裕次郎演じる兄と、当時16歳だった津川雅彦演じる弟が、ひとりの女性（北原三枝）を巡って愛憎を繰り返した結果、ラストで破滅を迎えるというストーリーです。

初期の裕次郎作品といえば、太陽族ルックで、女性たちと絡む華やかなシーンを想像してしまいますが、「狂った果実」で最初に登場したのは、意外にも横須賀線のロザ（サロ75形）でした。

2人は、ヨットやモーターボートを乗り回す〝金持ちのボンボン〟という設定ですから、なんの躊躇もなくロザに乗り込み、白い枕カバーが眩しい深々としたシートに身を包んでいます。

裕次郎が車内で「暑いなぁ〜」と呟くシーンがありますが、当時はロザといえども冷房がなかったことを物語っています。

■有楽町で逢いましょう（昭和33年・大映）

有楽町のデパートに勤める服飾デザイナーと建築家のコミカルなラブコメディです。

服飾デザイナーの亜矢（京マチ子）は、大阪から帰京の折、乗車した急行「金星」の車内で建築家の練太郎（菅原謙次）と隣り合わせになり、車内でコミカルなやりとりが繰り広げられます。

このシーンには、枕カバーが掛かったリクライニングシートの〝特ロ〟が登場。広窓だったので、形式はおそらくスロ53形かスロ54形でしょう（ただし、セットのようです）。後ろに座っていた同僚が亜矢にサンドイッチを差し出そうとしたところ、練太郎の座ったリクライニングシートがいきなり倒れて、サンドイッチが落ちるシーンも。さほどリクライニングシートが発展していなかった時代ですから、現実世界でも同じようなことが起こっていたのかもしれません。当時の〝特ロ〟の車内をよく再現しているシーンだと思います。

ラスト近くでは、オロ36形かオロ40形と思われる〝並ロ〟の車内も登場します。

この映画が封切られた同じ年の10月には急行の特別2等車料金が廃止されています。

■眼の壁（昭和33年・松竹）

手形詐欺グループを追うサラリーマンと新聞記者の活躍を描いた松本清張原作の推理サスペンス映画です。

主人公の萩崎（佐田啓二）は、勤務している昭和電業の上司が自殺を遂げたことを不審に思い、学生時代の同期で新聞記者の田村（高野真二）の協力を仰ぎ、暗躍する手形詐欺グループの存在を掴もうとします。田村は新婚旅行のために乗っていた伊豆行きの列車のなかで新たな情報を掴み、急遽、犯人たちが潜伏していると思われる名古屋方面へ。その時、乗車していた列車が80系のサロ85形でした。

車内は、ゆったりとした重厚なボックスシートに枕カバーが掛けられており、リクライニングシートの〝特ロ〟にはない〝並ロ〟の優雅さがよくわかります。

■波の塔（昭和35年・松竹）

若い検事と政治ブローカーの妻との不倫を通して、社会の不正を描いたサスペンス映画です。これまた松本清張作品。時どきの世相を積極的に取り込む清張作品には、鉄道や列車が頻繁に登場します。

主人公の頼子（有馬稲子）は、青年検事の小野木（津川雅彦）と駆け落ちを図ろうとしますが、最後は良心の呵責に耐えられなくなり、ひとり富士の青木ヶ原樹海へ向かいます。その際に乗車したのが〝並ロ〟でした。窓が狭く、座席の形から転換シートであることがはっきりわかるので、形式はおそらくオロ35形だと思われます。

■黄色い風土（昭和36年・東映）

ニセ札偽造団を追う新聞記者の活躍を描いた松本清張原作の推理サスペンス映画です。

新聞記者の若宮（鶴田浩二）は、熱海へ向かう列車内で不自然な新婚旅行客を目撃。その後、錦ケ浦で自殺事件が発生し、遺体が熱海行きの車内で目撃した新婚の夫であることに不審を抱いた若宮は、次第にニセ札偽造団の核心へ切り込んで行きます。

冒頭のシーンで若宮が乗り込んでいたのが回転クロスシートのサロ１５３形で、枕カバーが掛けられた座席は伊豆へ向かう新婚客で埋められていました。

サロ１５３形の設備は特急ハザ並みでしたから、〝特ロ〟と比べると窮屈さは否めません。２段式のユニット窓の下段はほとんど開かれていて、冷房が搭載されていないサロ１５３形の様子を物語っています。

車内や東京駅の発車シーン、１５３系の走行シーンは映像を見る限りロケのようですが、「協力・日本国有鉄道」のクレジットはありませんでした。

ちなみに東映は、昭和50年に「新幹線大爆破」という映画を製作しましたが、ネタがネタだけに国鉄から協力を拒否され、巧妙な0系新幹線車内のセットが組まれました。ただし、登場したのは転換シートの普通車だけでしたが……。

■天国と地獄（昭和38年・東宝）

誘拐事件をきっかけに、靴会社の重役と若いインターン（医学研修生）の葛藤を描いた黒澤明監督の名作です。

「天国と地獄〈普及版〉」DVD 発売中、3990円（税込）発売元：東宝

ナショナル・シューズの権藤専務（三船敏郎）は、誘拐された息子と引換えに５０００万円の身代金を要求されます。

しかし、誘拐されたのが運転手の息子だとわかると、身代金を渋る権藤。結局、家族の説得に応じて犯人の要求どおり、金を持って大阪行きの特急「こだま」に乗車しますが、このシーンに登場したのがサロ１５０－４でした（映像では車号まで確認できます）。

息詰まる「こだま」のシーン冒頭では、クロ１５１形の颯爽と走る姿が。車内のシーンでは、独特の段付きモケット柄のシートの裏側にチャックが付いており、ここにテーブルが収められていたことがわかります。

枕カバーの上部には座席番号を確認できる丸い穴があり、その背面には○印のなかにTの文字が描かれたマークが入っているのがわかります。これは「東鉄」と呼ばれていた東京鉄道管理局のものであることを示しています。

荷物棚下にある座席番号は、現在のような「16A窓側・16B内側」というような表記ではなく、「10」というように番号だけでした。

権藤は車内電話で呼び出され、ビュフェ（モハシ１５０形）の電話室へ。その後、洗面所の窓から身代金を落としますが、犯人の姿を撮ろうと、刑事たちがクロ１５１形の運転席から8ミリカメラを必死に回すシーンもあります。

列車シーンの撮影には国鉄が全面的に協力し、東京～小田原間で専用のロケ列車が運転されました。「こだま」をはじめとする東海道本線の電車特急は、昭和39年10月改正で廃止されますが、「天国と地獄」は、その末期の姿をリアルに描いた貴重な作品です。

■若草物語（昭和39年・日活）

芦川いづみ、浅丘ルリ子、吉永小百合、和泉雅子という、当時の日活を飾る女優が共演した4姉妹の物語です。

ラストのシーンで大阪へ旅立つ次郎（浜田光夫）が乗った大阪行きの１５３系急行「よど」を、しずか（吉永小百合）が追いかけるシーンがあります（「よど」の愛称サボがはっきり映っています）。次郎が乗っているのはリクライニングシートのサロ１５２形。下降窓を下ろして顔を出す次郎と淡緑色の帯が印象的です。

急行「よど」は、東京～大阪間の電車急行で、昭和39年10月改正で廃止されました。映画の「よど」は廃止直前の姿を映したものでしょう。

この映画では、開業したばかりの東京モノレールやラッシュ時の１０１系国電、旧型国電、東京都電など、鉄道のシーンがふんだんに登場します。

ちなみに、主演格の吉永小百合は、この映画の封切りから50年近く経った平成23年（２０１１）に放映されたＪＲ東日本の〝スーパーグリーン車〟「グランクラス」のＣＭに出演しています。

■**砂の器**（昭和49年・松竹）

国鉄蒲田操車場で発生した殺人事件を追う刑事２人（丹波哲郎、森田健作）と、人生の厳しい宿命を負わされた犯人・和賀（加藤剛）の葛藤を描いた松本清張原作の社会派ミステリーです。

この作品は、木次線《きすき》亀嵩《かめだけ》駅（実際の撮影は八川《やかわ》駅）のシーンが有名ですが、島田陽子演じる和賀の情婦が、殺人事件の証拠隠滅のためにグリーン車の窓からバラバラにしたシャツを撒くシーンも少しあります。中央本線塩山《えんざん》付近が舞台となっていたので、列車はおそらく急行「アルプス」でしょう。グリーン車はサロ１６５形ですが、この頃になると枕カバーが袋式から単に座席に掛ける方式に改められているのがわかります。

この映画では、ほかに羽越本線の急行「鳥海」の食堂車（セットのようにも見える）や山陰本線の気動車特急「まつかぜ」（映像ではキハ58系の急行）など、鉄道にまつわるシーンがふんだんに登場します。

「映画」以外の記録映像としては、次の作品も必見です。

■**鉄道映画　20系特急あさかぜ**（昭和33年・日映科学映画製作所）

昭和33年10月に20系に置き換えられた東京～博多間の特急「あさかぜ」をPRするための記録映画です。「あさかぜ」といえば寝台列車をイメージしますが、20系化当時は座席車が３両連結されていました。そのうちの１両が〝特ロ〟に匹敵するナロ20形でした。

映像では、早朝の車内を映しており、座席は明るいブラウン系。座席背面の袋は網袋ではなく普通の袋であることがわかります。ナロ20形は、冷房のダクトを通すために座席部分の床が嵩上げされていましたが、その部分の描写はありませんでした。

記録映画とはいえ、乗客役のモデルさんたちは全員スーツにネクタイのよそ行き姿。優雅にパイプをくわえた人もいて時代を感じさせます。設備は現在のほうが進んでいるのに、優雅さではこの当時が勝っているように感じるのが不思議です。

■ディーゼル特急（昭和35年・岩波映画）

昭和35年12月に運転を開始した国鉄初の気動車特急「はつかり」の運転をＰＲするために製作された記録映画です。

気動車「はつかり」は9両編成で、2号車と3号車にロザのキロ80形が連結されていました。キロ80形が登場するシーンでは、座席上部に可動式の枕があること、座席背面の袋が網ではなく、厚味のある深い袋になっていること、手すりにあるテーブルがはめ込み式であること、デッキの仕切り扉が開き戸であることがはっきりわかります。

■日本の鉄道（昭和38年・ＮＥＴ）

ＮＥＴ（現・テレビ朝日）が、昭和30年代後半にシリーズで放送していたのがこの番組で、日本全国の鉄道の旅をドキュメント風に紹介しています。

「お化け草履と粋客」と題した昭和38年9月の放送では、下り横須賀線終電のロザが登場。漫画家の横山隆一や那須良輔、作曲家の團伊玖磨といった沿線在住の〃粋な文化人〃たちが談笑するシーンがあります。

終電のロザに乗っている客はいつも同じ。文化人たちが車を使わずに横須賀線のロザを利用するのは、そこが彼らの社交場のようなものになっているからなのだとか。当然、車掌とも顔なじみで、乗客とは草野球に興じるほどの仲に。ドライな現在では考えられない、昭和のよき時代を感じさせる映像です。

■ニュースで綴る日本の鐵道30年（昭和30～62年・日本映画新社）

昭和30年代から国鉄の分割民営化までのおよそ30年間に放映されたニュース映画のうち、鉄道に関するものをまとめています。

昭和31年9月に放映された「国鉄」という作品では、ガラ空きの〃並ロ〃が登場。車内は広窓のボックスシートなので車両はオロ36形あたりでしょうか。乗っているのは無料パス利用の人ばかりで、さっぱり増収にならないと皮肉っています。当時、空いている〃並ロ〃には国鉄職員もよく乗っていたそうです。

この映像には1等展望車のシーンも出てきます。白い制服を着た列車給仕が、お茶を持って展望室の乗客に恭しく対応している様子がよくわかります。展望室の前にはリクライニングシートが映っていますが、座席全体が白いカバーに覆われており、同じリクライニングシートでも、〃特ロ〃とは違うグレードの高さを感じさせます。

■蒸気機関車Ｃ62（昭和46年・ＮＨＫ）

昭和46年までＣ62が重連で牽引していた北海道の客車急行「ニセコ」のドキュメンタリー映像で、大胆な空撮、臨場感あふれる運転室内など、〝シロクニ〟の魅力を余すところなく紹介した力作です。

最初に放送されたのは昭和46年で、その後もしばしば再放送が行なわれています。最近では、不定期で深夜に放送されている「昭和のＳＬ映像館」でも放送されたほか、ＮＨＫソフトウェアが発売している「懐かしの蒸気機関車」というＤＶＤにも収められています。

この映像が撮影された当時の「ニセコ」にはスロ62形が連結されていて、銀山《ぎんざん》を通過するシーンで確認できます。

長万部をＣ62単機牽引で発車した上り「ニセコ」のシーンでは、見送りに応えるグリーン車の乗客が少しだけ映っていますが、昭和40年代半ばでも枕カバーが袋式であったことがわかります。

■人生運んだ青函連絡船（北海道放送）

北海道放送が収録した過去のニュース映像から昭和の北海道のシーンをセレクトしたＤＶＤ「懐かしい昭和のワンパク時代」で見ることができます。

青函航路に初めて就航したディーゼル船「十和田丸」を紹介した映像で、〝津軽丸型青函連絡船〟以前のロザが映っています。「十和田丸」は昭和32年に就航していますが、映像には「1等座席指定室」の表示が映っているので、昭和35年7月以後に収録されたものと思われます。

映像によると、同じロザでも指定席は深く傾斜するリクライニングシート、自由席はボックスシートタイプでした。列車に例えると、指定席が〝特ロ〟、自由席が〝並ロ〟ですが、1人掛け2列配置の指定席に対して、自由席では片側4人掛けになっているので、設備差は天と地の開きだったようです。私が乗るとしても絶対に指定席を選ぶでしょう。

指定席と自由席の差額は200円。当時、食堂車でコーヒーを4杯飲める金額でしたから、現在なら2000円近い差でしょうか。もっともロザの自由席には桟敷席タイプもあったので、こちらを選択する人が多かったのではないかと。

なお、昭和39年に登場した〝津軽丸型〟のロザは194〜199ページで詳しく紹介していますが、映像は「長声《ちょうせい》一発！青函連絡船の旅路」（鉄道ジャーナル社）というDVDに収録されています。

第五章

魅力的な現行グリーン車を見る

現行グリーン車の東西横綱――「グランクラス」と「ＤＸグリーン車」

ここからは「グリーン車の不思議」の締め括りとして、現在、ＪＲ線上で営業しているグリーン車のなかで魅力的と思われるものを紹介します。各節には、グリーン券購入時の目安となるよう、設備などの一覧表やシートマップを掲載しているので参考にしてください。

現行グリーン車のなかで究極と思われるものは、東北新幹線を走るＥ５系の10号車に連結されている「グランクラス」と「７８７系」と呼ばれるＪＲ九州の特急型車両で営業している「ＤＸ《デラックス》グリーン車」でしょう。どちらも、定員を大幅に絞り、静寂とプライバシーを重視した快適空間を提供しています。新幹線と在来線という大きな違いはありますが、最上級を目指すコンセプトは一緒。現行グリーン車の東西横綱と言ってよいでしょう。

Ｅ５系「グランクラス」は、平成23年（２０１１）３月のダイヤ改正から、東北新幹線「はやぶさ」で営業を開始しました。「グランクラス」の名は、高級感やゆとり、居住性を表現するため、フランス語で「大きな」を意味する「グラン（Gran）」と英語の「クラス（Class）」を組み合わせたものです。定員はわずか18名で、座席配置は１人掛けシートと２人掛けシートからなる２＋１。

ベージュ系のシートで上質感を演出している「グランクラス」の車内

シート有効幅（座ぶとんの幅）は５２０ミリ。シートピッチはＪＲが保有するグリーン車では最大の１３００ミリとなっています。

「グランクラス」最大の売りは、ＪＲ東日本とベンツや航空機のファーストクラスのシートで名高いドイツのレカロ社、川崎重工業、日立製作所が共同で手掛けたリクライニングシートです。傾斜角度は45度。シート表面はベージュ系の本革張りで、これまで汚れが目立たないシックな色が多かった鉄道車両のリクライニングシートにあって、一線を画す高級感を与えています。

背ずりを倒しても、後列の乗客に圧迫感を与えることがないよう、シート背後には「バックシェル」と呼ばれる造形が施されています。

座席配置が２＋１の場合、プライバシーを保てる１

JR東日本　E5系514形（10号車）

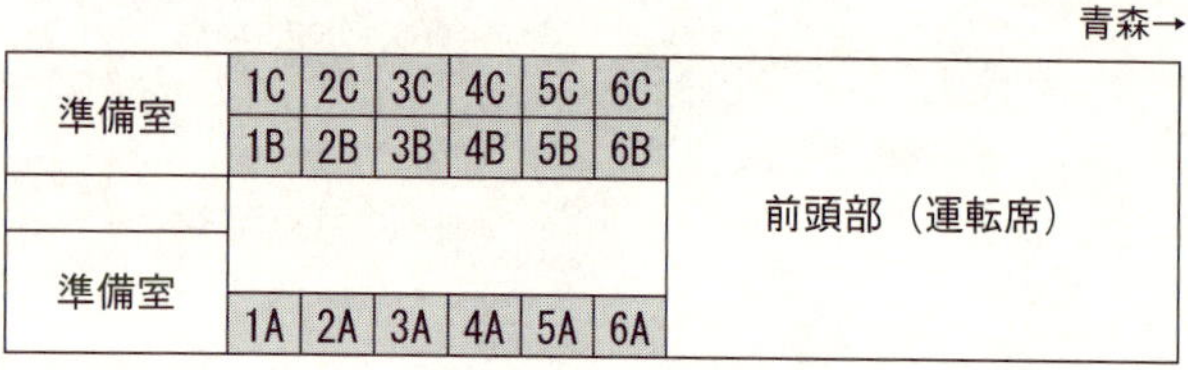

人掛けに人気が集まりますが、「グランクラス」の2人掛けには、中央に半透明のパーテーションが付いていますし、中肘掛けは幅２４０ミリが確保されているので、隣席の様子はほとんど気にならないと言われています。

リクライニング機構は電動式で、肘掛けに装備されたパネルを操作すると、座ぶとんとレッグレストが連動して背ずりが傾斜します。もちろん、背ずり、座ぶとん、レッグレストの各部位を独立して調整することもできます。座り心地は、「座る」というよりは「うずもれる」という感覚に近いもののようです。

なお、シートは乗客が任意に回転させることはできず、向かい合わせでの利用は不可です。

静寂性も「グランクラス」の売りのひとつで、壁の吸音材を通常より厚めにしているほか、床面は、踏んだ時の感触が柔らかいウールのカーペット敷きとなっています。

車内では、発車後にウエルカムドリンクが提供されるほか、座席のコールボタンでグリーンアテンダントを呼び出すと、ドリンク（アルコール類、ソフトドリンク）や和・洋の軽食を無料で用意してくれます。洋軽食は季節によってメニューが変わり、春・夏と秋・冬の2パターンを用意。和軽食は下りが青森の食材を使ったもの、上りが東京の味覚にちなんだものとなっています。なお、ドリンクは飲み放題となっていますが、軽食は1乗車1回限りの提供で、持ち帰りはできません。

現在、「グランクラス」を営業している列車は「はやぶさ」全列車と、「はやて」「やまびこ」「なすの」の一部ですが、「なすの」では軽食やドリンクのサービスを行なわないため、「グランクラス」料金は「はやぶさ」「はやて」「やまびこ」より２０００円安くなっています。

一方、ＪＲ九州の「ＤＸグリーン車」は、なんと定員わずか3名。「クモロ７８７形」と呼ばれる車両の先頭部にある区画の1番Ａ・Ｂ・Ｃ席が充てられています。

車内は、２＋１配置の座席が1列分並ぶだけなので、前列も後列もなく、シートピッチという概念もありません。ここはもともと「トップキャビン」と呼ばれるグリーン個室だったので、形を変えた3人用の個室ともいえるでしょう。「トップキャビン」の時代は定員6名の向かい合わせ席で、1人では利用しにくいことがあったため、シートを通常のグリーン席と同じ配置にして、プライバシーを保つようにしたわけです。

リクライニングシートとレッグレストは電動式で、シート有効幅は５４０ミリ、傾斜角度は72度。国鉄〜ＪＲを通して最大の角度で、フルに倒せば、ほぼベッドになるといってよいかもしれません。

「グランクラス」と同じく、発車時にはドリンクのサービスがあり、使い捨てのスリッパやハンガー、毛布も備えられています。

「ＤＸグリーン車」を利用する際は、通常のグリーン券より割高なＤＸグリーン料金が必要です。ただ、購入する際、「特急『有明1号』の1号車ＤＸグリーン車」と注文するだけではスムーズに発券されないことがあります。なぜかというと、マルスのシステムには「ＤＸグリーン車」を連結する列車名が「有明ＤＸ1号」というように登録されていて、ただの「有明」だけだと応答しないからです。

これは、青森〜札幌間を走る急行「はまなす」に連結されている指定席のカーペット車も同じで、こちらは「はまなすカーペット号」と登録されています。

ＪＲ九州内では発券にまごつくことはないと思いますが、「ＤＸグリーン車」の存在があまり知られていない九州以外のＪＲ駅で購入する際は、注意が必要です。

JR九州　787系クモロ787形（1号車）

←鹿児島中央

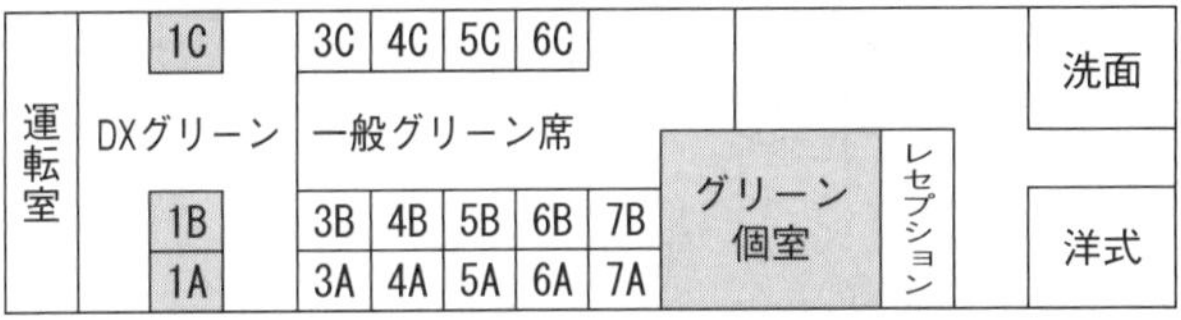

	E5系	787系
形式	514	クモロ787
おもな使用列車	はやぶさ、はやて、やまびこ、なすの	有明、にちりん
定員（名）	18	3
座席配置	2+1	2+1
シートピッチ（mm）	1300	―
フットレスト	電動	×
レッグレスト	電動	電動
読書灯	○	○
テーブル	インアーム	折畳み
ヘッドレスト	可動	固定
オーディオ	×	×
コンセント	○	○
リクライニング	電動	電動
その他の設備	スリッパ、カクテルトレイ	スリッパ、ハンガー

コンセントを使いたいならＮ７００系――東海道・山陽新幹線のグリーン車

一時は、０系、１００系、３００系、５００系、７００系という多彩な形式で賑わっていた東海道・山陽新幹線も、平成24年（２０１２）３月改正では１００系と３００系が引退し、５００系、７００系、Ｎ７００系の３系列だけとなってしまいました。

このうち、グリーン車を連結している編成は、「Ｃ編成」と呼ばれるＪＲ東海所属の７００系０番代、「Ｂ編成」と呼ばれるＪＲ西日本所属の７００系３０００番代、「Ｚ編成」と呼ばれるＪＲ東海所属のＮ７００系０・９０００番代、「Ｎ編成」と呼ばれるＪＲ西日本所属のＮ７００系３０００番代、「Ｓ編成」と呼ばれるＪＲ西日本所属のＮ７００系７０００番代、「Ｒ編成」と呼ばれるＪＲ九州所属のＮ７００系８０００番代で、九州新幹線直通用のＳ編成とＲ編成は８両編成の６号車、それ以外の編成は16両編成の８～10号車に連結されています。

各車両とも、座席配置は２＋２で、シート有効幅は４７５または４８０ミリ、傾斜角度は26度、シートピッチは１１６０ミリの国鉄標準。中肘掛けやフットレスト、オーディオユニット、読書灯を標準で装備しています。個室を除いてグリーン車にオーディオ装置を備えているのは、東海道・山陽新幹線だけとなりました。

N700系0・3000番代のリクライニングシート

東海道・山陽新幹線は、ビジネス客が圧倒的に多いため、パソコン用コンセントの需要が高く、普通車、グリーン車ともに７００系、Ｎ７００系に装備されています。

ただし、グリーン車でも、Ｎ７００系が全席に装備されているのに対して、７００系は３分の２の編成にしか装備されていません。

また、Ｎ７００系はリクライニングシートの座り心地が段違いに素晴らしく、これにはＮ７００系から採用された「シンクロナイズド・コンフォート」という機構が大きな働きをしています。背ずりを倒すと、座ぶとんも連動して後方へ沈み込み、快適にリクライニング姿勢を保てるというもので、座ぶとん部分は、ウレタンや樹脂バネ、金属バネを組み合わせた複合バネ構造のクッションとなっています。

JR東海・西日本　700系、N700系718形、775形（8号車）

■718-0、718-3000、775-0、775-3000　　東京→

業務	1D	2D	3D	4D	5D	6D	7D	8D	9D	10D	11D	12D	13D	14D	15D	16D	17D	デッキ
	1C	2C	3C	4C	5C	6C	7C	8C	9C	10C	11C	12C	13C	14C	15C	16C	17C	
乗務	1B	2B	3B	4B	5B	6B	7B	8B	9B	10B	11B	12B	13B	14B	15B	16B	17B	
	1A	2A	3A	4A	5A	6A	7A	8A	9A	10A	11A	12A	13A	14A	15A	16A	17A	

JR東海・西日本　700系、N700系719形、776形（9号車）

■719-0、719-3000、776-0、776-3000　　東京→

業務	1D	2D	3D	4D	5D	6D	7D	8D	9D	10D	11D	12D	13D	14D	15D	16D	デッキ	洋式	＊洋式
	1C	2C	3C	4C	5C	6C	7C	8C	9C	10C	11C	12C	13C	14C	15C	16C			
業務	1B	2B	3B	4B	5B	6B	7B	8B	9B	10B	11B	12B	13B	14B	15B	16B		洗面②	男性
	1A	2A	3A	4A	5A	6A	7A	8A	9A	10A	11A	12A	13A	14A	15A	16A			

＊719形は和式

JR東海・西日本　700系、N700系717形、777形（10号車）

■717-0、717-3000、777-0、777-3000　　東京→

デッキ		1D	2D	3D	4D	5D	6D	7D	8D	9D	10D	11D	12D	13D	14D	15D	16D	17D	＊喫煙
		1C	2C	3C	4C	5C	6C	7C	8C	9C	10C	11C	12C	13C	14C	15C	16C	17C	
		1B	2B	3B	4B	5B	6B	7B	8B	9B	10B	11B	12B	13B	14B	15B	16B	17B	乗務
		1A	2A	3A	4A	5A	6A	7A	8A	9A	10A	11A	12A	13A	14A	15A	16A	17A	

＊717形は業務

JR西日本・九州　N700系700・8000番代766形（6号車）

■766-7000・8000（6号車）　　新大阪→

デッキ	1D	2D	3D	4D	5D	6D	7D	8D	9D		10D	11D	12D	13D	14D	15D	業務	デッキ
	1C	2C	3C	4C	5C	6C	7C	8C	9C		10C	11C	12C	13C	14C	15C		
	普通室										グリーン室							
	1B	2B	3B	4B	5B	6B	7B	8B	9B		10B	11B	12B	13B	14B	15B	乗務	
	1A	2A	3A	4A	5A	6A	7A	8A	9A		10A	11A	12A	13A	14A	15A		

	700系3000番代（JR西日本B編成）		
形式	718-3000	719-3000	717-3000
おもな使用列車	ひかり、こだま		
定員（名）	68	64	68
座席配置	2+2		
シートピッチ（mm）	1160		
フットレスト	○		
レッグレスト	×		
読書灯	○		
テーブル	インアーム		
ヘッドレスト	固定		
オーディオ	○		
コンセント	○（一部）		
リクライニング	手動		
その他の設備	―		

	700系0番代（JR東海C編成）		
形式	718-0	719-0	717-0
おもな使用列車	ひかり、こだま		
定員（名）	68	64	68
座席配置	2+2		
シートピッチ（mm）	1160		
フットレスト	○		
レッグレスト	×		
読書灯	○		
テーブル	背面、インアーム		
ヘッドレスト	固定		
オーディオ	○		
コンセント	○（一部）		
リクライニング	手動		
その他の設備	―		

	N700系0・3000番代		
形式	775-0・3000	776−0・3000	777-0・3000
おもな使用列車	のぞみ、ひかり、こだま		
定員（名）	68	64	68
座席配置	2+2		
シートピッチ（mm）	1160		
フットレスト	○		
レッグレスト	×		
読書灯	○（内蔵）		
テーブル	背面、インアーム		
ヘッドレスト	固定		
オーディオ	○		
コンセント	○		
リクライニング	電動		
その他の設備	レッグウォーマー、シンクロナイズド・コンフォート		

	N700系7000・8000番代
形式	766-7000・8000
おもな使用列車	みずほ、さくら、つばめ、ひかり
定員（名）	24
座席配置	2+2
シートピッチ（mm）	1160
フットレスト	○
レッグレスト	○
読書灯	○（内蔵）
テーブル	背面、インアーム
ヘッドレスト	可動（ピロー式）
オーディオ	○
コンセント	○
リクライニング	電動
その他の設備	シンクロナイズド・コンフォート

九州新幹線直通用N700系7000・8000番代のグリーン車（766-7000・8000）の車内。普通車との合造車だが、全体的に和を意識した落ち着いたインテリアになっている　従来のN700系グリーン車にはないレッグレストが付いている

Ｚ編成とＮ編成では、７００系と同じくレッグレストが取り付けられていませんが、足下を暖めるレッグウォーマー機能が装備されています。この機能は現行グリーン車では唯一のもので、同じＮ７００系でも九州新幹線直通用のＳ編成、Ｒ編成にはありません。こちらは、その代わりにレッグレストを装備しています。

Ｎ７００系には、全席にパソコン用のコンセントが取り付けられているため、インアームテーブルのほかに、Ａ４タイプのノートパソコンに対応した背面テーブルも装備しています。手前にスライドする構造になっているので、不自然に前屈みになってパソコンを操作する必要はなくなりました。

読書灯は、７００系が荷物棚下にあるのに対して、Ｎ７００系では可動式のものが枕部分の横に埋め込まれています。

今のうちに乗っておきたい２階建てグリーン車――ＪＲ東日本の新幹線グリーン車

東海道・山陽新幹線が７００系とＮ７００系に集約されているのに対して、ＪＲ東日本の新幹線は、東北・上越、長野、山形、秋田の各新幹線別に車両が用意されているため、グリーン車のバリエーションは豊富です。

ＪＲ東日本の新幹線グリーン車は、「グランクラス」や車端部の一部を除いて、すべて２＋２の座席配置に統一されています。Ｅ５系の「グランクラス」を除き、シートピッチは国鉄標準の１１６０ミリで、全車両に中肘掛けが装備されています。ただし、秋田新幹線用Ｅ３系Ｅ３１１形の中肘掛けは、ほかの車両より狭く、居住性は若干劣るようです。

シート有効幅は４７０～５００ミリ程度、傾斜角度は26～31度で、国鉄標準の50度と比べるとかなり浅いですが、リクライニングすると座ぶとんがせり出し、お尻が後方へ沈み込む構造になっています。そしてすべての座席に「ピロー」と呼ばれる可動式の枕が付いているので、フルリクライニングにした時、身体全体をシートに包み込むという点では、国鉄型のリクライニングシートとは比較にならないほど快適です。

山形新幹線用Ｅ３系Ｅ３１１形２０００番代、東北新幹線用Ｅ５系Ｅ５１１形には、パソコン用のコンセントやドリンクホルダー、読書灯も装備。Ｅ５１１形の読書灯はシートに内蔵されています。

これらの車両には電動式のレッグレストが採用されています。その代わり、フットレストは省略されていますが、かえって足下の空間が広くなり、快適性は、ほかのグリーン車より優れています。

テーブルは、Ｅ４系以外は肘掛けに内蔵したインアームテーブルを採用。ほとんどが小型テーブルであるのに対して、Ｅ２系は２つ折りのワイド版となっています。Ｅ３系、Ｅ５系、Ｅ６系は背面テーブルも用意されています。

このなかで、乗り得感のある車両は、設備が充実しているＥ５１１形でしょう。

Ｅ５１１形のシートは、フィット感がほかの車両よりあると評判です。

意外と快適そうなのは、上越新幹線限定になりますが、Ｅ１系Ｅ１４８形２階の車端にある１＋１席でしょう。車椅子利用者限定となっている27番席以外は一般の発売があるので、グリーン券購入時にここを〝指名買い〟する常連客が多いようです。

２００系２１５形と2階建てのＥ１４５形、Ｅ１４６形、Ｅ４４６形を除き、車端部は１＋２の座席配置となっていますが、１列席はいずれも車椅子専用で、一般客の〝指名買い〟はできません。

なお、ＪＲ東日本の2階建て新幹線は、平成28年（２０１６）頃を目途に全廃される予定で、Ｅ１系は平成24年9月のダイヤ改正で引退します。

今のうちに乗っておきたい2階建てE4系のグリーン車

JR東日本　E 1 系E148形（9号車）

←東京

		21D	22D	23D	24D	25D	26D	27D	28D	29D	
		21C	22C	23C	24C	25C	26C				
	階段								階段		
		21B	22B	23B	24B	25B	26B				
		21A	22A	23A	24A	25A	26A	27A	28A	29A	階段

JR東日本　E 1 系E145・146形（10・11号車）

←東京

		21D	22D	23D	24D	25D	26D	27D	28D	29D		
		21C	22C	23C	24C	25C	26C	27C	28C	29C		
	階段										階段	
		21B	22B	23B	24B	25B	26B	27B	28B	29B		
		21A	22A	23A	24A	25A	26A	27A	28A	29A		

	E1系			E2系0番代
形式	E148	E145	E146	E215-0
おもな使用列車	Maxとき、Maxたにがわ			あさま
定員（名）	30	36	36	51
座席配置	2+2、1+1	2+2		2+2、2+1
シートピッチ（mm）	1160			1160
フットレスト	○			○
レッグレスト	×			×
読書灯	×			×
テーブル	インアーム			インアーム
ヘッドレスト	可動			可動
オーディオ	×			×
コンセント	×			×
リクライニング	手動			手動
その他の設備	毛布			―

JR東日本　E2系E215形0番代（7号車）、E215形1000番代（9号車）

←東京

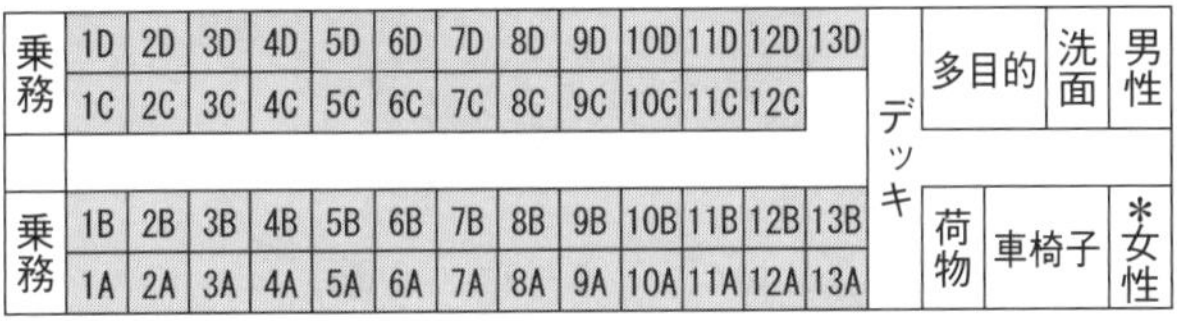

＊E215形1000番代は洋式

JR東日本　E3系E311形（11号車）

←東京

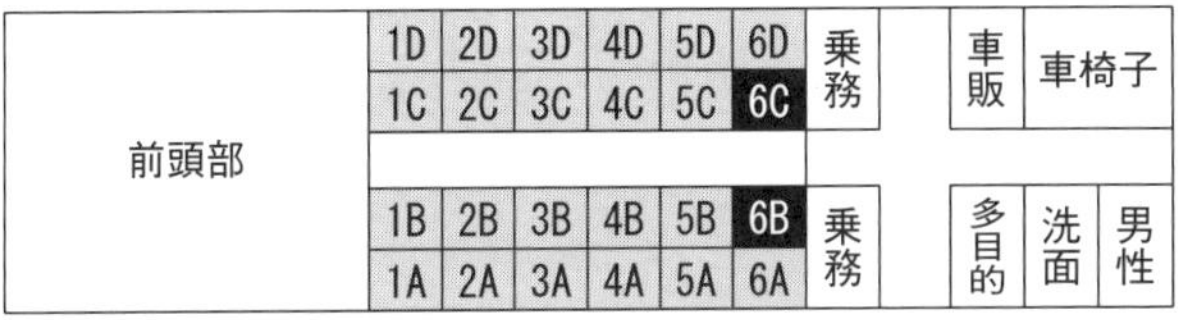

E311-0は6B席なし、E311-1000・2000は6C席なし

	E2系1000番代	E3系0番代	E3系1000番代	E3系2000番代
形式	E215-1000	E311-0	E311-1000	E311-2000
おもな使用列車	はやて、やまびこ	こまち	つばさ	つばさ
定員（名）	51	23	23	23
座席配置	2+2、2+1	2+2、2+1	2+2、2+1	2+2、2+1
シートピッチ（mm）	1160	1160	1160	1160
フットレスト	○	○	○	×
レッグレスト	×	×	×	電動
読書灯	×	○	○	○
テーブル	インアーム	背面、インアーム	背面、インアーム	背面、インアーム
ヘッドレスト	可動	可動	可動	可動
オーディオ	×	×	×	×
コンセント	×	×	×	○
リクライニング	手動	手動	手動	手動
その他の設備	―	―	―	ドリンクホルダー

JR東日本　E４系E446形（７号車・２階）

←東京

JR東日本　E４系E444形（８号車・２階）

←東京

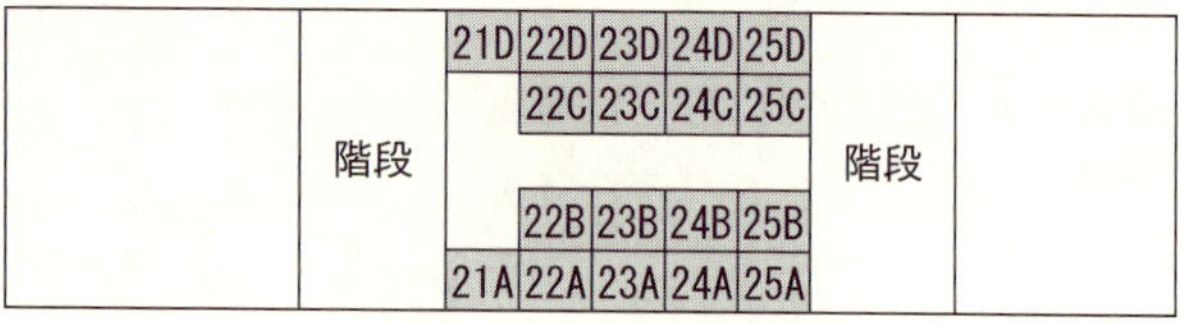

	E4系		E5系	*E6系
形式	E446	E444	E515	E611
おもな使用列車	Maxやまびこ、Maxとき、Maxたにがわ		はやぶさ	こまち
定員（名）	36	18	55	23
座席配置	2+2	2+2、1+1	2+2、2+1	2+2、2+1
シートピッチ（mm）	1160		1160	1160
フットレスト	×		×	×
レッグレスト	○		電動	電動
読書灯	○		○（内蔵）	○（内蔵）
テーブル	背面		背面・インアーム	背面・インアーム
ヘッドレスト	可動		可動	可動
オーディオ	×		×	×
コンセント	×		○	○
リクライニング	手動		手動	手動
その他の設備	オットマン		―	フットライト

＊E6系の営業運転開始は平成25年春からを予定

JR東日本　E5系E515形（9号車）

←東京

乗務	1D	2D	3D	4D	5D	6D	7D	8D	9D	10D	11D	12D	13D	14D		デッキ	洋式	洗面
	1C	2C	3C	4C	5C	6C	7C	8C	9C	10C	11C	12C	13C					
乗務	1B	2B	3B	4B	5B	6B	7B	8B	9B	10B	11B	12B	13B	14B			車椅子	
	1A	2A	3A	4A	5A	6A	7A	8A	9A	10A	11A	12A	13A	14A				

7・8号車の2階がグリーン車となっているE4系

	200系
形式	215
おもな使用列車	とき・たにがわ
定員（名）	52
座席配置	2+2
シートピッチ（mm）	1160
フットレスト	○
レッグレスト	×
読書灯	×
テーブル	インアーム
ヘッドレスト	可動
オーディオ	×
コンセント	×
リクライニング	手動
その他の設備	－

200系9号車のグリーン車内

JR東日本　200系215形（9号車）

←東京

乗務	1D	2D	3D	4D	5D	6D	7D	8D	9D	10D	11D	12D	13D	デッキ	洗面②	男性
	1C	2C	3C	4C	5C	6C	7C	8C	9C	10C	11C	12C	13C			
乗務	1B	2B	3B	4B	5B	6B	7B	8B	9B	10B	11B	12B	13B		女性	女性
	1A	2A	3A	4A	5A	6A	7A	8A	9A	10A	11A	12A	13A			

前面展望や国鉄型、天井演出と個性派揃いな伊豆方面のグリーン車

首都圏最大のリゾート地といわれている伊豆方面へは、「スーパービュー踊り子」「踊り子」「リゾート踊り子」という3種類の在来線特急が運転されており、グリーン車だけでも5形式と多彩です。運転区間はいずれも東京～伊豆急下田間で、「踊り子」のみ、東京～修善寺間でも運転されています。

「スーパービュー踊り子」には、全車両が2階建て、またはハイデッカーとなった「２５１系」と呼ばれる車両が使われています。

編成は10両で、伊豆急下田寄り1号車の「クロ２５０形」と2号車の「サロ２５１形」の2階がグリーン室となっています。車内はバケット型リクライニングシートが２＋１の座席配置で並んでおり、クロ２５０形の前部１・２番席のシートピッチは国鉄標準を大きく上回る１３００ミリ。これは、東北新幹線E5系「グランクラス」に匹敵します。

1号車のクロ２５０形は、運転席を見下ろすような前面展望構造になっていますが、展望の恩恵を受けることができるのは、１番A・B・D席、２番A・B・D席で、シートの回転ができない固定席となっています。２番席は、シアターのように嵩上げされているため、１番席に遮られ

「スーパービュー踊り子」用クロ250形の展望席部分

ることなく前面展望を楽しむことができます。

視界はやはり最前列の1番席がよいので、クロ250形の指定券を購入する際は、ここが最大の〝指名買い〟ゾーンとなるでしょう。運転士は左側に座っているので、同じ1番席でもA・B席よりD席のほうがより視界を確保できるようです。

ちなみに、伊豆方面の列車は、いずれも各列のA席が海側となるので、ここも〝指名買い〟の際に頭に入れておいたほうがよいでしょう。

リクライニングシートは、JR東日本の在来線グリーン車では珍しいレッグレストを装備。テーブルはインアーム式のみですが、2つ折りの大型となっています。

クロ250形の1階は、グリーン客専用のサロン室になっており、線路と平行にソファーを配置。軽食やドリンクの販売も行なわれています。ドリンクやおしぼりの無料サービスもありますが、これは、ＪＲ東日本の在来線グリーン車唯一のものです。サロン室で販売される軽食やドリンクは、２階へのデリバリーも行なわれています。

２号車のサロ２５１形は１階が４人用の個室となっています（２４４ページを参照）。２階席の座席配置は、クロ２５０形と同じく２＋１ですが、伊豆急下田寄りの１番A席のみ、１人掛けとなっています。

一方、「踊り子」は、国鉄時代に登場した「１８５系」という車両が使われています。15両編成で、基本的に伊豆急下田寄りの１～10号車が東京～伊豆急下田間の編成、東京寄りの11～15号車が東京～修善寺間の編成となっていますが、グリーン車の「サロ１８５形」は伊豆急下田行きの４・５号車に連結。修善寺行きには連結されていません。

国鉄時代、サロ１８５形のリクライニングシートはR27Bが採用されていましたが、ＪＲ移行後はバケットタイプのリクライニングシートに換装されました。ただし、座席配置は国鉄時代の２＋２のまま、定員も48名のままなので、シートピッチは国鉄標準の１１６０ミリです。

中肘掛けやレッグレストもないので、「スーパービュー踊り子」のグリーン車と比べるとかなり

随所に国鉄時代のロザを感じさせてくれる「踊り子」のサロ185形。現在は塗色変更されている

見劣りしますが、仕切り扉にある磨りガラスに抜き文字で描かれた「グリーン車」の文字と〝平屋〟の構造が、稀少な国鉄型グリーン車を物語っています。

ＪＲ東日本の車両を使う「スーパービュー踊り子」「踊り子」に対して、毎週末を中心に東京まで乗り入れている「リゾート踊り子」は、「リゾート21ＥＸ」「アルファ・リゾート21」と呼ばれる伊豆急行の展望型電車「２１００系」が使われています。「リゾート21ＥＸ」は、江戸時代に下田に来航したペリーの黒船にちなんだ塗装となっているため、「黒船電車」とも呼ばれています。

「リゾート踊り子」は8両編成で、グリーン車は5号車に連結されています。

第1章52〜53ページでも紹介したとおり、国鉄時

天井演出ができる伊豆急行のロイヤルボックス

代には伊豆急行のロザが国鉄へ乗り入れていたことがありましたが、現在は「リゾート21ＥＸ」のサロ２１８２、「アルファ・リゾート21」のサロ２１９１のみとなっており、伊豆急行線内では「ロイヤルボックス」と呼ばれています。

　車内は、30名分のリクライニングシートが２＋１配置で並んでいます。

　シートはサロ１８５形と違って中肘掛けこそありますが、割とシンプルな形で、テーブルは窓際に固定式のものがひとつあるだけです。ただし、シートピッチは「スーパービュー踊り子」を上回る１３４０ミリと広いうえに、座席の向きを45度ごとに変えることができるので、窓側に向かって回転させたり、通路を挟んで向かい合わせにすることもできます。これはＪＲのグリーン車にはない大きな特徴です。

	251系		185系
形式	クロ250	サロ251	サロ185
おもな使用列車	スーパービュー踊り子		踊り子
定員（名）	23	25	48
座席配置	2+1	2+1、1+1	2+2
シートピッチ（mm）	1300		1160
フットレスト	×		○
レッグレスト	○		×
読書灯	○		×
テーブル	インアーム		インアーム
ヘッドレスト	固定		×
オーディオ	×		×
コンセント	×		×
リクライニング	手動		手動
その他の設備	サロン室	1階個室	－

JR東日本　251系クロ250形（1号車2階）

←伊豆急下田

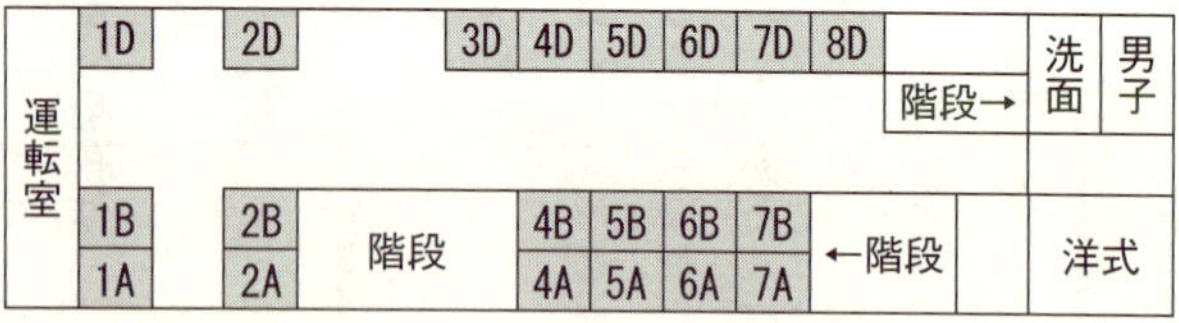

JR東日本　185系サロ185形（4・5号車）

←伊豆急下田

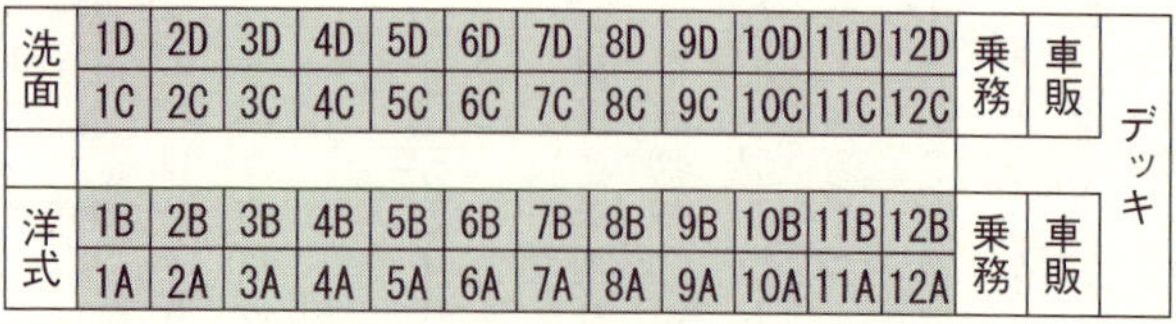

	2100系	
形式	サロ2182	サロ2191
おもな使用列車	リゾート踊り子	
定員（名）	30	
座席配置	2＋1	
シートピッチ（mm）	1340	
フットレスト	×	
レッグレスト	×	
読書灯	×	
テーブル	固定（窓際のみ）	
ヘッドレスト	固定	
オーディオ	×	
コンセント	×	
リクライニング	手動	
その他の設備	天井演出	

伊豆急行　2100系サロ2182

←伊豆急下田

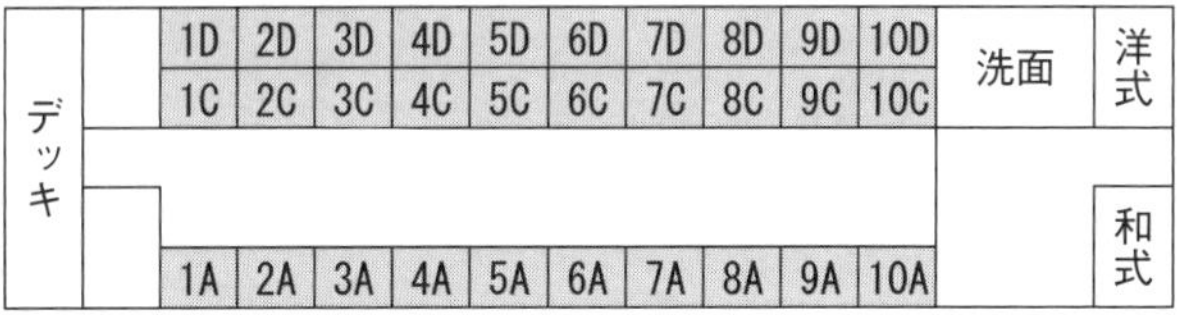

伊豆急行　2100系サロ2191

←伊豆急下田

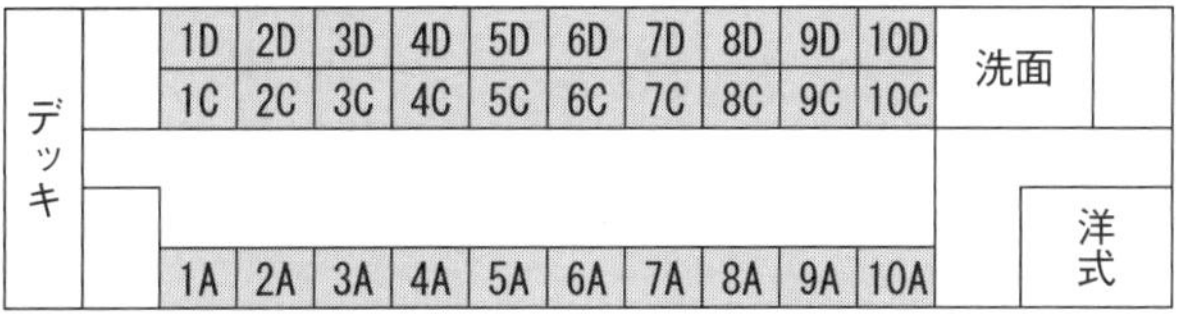

どちらの車両も、伊豆急行線内のトンネルに入ると、天井が幻想的に輝く演出が行なわれており、サロ２１８２は「プラネタリウムの輝き」、サロ２１９１は「アクアリウムの輝き」となっています。

これを見ることができるのは、富戸《ふと》～城ケ崎海岸間の富戸トンネル、伊豆高原～伊豆大川間の赤沢トンネルと草崎トンネル、片瀬白田～伊豆稲取間の黒根トンネル、河津《かわづ》～稲梓《いなずさ》間の谷津トンネルですが、運転状況によっては行なわれない場合があります。

4人用だけが残る在来線のグリーン個室

第四章で紹介した１００系のグリーン個室が消えて以来、新幹線からグリーン個室を営業する列車がなくなってしまいましたが、在来線では、ＪＲ北海道、ＪＲ東日本、ＪＲ九州の３社でグリーン個室の営業を続けている列車があります。そのいずれも４人用です。

ＪＲ北海道では、臨時列車「フラノラベンダーエクスプレス」などに使われている４両編成のリゾート車両「クリスタルエクスプレス」の３号車に連結された「キサロハ１８２　５１０１」と呼ばれる２階建て車の１階がグリーン個室になっています。部屋は３室あり、中央にある大型テーブルを挟んでソファータイプの固定式シートを向かい合わせに配置。AVモニターも設置されています。

この個室でおもしろいのは、グリーン車扱いとなっているのにグリーン券が不要なことで、「ふらの・びえいフリーきっぷ」を使えば、個室料金に相当する「普通個室オプション券」（1室4000円）を購入することによって利用することができるのです。通常の乗車券と指定席特急券でも利用できますが、この場合、4人に満たないと、不足人数分の子供の運賃と指定席特急料金が必要となります。

「クリスタルエクスプレス」の1階グリーン個室

キサロハ182　5101の1階は、隣接する車両へ直接通り抜けできないせいか、わかりづらいようで、この個室が利用されている様子を見たことがありません。第四章で紹介した「スーパーとかち」用キサロハ182形500番代と同じく、人気があるのは2階席のようで、キサロハ182　5101の場合はボッ

2号車サロ251形の1階にグリーン個室を持つ「スーパービュー踊り子」

クスシートの普通席となっています。

ＪＲ東日本では、２３５～２３７ページで紹介した「スーパービュー踊り子」に連結されている２号車・サロ２５１形の１階がグリーン個室になっています。こちらも部屋が３つあり、内装は「クリスタルエクスプレス」の個室に似ていますが、シートは電動式のリクライニングシートになっています。ただし、ＡＶ装置はなく、ＪＲのグリーン個室では割とシンプルな構造です。利用には、乗車人数分の運賃・特急料金と１室分の４人用個室グリーン料金（６０００円）が必要となります。

一方、東武鉄道に乗り入れて新宿と鬼怒川温泉・日光を結ぶ特急「スペーシアきぬがわ」、臨時特急「スペーシア日光」でもグリーン個室を営業していますが、この列車はＪＲの車両ではなく、「スペーシア」の愛

100系「スペーシア」のグリーン個室

称を持つ東武鉄道の「100系」が使われています。

新宿寄りの1号車が個室車両で、JRのグリーン個室と違って1両すべてが個室となっているため、部屋数は最も多く、6つあります。その分、ほかのグリーン個室と比べると若干狭いですが、室内は天然の大理石を使ったテーブルやふかふかの絨毯を使った豪華な仕様で、ホテルのラウンジを思わせます。こちらもテーブルを挟んで固定式のソファータイプの席が並ぶオーソドックスな座席配置となっています。

利用には、利用人数分の運賃・特急料金と1室分の4人用グリーン個室料金が必要で、個室料金は、JR線内だけを利用する場合は3000円、東武鉄道線へ跨って利用する場合は6000円となっています。

JR九州では、かつて九州新幹線連絡用の列車「リレーつばめ」に使われていた6両編成の「787系」

	183系	251系	東武100系	787系
形式	*キサロハ182	サロ251	101-1など	クモロ787
おもな使用列車	*FLエクスプレス	*SV踊り子	*SPきぬがわ	有明、にちりん
部屋数	3	3	6	1
各室定員（名）	4	4	4	4
*各室面積（m）	2.05×2.65	1.80×2.50	1.74×2.03	1.93×2.80
座席形状	固定	*R	固定	*R＋固定
テーブル	固定	固定	固定	折畳み
ＡＶ装置	○	×	○	○
*利用方	A	B	B	C

＊キサロハ182＝キサロハ182 5101
＊FL＝フラノラベンダー　＊SV＝スーパービュー　＊SP＝スペーシア
＊各室面積＝枕木方向（座席幅の方向）×線路方向（座席間隔の方向）
＊R＝リクライニングシート
＊利用方＝A／個室料＋指定のきっぷ（または利用人数分の運賃＋特急料金）　B／1室分の4人用グリーン個室料金＋利用人数分の運賃＋特急料金　C／2人分のグリーン料金＋利用人数分の運賃・特急料金

でグリーン個室を営業しています。

こちらは、219～220ページで紹介した「DXグリーン車」を備えている「クモロ787形」の後部に設けられた4人用のひと部屋で、「サロンコンパートメント」とも呼ばれています。

ほかの個室と比べると座席配置が斬新で、1人掛けのリクライニングシートが1脚あり、それ以外は肘掛けがないソファーがL字状に並んでいます。中央には折畳み式のテーブルが設けられており、全体的に木目調の落ち着いたインテリアとなっています。

なお、グリーン個室を営業している特急は、「DXグリーン車」を営業している列車と同じで、一部の列車では6両編成を2本連ねた12両編成となるため、グリーン個室を2部屋営業しています。

JR北海道　183系キサロハ182形5101（3号車1階）

←札幌

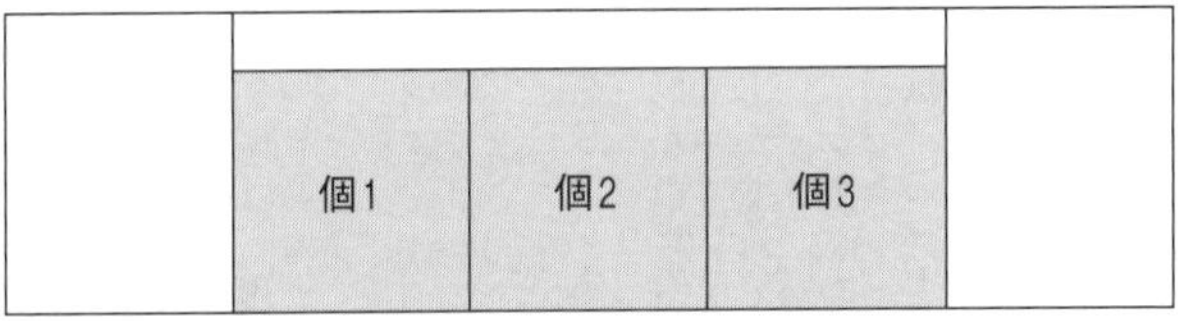

JR東日本　251系サロ251形（2号車1階）

←伊豆急下田

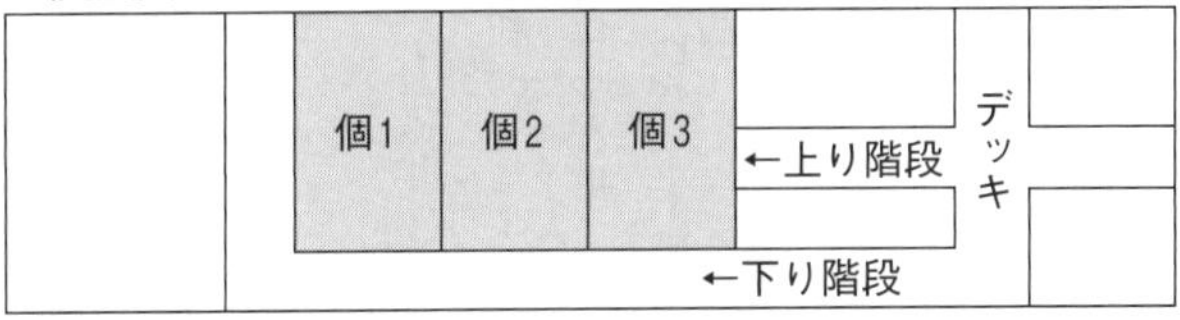

東武鉄道　100系101－1など（6号車）

←新宿

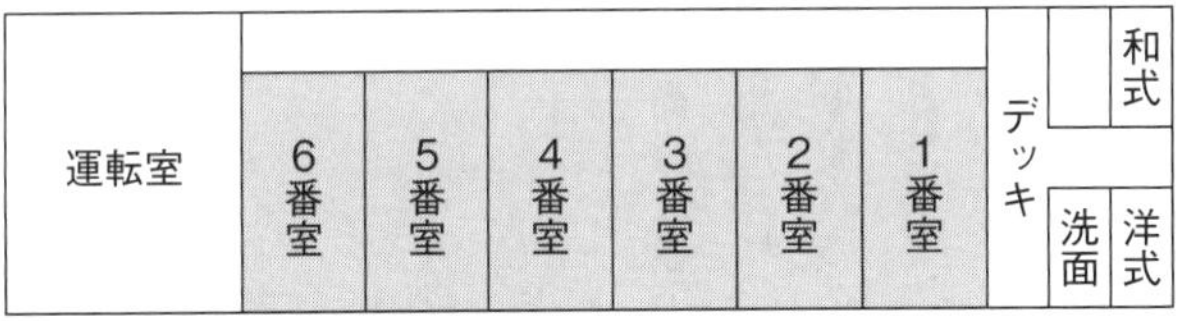

※クモロ787のシートマップは221ページを参照。

稀少価値となった首都圏の平屋グリーン車

平成16年（２００４）以降、首都圏を走る普通列車のグリーン車は〝２階建て〟が標準となり、〝平屋〟のグリーン車は、現在、高崎線や東北本線（宇都宮線）を走る普通列車以外では見られなくなっています。

残っている平屋グリーン車は、ＪＲ東日本高崎車両センターに所属する「サロ２１０形」と「サロ２１１形」で、どちらも昭和61年（１９８６）生まれ。平屋グリーン車としてはもちろん、国鉄生まれのグリーン車としても稀少な車です。

サロ２１０形が車掌室付き、サロ２１１形がトイレ・洗面所付きで、どちらも64名分のリクライニングシートが並んでいます。定員確保優先の普通列車用だけに、シートピッチは９７０ミリとかなり狭く、シートの傾斜角度もわずか15度。特急普通車並みのグレードといってよいでしょう。設備的には、これまで紹介したグリーン車のなかで最も魅力がない車両です。

それでも、２階建てグリーン車と比べると天井が断トツに高く、密室にいるような圧迫感はありません。側窓はシート１列に１個。２階建てグリーン車の広い窓に慣れていると多少、違和感があるとは思いますが、これはこれで、国鉄ロザの伝統をしっかり受け継いでいる点です。洗面

平屋グリーン車・サロ211形の車内

所は、現在主流の自動水栓式ではなくレバー式になっていて、ここにも国鉄生まれの雰囲気が漂っています。デッキとの仕切り扉は、開き戸ではなく引戸。しかも自動ドアではないので、神経質な人は1番Ｂ・Ｃ席や16番Ｂ・Ｃ席を避けたほうがよいかもしれません。

ただし、車両によっては1番ＡＤ席と2番ＡＤ席、15番ＡＤ席と16番ＡＤ席の間には折畳みのテーブルがあるので、座席を回転した時にもテーブルを使うことができます。

サロ２１０形、サロ２１１形とも、２階建てグリーン車とコンビを組んで連結されています。やはり、人気があるのは2階建てグリーン車の2階席のようですが、平屋グリーン車には荷物棚があるので、荷物が多い人にはおすすめの車です。

	211系	
形式	サロ210	サロ211
おもな使用列車	高崎線、東北本線（宇都宮線）普通列車	
定員（名）	64	
座席配置	2+2	
シートピッチ（mm）	970	
フットレスト	×	
レッグレスト	×	
読書灯	×	
テーブル	背面、折畳み（一部）	
ヘッドレスト	×	
オーディオ	×	
コンセント	×	
リクライニング	手動	
その他の設備	―	

JR東日本　サロ210形

←高崎

デッキ	乗務	16A	15A	14A	13A	12A	11A	10A	9A	8A	7A	6A	5A	4A	3A	2A	1A	デッキ
		16B	15B	14B	13B	12B	11B	10B	9B	8B	7B	6B	5B	4B	3B	2B	1B	
	乗務	16C	15C	14C	13C	12C	11C	10C	9C	8C	7C	6C	5C	4C	3C	2C	1C	
		16D	15D	14D	13D	12D	11D	10D	9D	8D	7D	6D	5D	4D	3D	2D	1D	

JR東日本　サロ211形

←高崎

デッキ	16A	15A	14A	13A	12A	11A	10A	9A	8A	7A	6A	5A	4A	3A	2A	1A	デッキ	和式
	16B	15B	14B	13B	12B	11B	10B	9B	8B	7B	6B	5B	4B	3B	2B	1B		
	16C	15C	14C	13C	12C	11C	10C	9C	8C	7C	6C	5C	4C	3C	2C	1C		洗面
	16D	15D	14D	13D	12D	11D	10D	9D	8D	7D	6D	5D	4D	3D	2D	1D		

〝指名買い〟したくなる旧グリーン車

国鉄末期は、設備が時代遅れになったグリーン車を普通車に変更する「格下げ」が目立っていました。ＪＲへ移行した現在は、山陽新幹線の「こだま」やＪＲ九州の特急「ゆふ」、私鉄の長野電鉄を走る特急でＪＲのグリーン車が普通車として使用される例が見られます。

山陽新幹線では、５００系８両編成の６号車指定席がかつてのグリーン車でした。５００系は、平成９年（１９９７）３月に山陽新幹線での最高時速３００キロ運転を行なうために登場。「ロングノーズ」と呼ばれる鋭い先頭形状が目を引く独特の車体が話題になりましたが、平成19年７月にＮ７００系が営業運転を開始すると次第に「のぞみ」から撤退、平成20年には16両編成からオール普通車の８両編成に変更する工事を施工。同年12月から山陽新幹線内の「こだま」で運用されるようになりました。その際、10号車に連結されていたグリーン車の５１６形が普通車に格下げとなり５２６形となっています。

５２６形は、グリーン車時代のフットレストや可動式の枕、オーディオ装置、読書灯、床のカーペットは撤去されてしまいましたが、座席配置は２＋２のままで、シートピッチは１１６０ミリが維持されています。山陽新幹線では、オール普通車のN700系7000番代「ひかりレールスター」でも、指定席の座席配置は2+2になっているので、526形の座席配置はさほど新鮮ではありませんが、シートピッチは「ひかりレールスター」の指定席より120ミリ広いですから、旧グリーン車の雰囲気は満点。500系「こだま」に乗る時は6号車が〝指名買い〟です。

グリーン車時代のシートピッチが維持されている500系「こだま」6号車の指定席

博多と別府を結ぶ3両編成の特急「ゆふ」では、2号車に連結された「キハ186形」のうち、1～6番席がかつてのグリーン席でした。キハ186形は、昭和61年（1986）11月、四国の特急用にキロハ186形として登場。振子式の「2000系」と呼ばれる気動車が増備を重ねた結果、平成4年7月には一部がJR九州へ売却され、その際、グリーン席が普通車指定席として使用されることになりました。

山陽新幹線の５２６形と異なり、グリーン席時代の設備をそのまま使っており、フットレストも残されています。もちろん、シートピッチは１１６０ミリのままなので、「ゆふ」の指定席を利用する際は、間違いなく2号車の1～6番席が〝指名買い〟です。

長野県の長野と湯田中《ゆだなか》を結ぶ長野電鉄で使われている旧グリーン車はちょっとユニークです。かつてＪＲ東日本の成田空港連絡特急「成田エクスプレス」用のグリーン個室が、平成23年2月から特急「スノーモンキー」で営業しているのです。

この列車は3両編成。湯田中寄りの先頭車クハ２１５１・２１５２は、ＪＲ時代に「クロハ２５３形」と呼ばれた車両で、運転台の後ろが4人用のグリーン個室となっていました。その個室は、長野電鉄へ渡っても「Ｓｐａ猿～ん」という名で受け継がれています。

設備はＪＲ時代のままで、向かい合わせに配置されたソファーの電動リクライニング機能も使うことができます。

利用には、人数分の運賃・特急料金（１００円）のほかに、個室料金（１０００円）が必要ですが、事前の予約はできず、きっぷは乗車当日に始発駅で発売されます（発車後に空室であれば車内でも発売）。空席情報も長野駅へ行かないとわからないので、早いモノ勝ちの席です。

	500系（V編成）	185系
形式	526-7200	キハ186
おもな使用列車	こだま（山陽新幹線）	ゆふ
定員（名）	68	24（旧グリーン室）
座席配置	2+2	2+2
シートピッチ（㎜）	1160	1160
フットレスト	×	○
レッグレスト	×	×
読書灯	×	×
テーブル	インアーム	背面
ヘッドレスト	×	×
オーディオ	×	×
コンセント	×	×
リクライニング	手動	手動
その他の設備	―	―

JR西日本　500系526形7200番代（「こだま」6号車）

←博多

デッキ	1D	2D	3D	4D	5D	6D	7D	8D	9D	10D	11D	12D	13D	14D	15D	16D	17D	業務
	1C	2C	3C	4C	5C	6C	7C	8C	9C	10C	11C	12C	13C	14C	15C	16C	17C	
	1B	2B	3B	4B	5B	6B	7B	8B	9B	10B	11B	12B	13B	14B	15B	16B	17B	業務
	1A	2A	3A	4A	5A	6A	7A	8A	9A	10A	11A	12A	13A	14A	15A	16A	17A	

JR九州　185系キハ186形（「ゆふ」2号車）

←博多

デッキ	15A	14A	13A	12A	11A	10A	9A	8A	6A	5A	4A	3A	2A	1A	喫煙	デッキ
	15B	14B	13B	12B	11B	10B	9B	8B	6B	5B	4B	3B	2B	1B		
	15C	14C	13C	12C	11C	10C	9C	8C	6C	5C	4C	3C	2C	1C	乗務	
	15D	14D	13D	12D	11D	10D	9D	8D	6D	5D	4D	3D	2D	1D		

	長野電鉄2100系
形式	クハ2150（クハ2151・2152）
おもな使用列車	長野～湯田中間特急
部屋数	1
定員（名）	4
面積（m）	2.0×2.2
座席形状	電動リクライニング
テーブル	固定
ＡＶ装置	×
利用方	利用人数分の運賃・特急料金＋個室料金（1000円）

長野電鉄　クハ2151・2152（スノーモンキー）

←湯田中

<table>
<tr><td rowspan="5">運転室</td><td></td><td rowspan="5">デッキ</td><td>9D</td><td>9A</td><td>7D</td><td>7A</td><td>5D</td><td>5A</td><td>3D</td><td>3A</td><td>1D</td><td>1A</td><td rowspan="2"></td></tr>
<tr><td rowspan="4">Spa猿～ん
（定員4名）</td><td>9C</td><td>9B</td><td>7C</td><td>7B</td><td>5C</td><td>5B</td><td>3C</td><td>3B</td><td>1C</td><td>1B</td></tr>
<tr><td colspan="10">普通席</td><td></td></tr>
<tr><td>10C</td><td>10B</td><td>8C</td><td>8B</td><td>6C</td><td>6B</td><td>4C</td><td>4B</td><td>2C</td><td>2B</td><td rowspan="2"></td></tr>
<tr><td>10D</td><td>10A</td><td>8D</td><td>8A</td><td>6D</td><td>6A</td><td>4D</td><td>4A</td><td>2D</td><td>2A</td></tr>
</table>

おわりに

私が高校生だった昭和52年（1977）頃、深夜の宗谷本線名寄駅から稚内行きの「利尻51号」という臨時急行に乗った時のことでした。普通車はデッキから乗客が溢れそうになるほどの大混雑で、積み残しが出そうな雰囲気だったのですが、事情により定期の「利尻」より早く稚内にたどり着きたかったため、強行乗車。それからの約4時間、戦後の復員列車もこうだっただろうと思われるような難行苦行を強いられました。

この列車は4両編成で、グリーン車を1両連結していました。夏の観光シーズン真っ盛りだったのでグリーン車も満席でしたが、立客の姿はなく、普通車の混雑をよそに、乗客たちは減光された車内で優雅にスヤスヤと眠っていました。この〝天国と地獄〟ぶりは、いまでも忘れられないシーンです。

「もし、グリーン車が普通車だったら、座れないまでも、もう少し楽な姿勢で移動できたのに……」と思うとだんだん腹立たしくなり、生意気にも車掌に「グリーン車にも普通車の立客を入れてあげては」と〝進言〟しました。普通車の指定席には自由席の立客を入れていたので、道理に叶っていると思ったのです。

ところが、当の車掌は首を横に振るばかり。「特別料金を払っている乗客がいる車両に普通客を入れるわけにはいかない」というわけです。同じ列車の客でも〝箱〟が違うだけで、こんなに待遇の差をつけられてしまうなんて……。社会の「社」の字も知らない〝小僧〟が、ほんの少しだけ、社会の厳しさを教えられた一瞬でした。

交通機関の選択肢が増え、長距離輸送での鉄道の独占も消えた現在では、グリーン車が「砂漠のなかのオアシス」に思えることは少なくなりました。もっと豪華な設備を持つ交通機関はたくさんありますし、普通車ですら「グリーン車を超えた」と思わせるものもあります。格安航空路線の普及で移動時間の短縮が進み、グリーン車の必要性さえ薄まりつつあります。つくづく、よい時代になったものだと思います。

それでも、あの「四つ葉のクローバー」マークを見ると、グリーン車が眩しく見えた時代を思い出してしまいます。いまでは有難味が減ったと思われるグリーン車も、私のなかでは〝苦しい時代〟のオアシスであることに変わりはありません。

平成24年8月　筆者

参考文献・サイト（順不同）

鉄道ダイヤ情報　各号（交通新聞社）
鉄道ファン　各号（交友社）
鉄道ジャーナル　各号（鉄道ジャーナル社）
鉄道ピクトリアル　各号（電気社研究会）
国鉄監修交通公社の時刻表　各号（日本交通公社）
ＪＮＲ編集時刻表（弘済出版社）
ＪＲ時刻表　各号（弘済出版社、交通新聞社）
北海道ダイヤ時・刻・表　各号（北海道ジェイ・アール・エージェンシー）
道内時刻表　各号（弘済出版社）
回想の旅客車　上下（交友社・学習研究社）
日本の客車（電気車研究会）
１００年の国鉄車両（交友社）
国鉄車両配置表　１９６９年版（交友社）
日本国有鉄道百年史（日本国有鉄道）
旅客営業規則（日本国有鉄道）
われらの国鉄（日本国有鉄道）
国鉄線　各号（日本国有鉄道）
航跡　青函連絡船70年のあゆみ（日本国有鉄道）
数字で見た国鉄　昭和41～49年（日本国有鉄道）
国鉄電車60年のあゆみ（日本国有鉄道）
桜木町日記（駿河台書房）
きっぷの話（成山堂書店）
新幹線パーフェクトバイブル（学習研究社）
小糸製作所50年のあゆみ（株式会社小糸製作所）
伊豆急１００形　誕生からラストランまで（ネコ・パブリッシング）
国鉄・ＪＲ～私鉄・第三セクター　乗入れ列車ハンドブック（新人物往来社）
形式４８５系（イカロス出版）
形式キハ１８３・１８５系（イカロス出版）
形式14系（イカロス出版）
新幹線車両大全（イカロス出版）
懐かしの国鉄列車ＰＡＲＴⅢ（鉄道ジャーナル社）
鉄道総合年表（中央書院）
時刻表昭和史探見（ＪＴＢ）
国鉄鋼製客車　Ⅰ・Ⅱ（ＪＴＢ）
山陽鉄道物語（ＪＴＢ）
国鉄乗車券類大事典（ＪＴＢ）
時刻表復刻版別冊「スピードアップの変遷と復刻時刻表の見どころ」（日本交通公社）
いいたいほうだい（日本経済新聞社）

列車編成席番表　各号（ジェー・アール・アール、交通新聞社）
新幹線電車データブック２０１１（交通新聞社）
鉄道公安官と呼ばれた男たち（交通新聞社）
思い出の省線電車（交通新聞社）
岩波六法全書　昭和43年版（岩波書店）
法律学全集5　国会法・選挙法（有斐閣）
交通新聞　各号（交通新聞社）
朝日新聞　各号（朝日新聞社）
読売新聞　各号（読売新聞社）
北海道新聞　各号（北海道新聞社）

新幹線車内設備のご案内（ＪＲ東日本）
http://www.jreast.co.jp/amenity/index.html
東北新幹線Ｅ５系（ＪＲ東日本）
http://www.jreast.co.jp/e5/top.html
特急列車・ＴＪライナーのご案内（東武鉄道）
http://railway.tobu.co.jp/special_express/
電車座席表（伊豆急行）
http://www.izukyu.co.jp/guide/guide3.html
鉄道情報システム株式会社
http://www.jrs.co.jp/
日本レストランエンタプライズ
http://www.nre.co.jp/
広報けいしちょう
http://www.keishicho.metro.tokyo.jp/kouhoushi/no13/kho13.htm
公立公文書館デジタルアーカイブ
http://www.digital.archives.go.jp/
「商標出願・登録情報」データベース（特許庁）
http://www.ipdl.inpit.go.jp/Syouhyou/syouhyou.htm
日本法令索引（国立国会図書館）
http://hourei.ndl.go.jp/SearchSys/index.jsp
衆議院質問答弁（衆議院）
http://www.shugiin.go.jp/index.nsf/html/index_shitsumon.htm

■写真提供（五十音順、敬称略）
楠居利彦、結解学、交通新聞サービス、沢柳健一、高松大典
■資料提供
坂正博（ジェー・アール・アール）

佐藤正樹（さとうまさき）
1960年北海道札幌市生まれ。「鉄道ダイヤ情報」編集部を経て1996年フリーに。鉄道趣味や旅関連のライターとして、「鉄道ダイヤ情報」（交通新聞社）、「旅の手帖」（交通新聞社）、「週刊鉄道データファイル」（ディアゴスティーニ・ジャパン）などの雑誌媒体を中心に執筆。本業の傍ら写真撮影にも傾倒し、写真ブログ「札幌のスナップ」（http://kihayuni.cocolog-nifty.com/sapporo_snap/）を公開中。近著に「国鉄／JR 列車編成の謎を解く」（交通新聞社）がある。

交通新聞社新書047
グリーン車の不思議
特別車両「ロザ」の雑学
（定価はカバーに表示してあります）

2012年8月15日　第1刷発行
2016年9月26日　第2刷発行

著　者――佐藤正樹
発行人――江頭　誠
発行所――株式会社　交通新聞社
http://www.kotsu.co.jp/
〒101-0062　東京都千代田区神田駿河台2-3-11NBF御茶ノ水ビル
電話　東京（03）6831-6550（編集部）
　　　東京（03）6831-6622（販売部）

印刷・製本―大日本印刷株式会社

©Sato Masaki 2012　Printed in Japan
ISBN978-4-330-30212-6
落丁・乱丁本はお取り替えいたします。購入書店名を明記のうえ、小社販売部あてに直接お送りください。送料は小社で負担いたします。

交通新聞社新書　好評既刊

可愛い子には鉄道の旅を——6歳からのおとな講座　村山　茂

幻の北海道殖民軌道を訪ねる——還暦サラリーマン北の大地でペダルを漕ぐ　田沼建治

シネマの名匠と旅する「駅」——映画の中の駅と鉄道を見る　臼井幸彦

ニッポン鉄道遺産——列車に栓抜きがあった頃　斉木実・米屋浩二

時刻表に見るスイスの鉄道——こんなに違う日本とスイス　大内雅博

水戸岡鋭治の「正しい」鉄道デザイン——私はなぜ九州新幹線に金箔を貼ったのか？　水戸岡鋭治

昭和の車掌奮闘記——列車の中の昭和ニッポン史　坂本　衛

ゼロ戦から夢の超特急——小田急ＳＥ車世界新記録誕生秘話　青田　孝

新幹線、国道1号を走る——Ｎ７００系陸送を支える男達の哲学　梅原淳・東良美季

食堂車乗務員物語——あの頃、ご飯は石炭レンジで炊いていた　宇都宮照信

「清張」を乗る——昭和30年代の鉄道シーンを探して　岡村直樹

「つばさ」アテンダント驚きの車販テク——3秒で売る山形新幹線の女子力　松尾裕美

台湾鉄路と日本人——線路に刻まれた日本の軌跡　片倉佳史

乗ろうよ！　ローカル線——貴重な資産を未来に伝えるために　浅井康次

駅弁革命——「東京の駅弁」にかけた料理人・横山勉の挑戦　小林祐一・小林裕子

鉄道時計ものがたり——いつの時代も鉄道員の〝相棒〟　池口英司・石丸かずみ

読む・知る・楽しむ鉄道の世界。

上越新幹線物語１９７９—中山トンネル スピードダウンの謎　北川修三

進化する路面電車—超低床電車はいかにして国産化されたのか　史絵・梅原　淳

ご当地「駅そば」劇場—48杯の丼で味わう日本全国駅そば物語　鈴木弘毅

国鉄スワローズ１９５０-１９６４—４００勝投手と愛すべき万年Bクラス球団　堤　哲

イタリア完乗１万５０００キロ—ミラノ発・パスタの国の乗り鉄日記　安居弘明

国鉄／ＪＲ 列車編成の謎を解く—編成から見た鉄道の不思議と疑問　佐藤正樹

新幹線と日本の半世紀—1億人の新幹線—文化の視点からその歴史を読む　近藤正高

「鉄」道の妻たち—ツマだけが知っている、鉄ちゃん夫の真実　田島マナオ

日本初の私鉄「日本鉄道」の野望—東北線誕生物語　中村建治

国鉄列車ダイヤ千一夜—語り継ぎたい鉄道輸送の史実　猪口　信

昭和の鉄道—近代鉄道の基盤づくり　須田　寛

最速伝説—20世紀の挑戦者たち—新幹線・コンコルド・カウンタック　森口将之

「満鉄」という鉄道会社—証言と社内報から検証する40年の現場史　佐藤篁之

ヨーロッパおもしろ鉄道文化—ところ変われば鉄道も変わる　海外鉄道サロン／編著

鉄道公安官と呼ばれた男たち—スリ、キセルと戦った〝国鉄のお巡りさん〟　濵田研吾

箱根の山に挑んだ鉄路—『天下の険』を越えた技　青田　孝

交通新聞社新書　好評既刊

- 北の保線――線路を守れ、氷点下40度のしばれに挑む　太田幸夫
- 鉄道医 走る――お客さまの安全・安心を支えて　村山隆志
- 「動く大地」の鉄道トンネル――世紀の難関「丹那」「鍋立山」を掘り抜いた魂　峯﨑 淳
- ダムと鉄道――一大事業の裏側にいつも列車が走っていた　武田元秀
- 富山から拡がる交通革命――ライトレールから北陸新幹線開業にむけて　森口将之
- 高架鉄道と東京駅［上］――レッドカーペットと中央停車場の源流　小野田滋
- 高架鉄道と東京駅［下］――レッドカーペットと中央停車場の誕生　小野田滋
- 台湾に残る日本鉄道遺産――今も息づく日本統治時代の遺構　片倉佳史
- 観光通訳ガイドの訪日ツアー見聞録――ドイツ人ご一行さまのディスカバー・ジャパン　亀井尚文
- 思い出の省線電車――戦前から戦後の「省電」「国電」　沢柳健一
- 終着駅はこうなっている――レールの果てにある、全70駅の「いま」を追う　谷崎 竜
- 命のビザ、遥かなる旅路――杉原千畝を陰で支えた日本人たち　北出 明
- 蒸気機関車の動態保存――地方私鉄の救世主になりうるか　青田 孝
- 鉄道ミステリ各駅停車――乗り鉄80年 書き鉄40年をふりかえる　辻 真先